Liebe in Zeiten der Taisho-Ära

Shiki Chitose

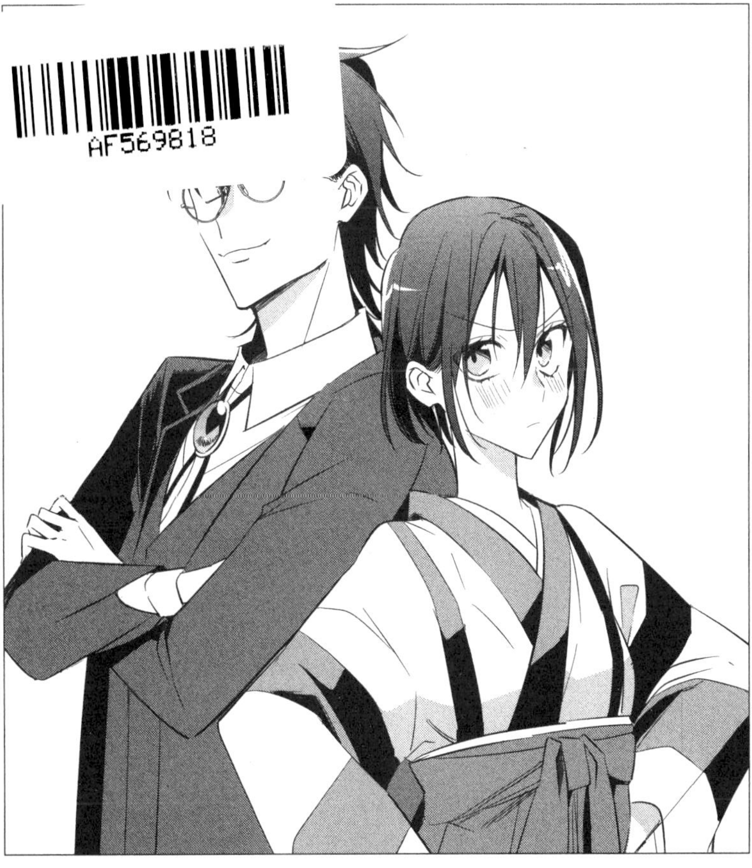

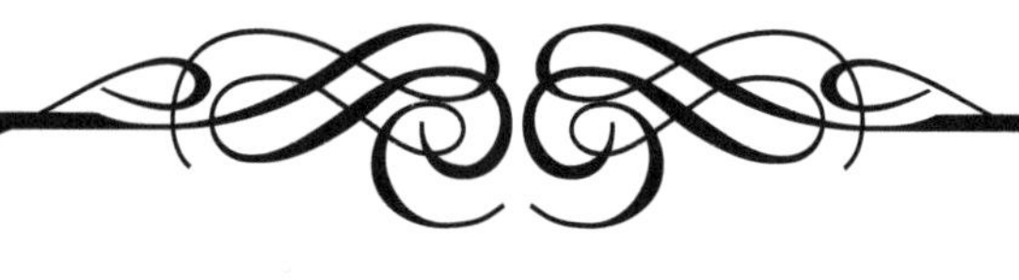

Liebe in Zeiten der Taisho-Ära

2

Inhalt

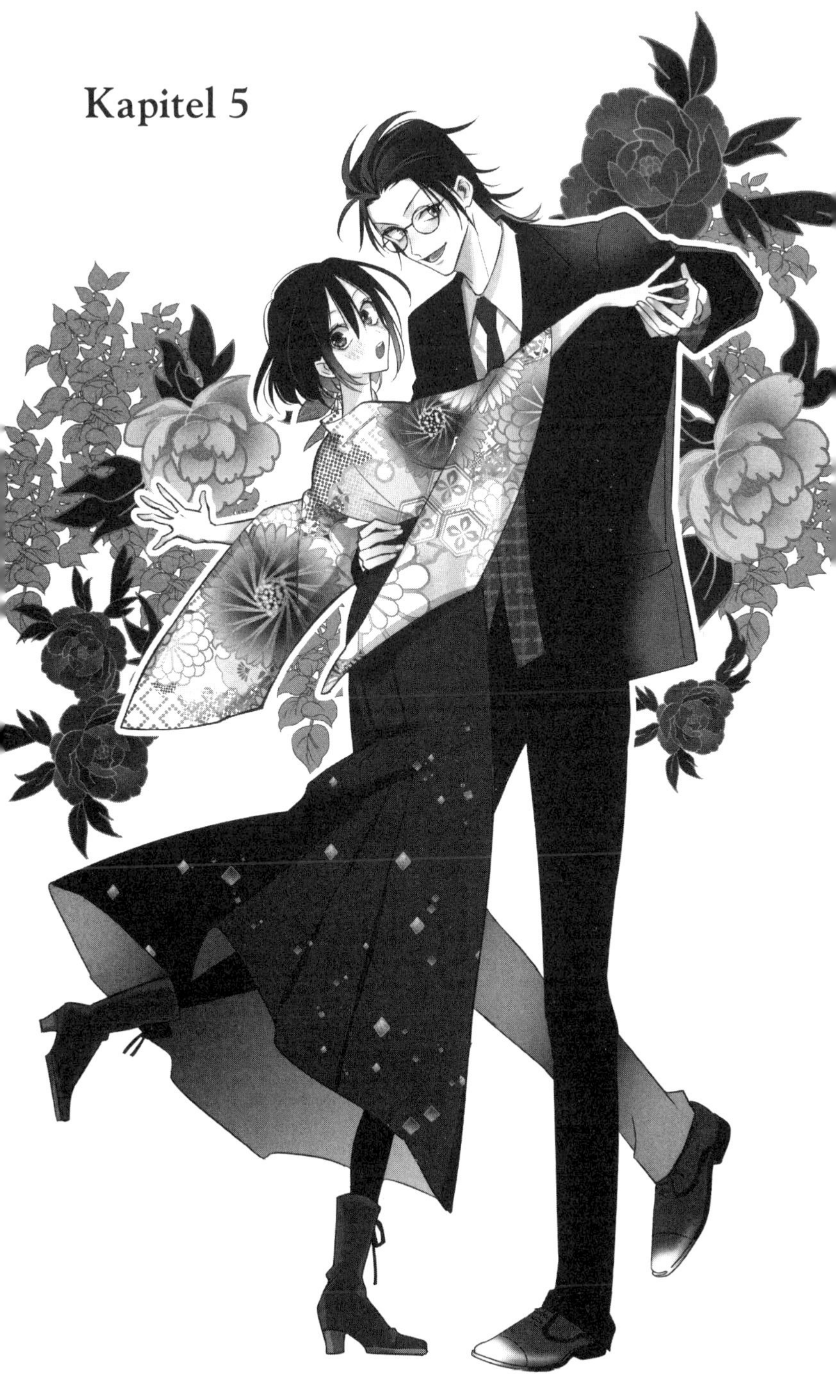
Kapitel 5

Liebe in Zeiten der Taisho-Ära

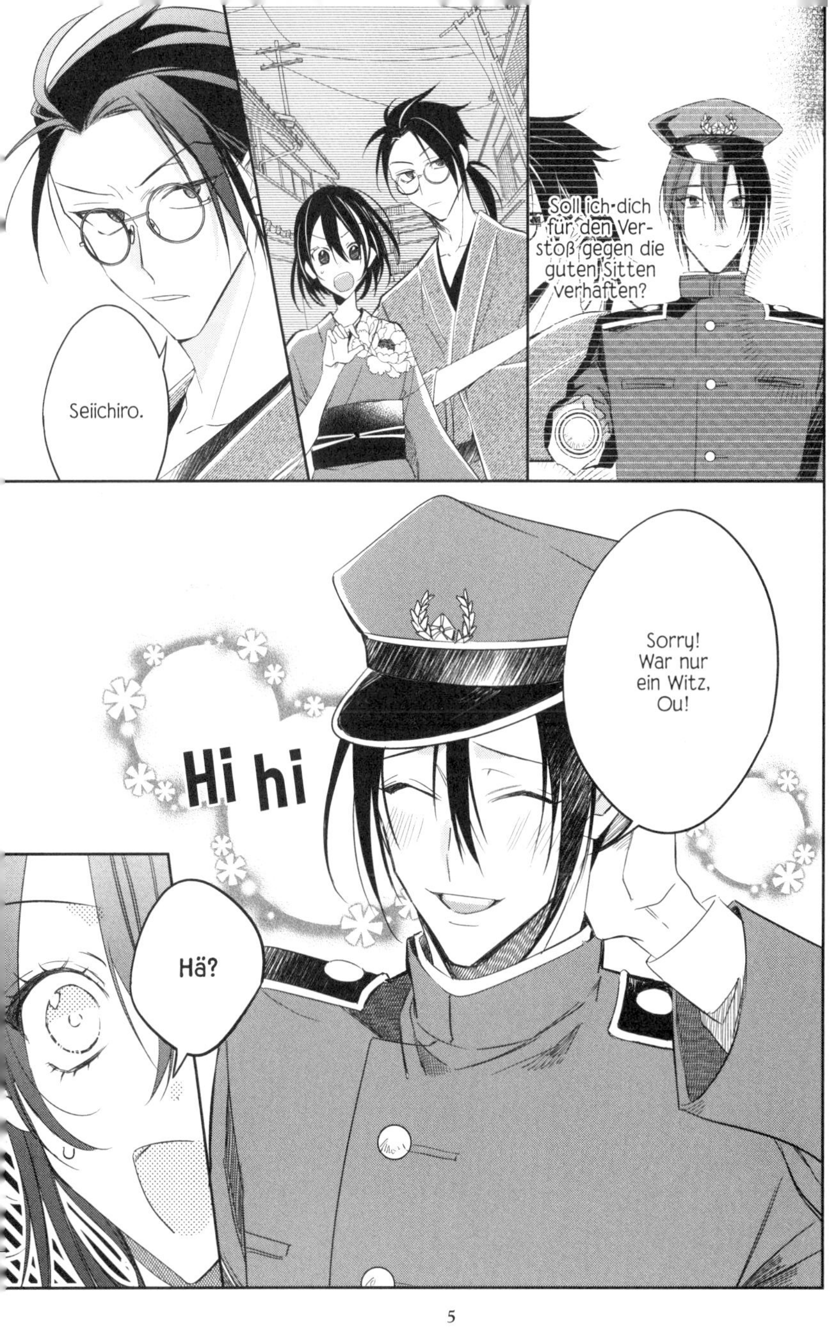

Soll ich dich für den Verstoß gegen die guten Sitten verhaften?

Seiichiro.

Sorry! War nur ein Witz, Ou!

Hi hi

Hä?

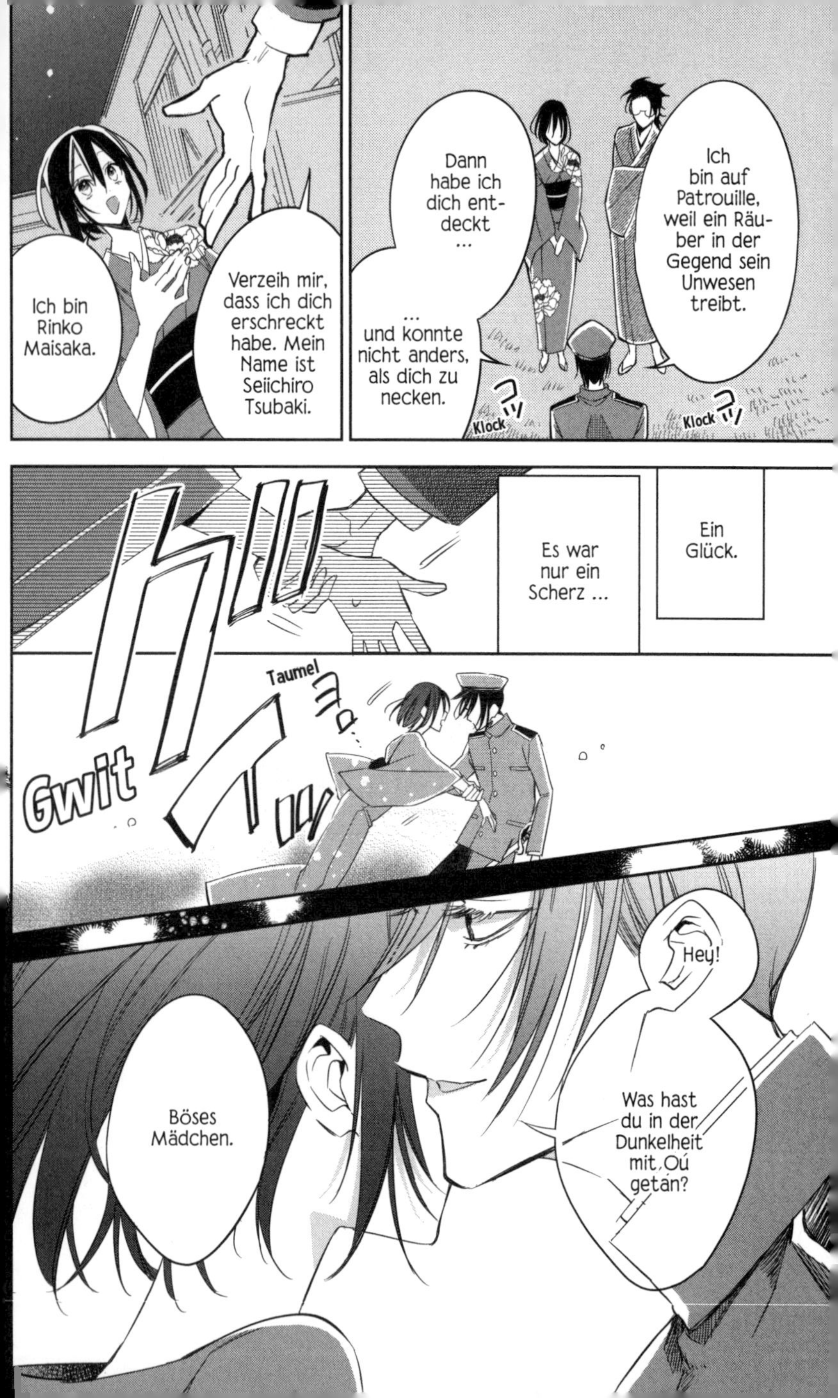

Ich bin auf Patrouille, weil ein Räuber in der Gegend sein Unwesen treibt.

Dann habe ich dich entdeckt ...

... und konnte nicht anders, als dich zu necken.

Klock

Klock

Verzeih mir, dass ich dich erschreckt habe. Mein Name ist Seiichiro Tsubaki.

Ich bin Rinko Maisaka.

Ein Glück.

Es war nur ein Scherz ...

Gwit

Taumel

Hey!

Was hast du in der Dunkelheit mit Oú getan?

Böses Mädchen.

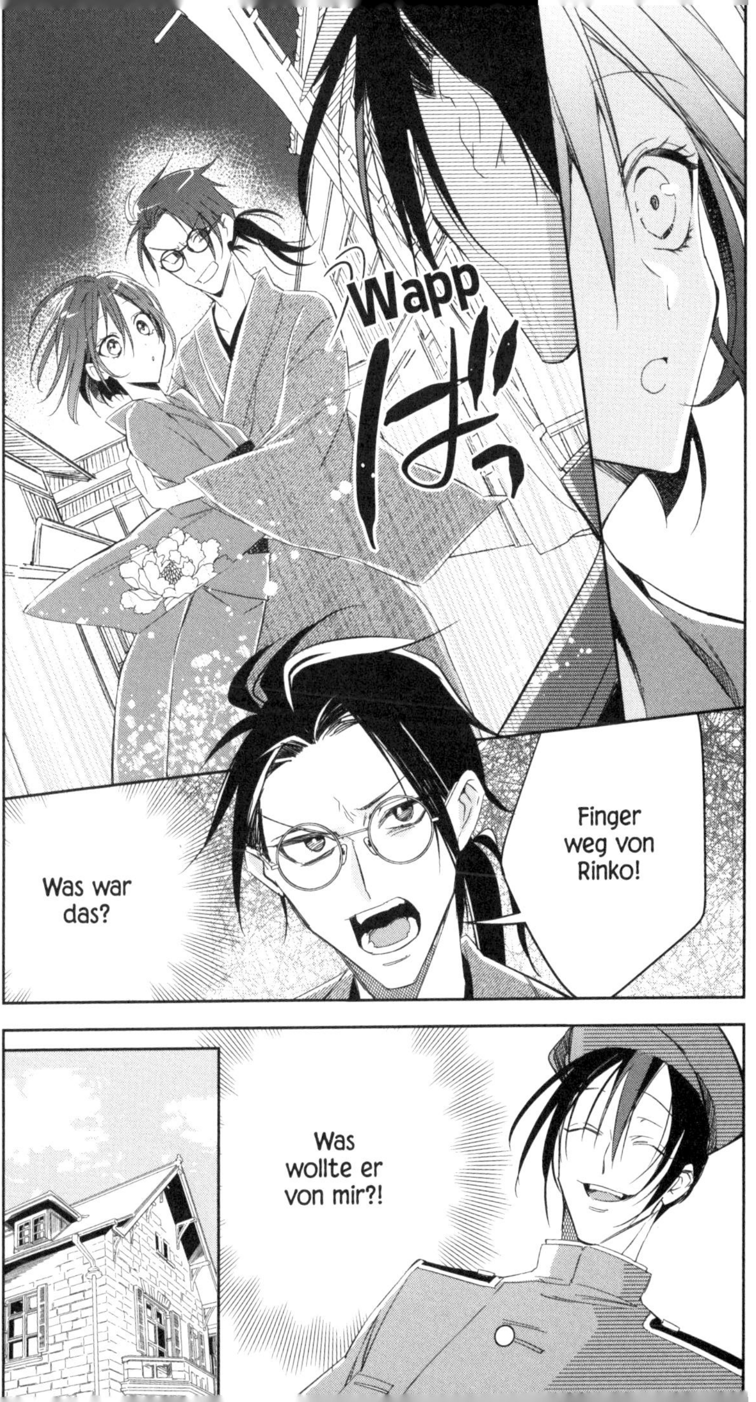

Wapp
ばっ

Finger weg von Rinko!

Was war das?

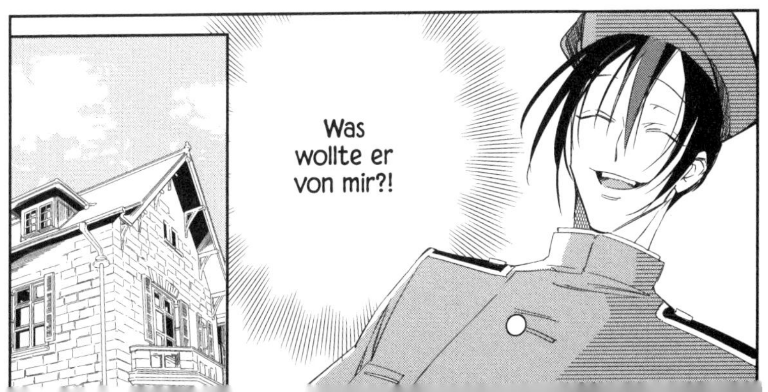

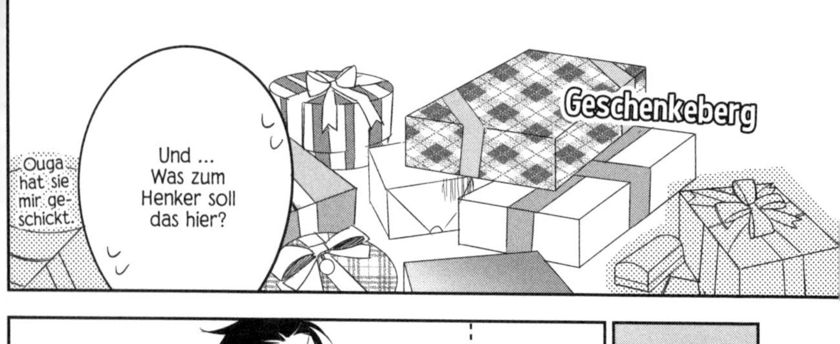

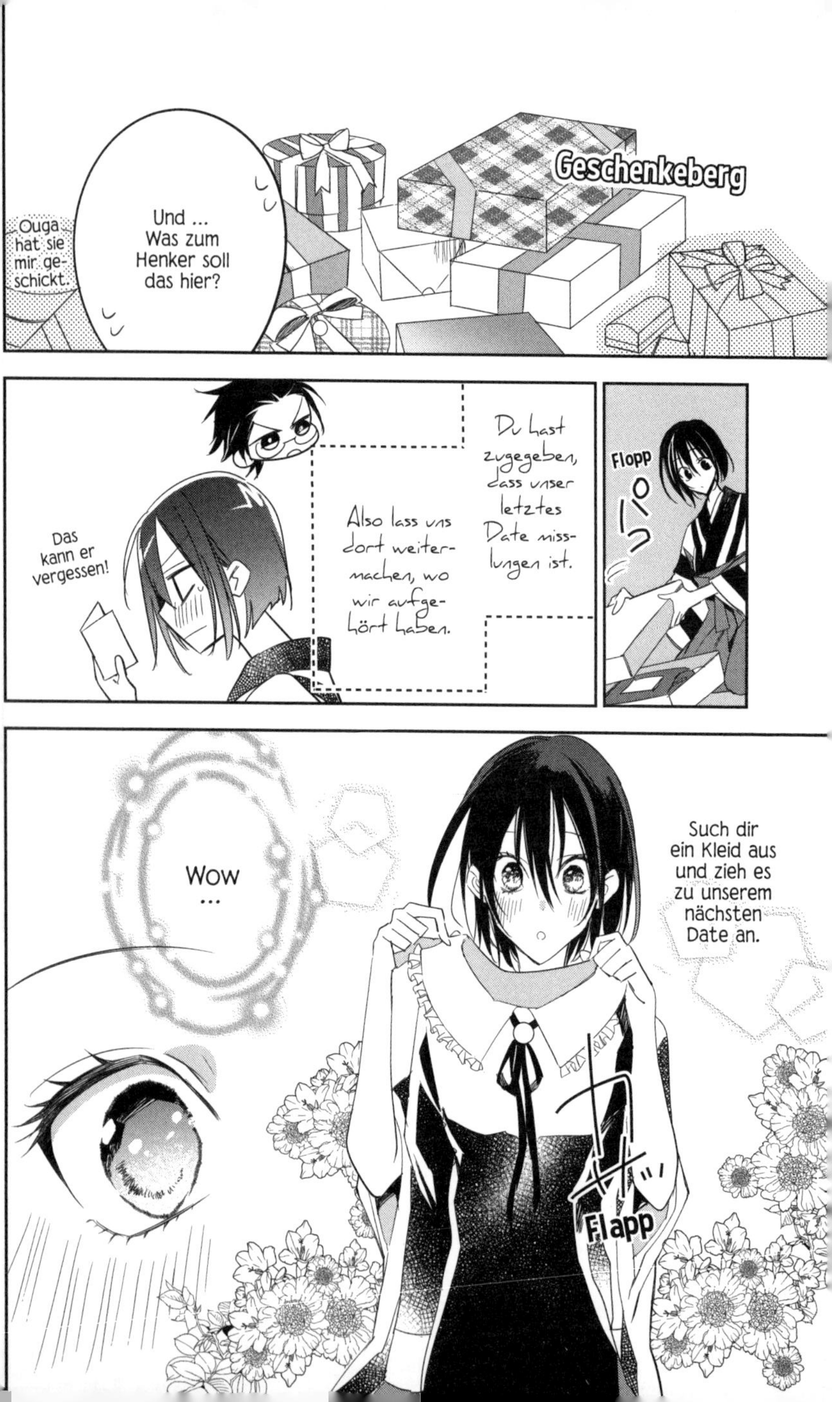

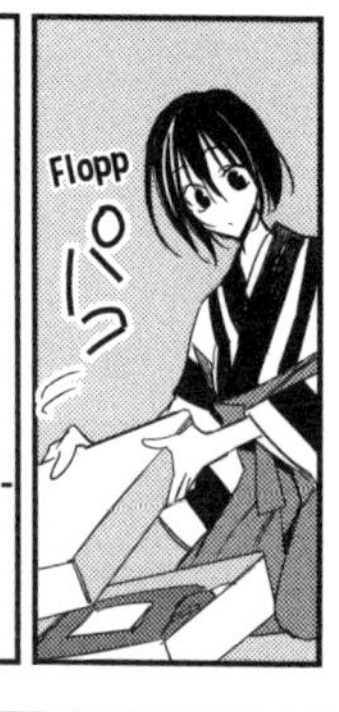

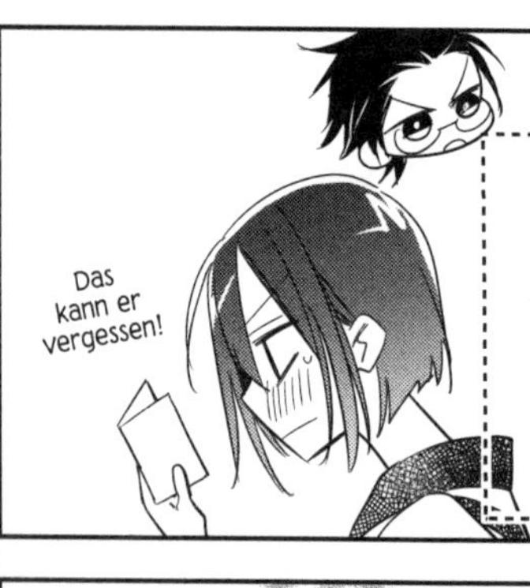

Such dir ein Kleid aus und zieh es zu unserem nächsten Date an.

Flapp

Wow ...

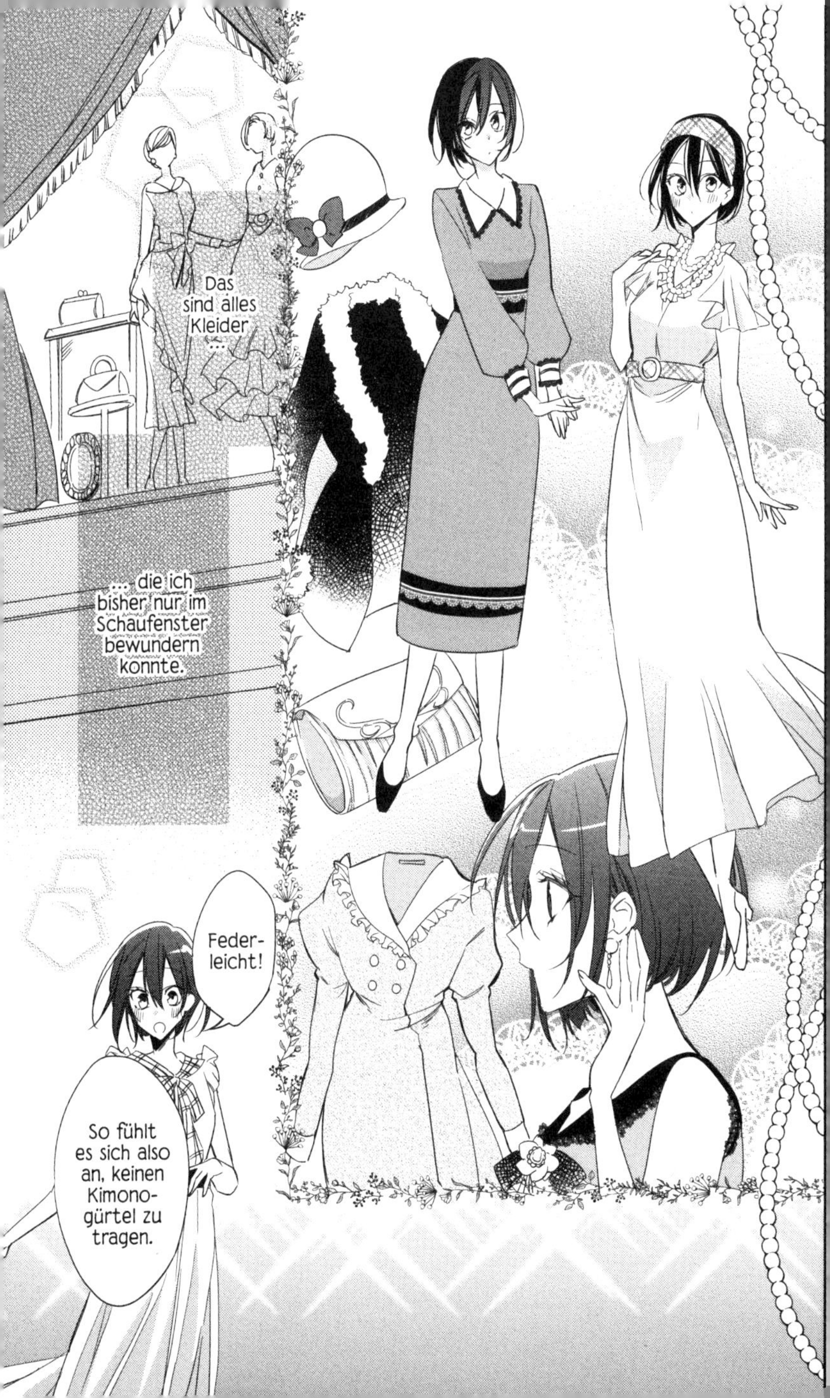
Das sind alles Kleider ...
... die ich bisher nur im Schaufenster bewundern konnte.
Federleicht!
So fühlt es sich also an, keinen Kimonogürtel zu tragen.

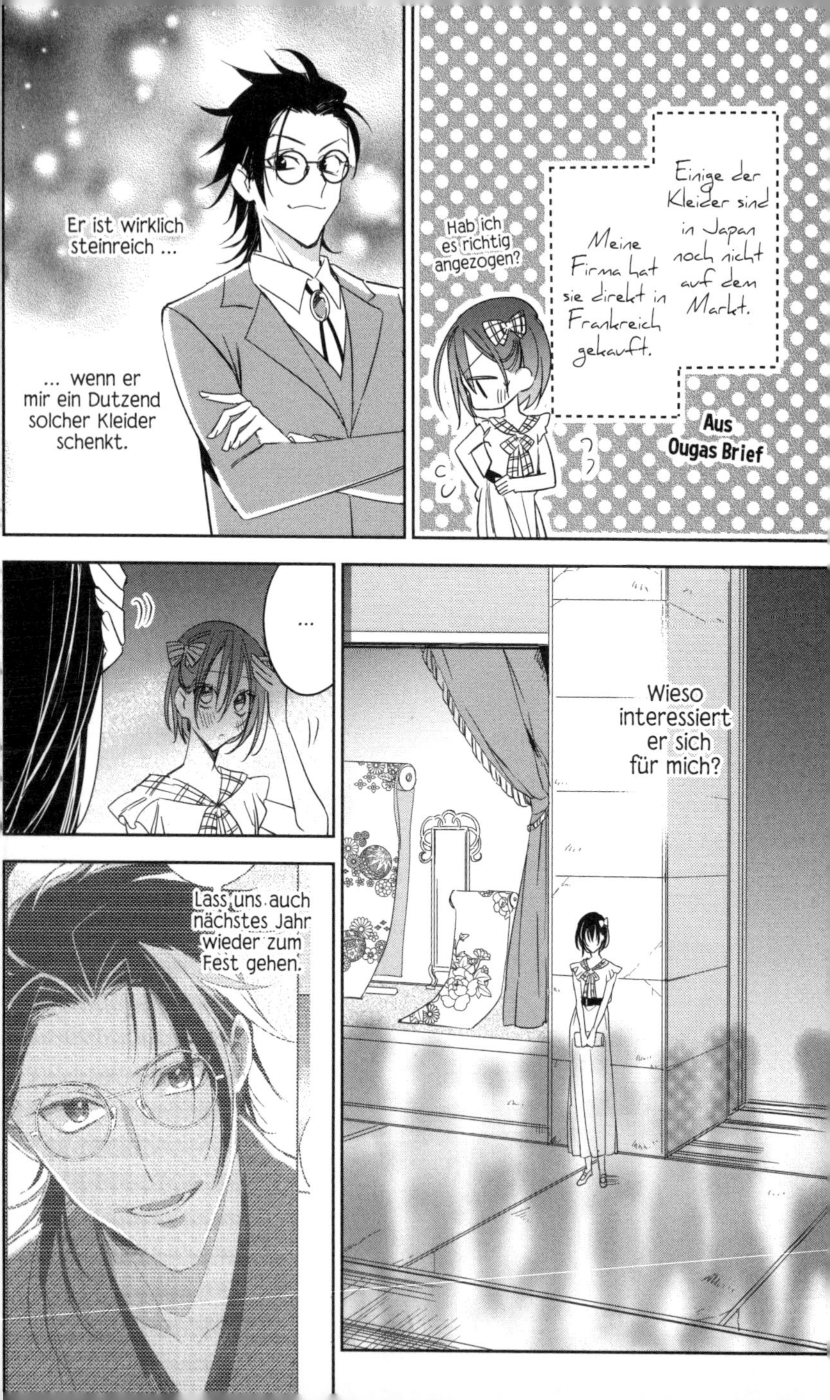

Einige der Kleider sind in Japan noch nicht auf dem Markt.
Meine Firma hat sie direkt in Frankreich gekauft.
Hab ich es richtig angezogen?
Aus Ougas Brief

Er ist wirklich steinreich ...
... wenn er mir ein Dutzend solcher Kleider schenkt.

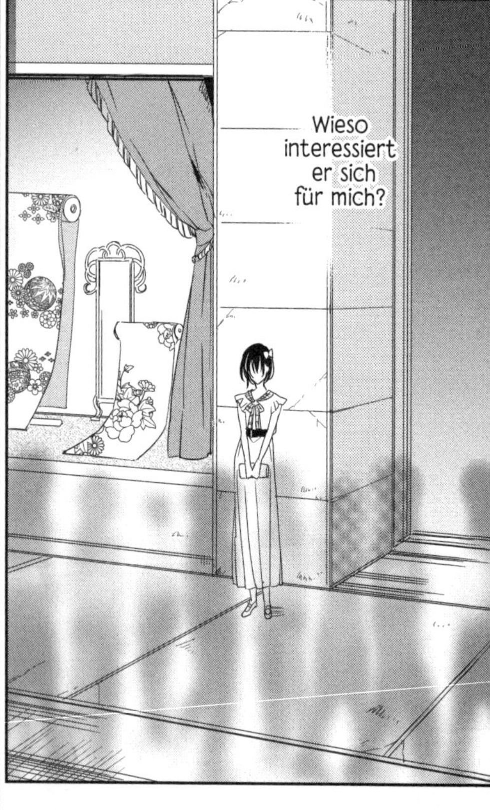

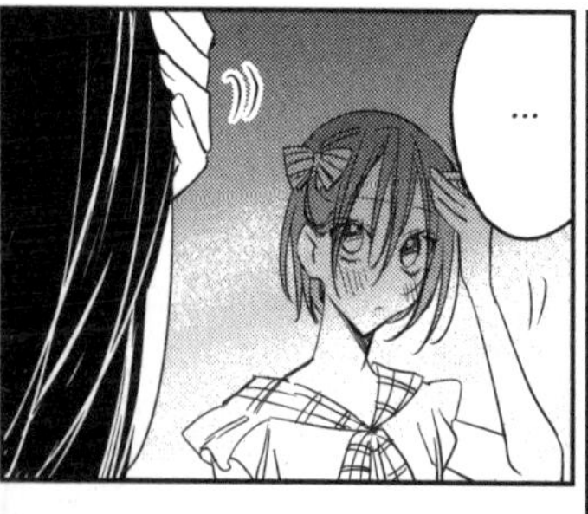

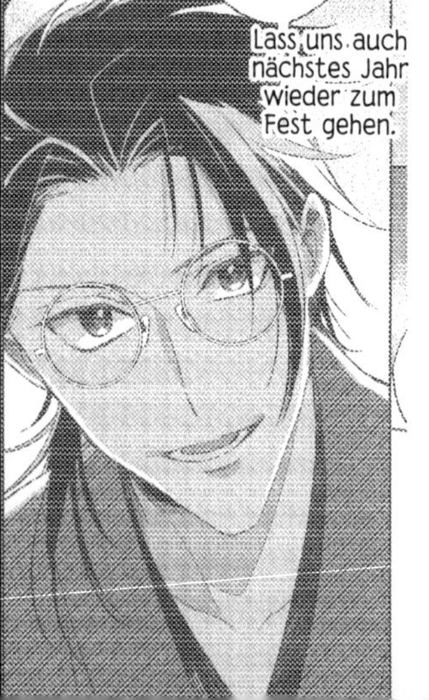

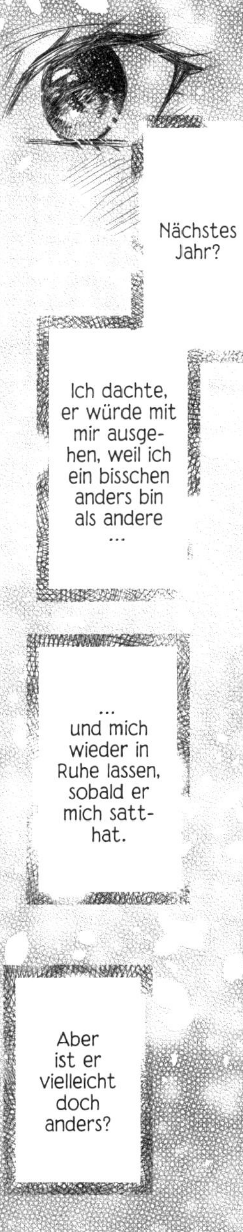
Nächstes Jahr?
Ich dachte, er würde mit mir ausgehen, weil ich ein bisschen anders bin als andere …
… und mich wieder in Ruhe lassen, sobald er mich satthat.
Aber ist er vielleicht doch anders?

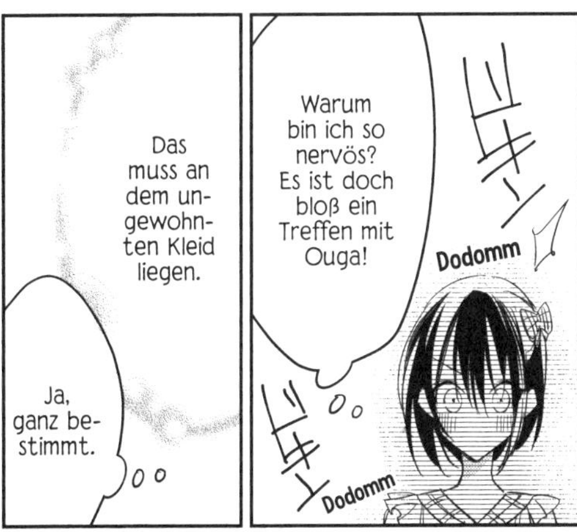
Warum bin ich so nervös? Es ist doch bloß ein Treffen mit Ouga!
Dodomm
Dodomm
Das muss an dem ungewohnten Kleid liegen.
Ja, ganz bestimmt.

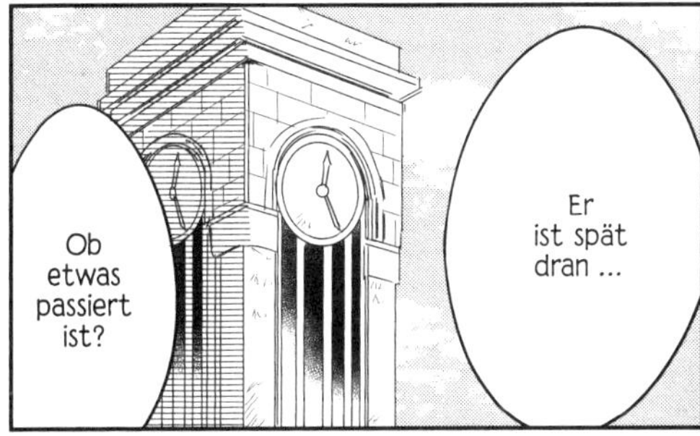
Er ist spät dran …
Ob etwas passiert ist?

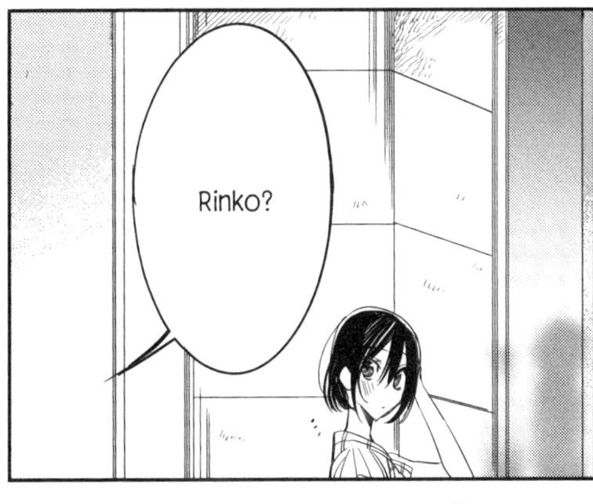
Rinko?

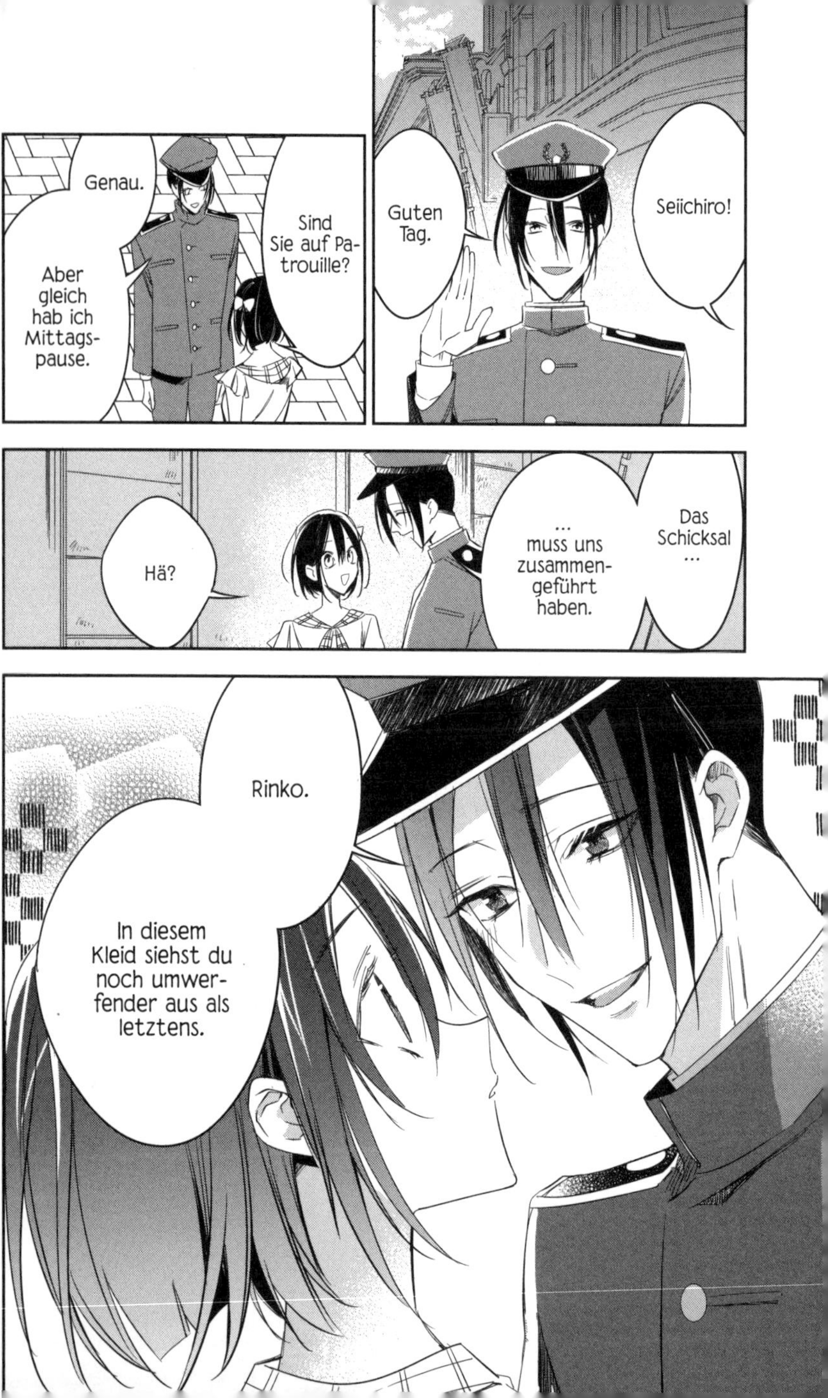

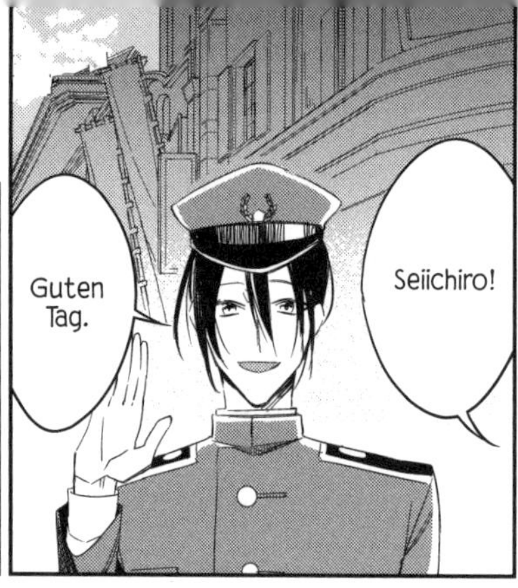

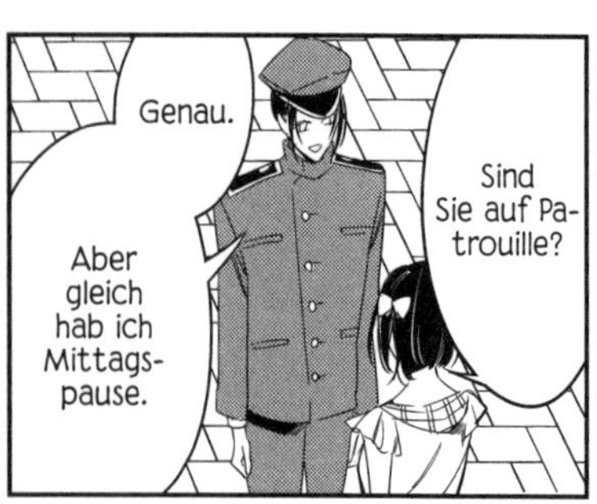

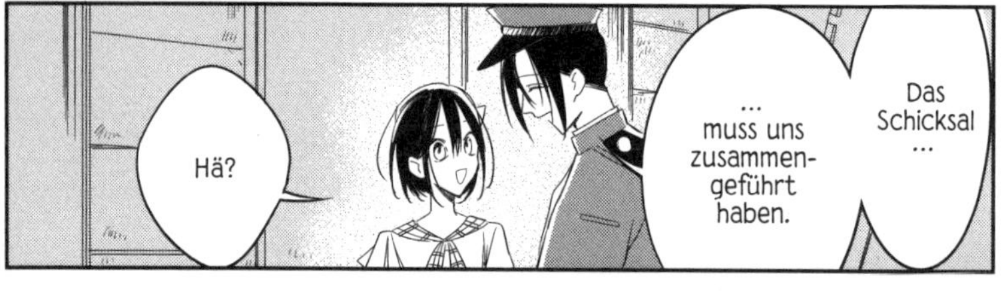

Rinko.

In diesem Kleid siehst du noch umwerfender aus als letztens.

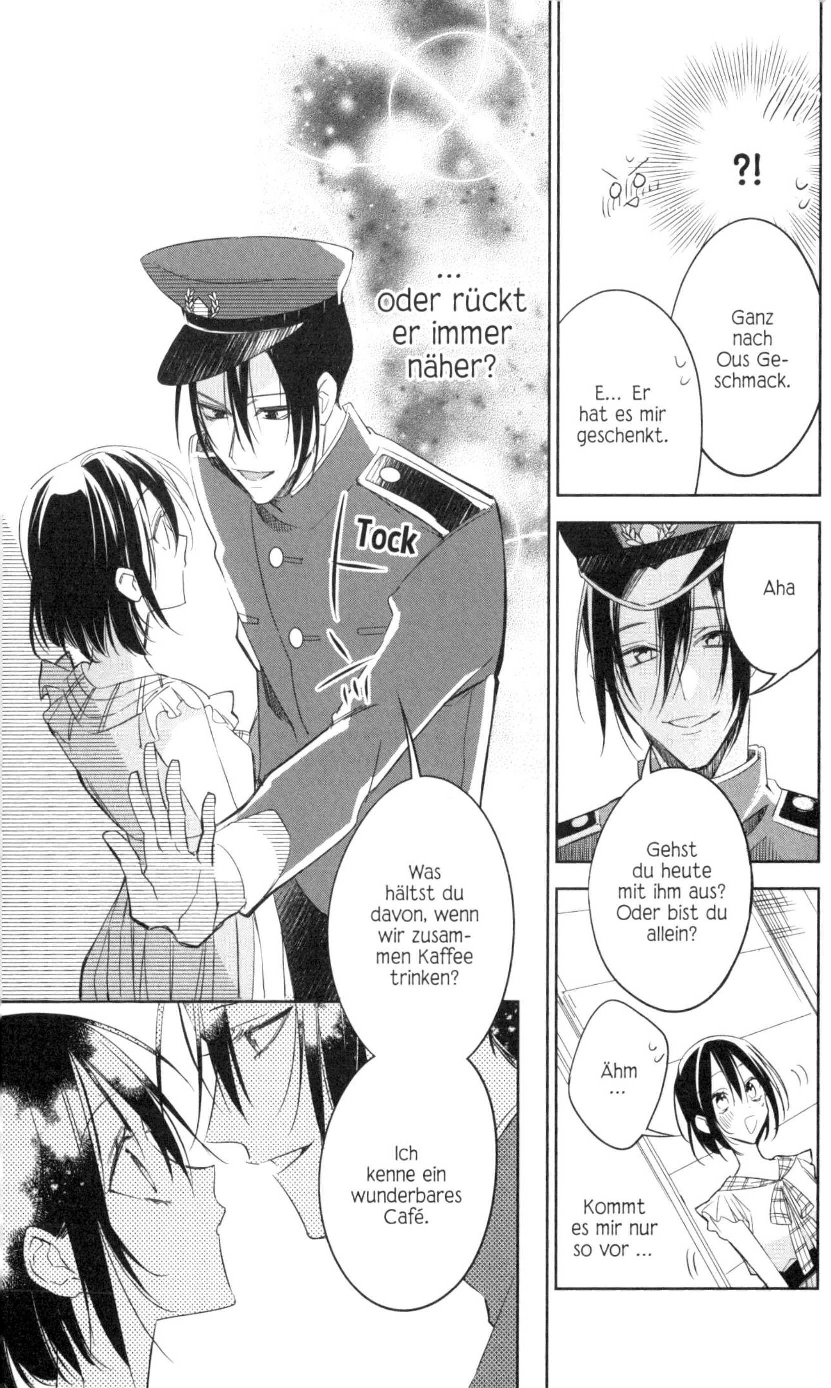
?!
Ganz nach Ous Geschmack.
E... Er hat es mir geschenkt.
Aha
Gehst du heute mit ihm aus? Oder bist du allein?
Ähm ...
Kommt es mir nur so vor ...
... oder rückt er immer näher?
Tock
Was hältst du davon, wenn wir zusammen Kaffee trinken?
Ich kenne ein wunderbares Café.

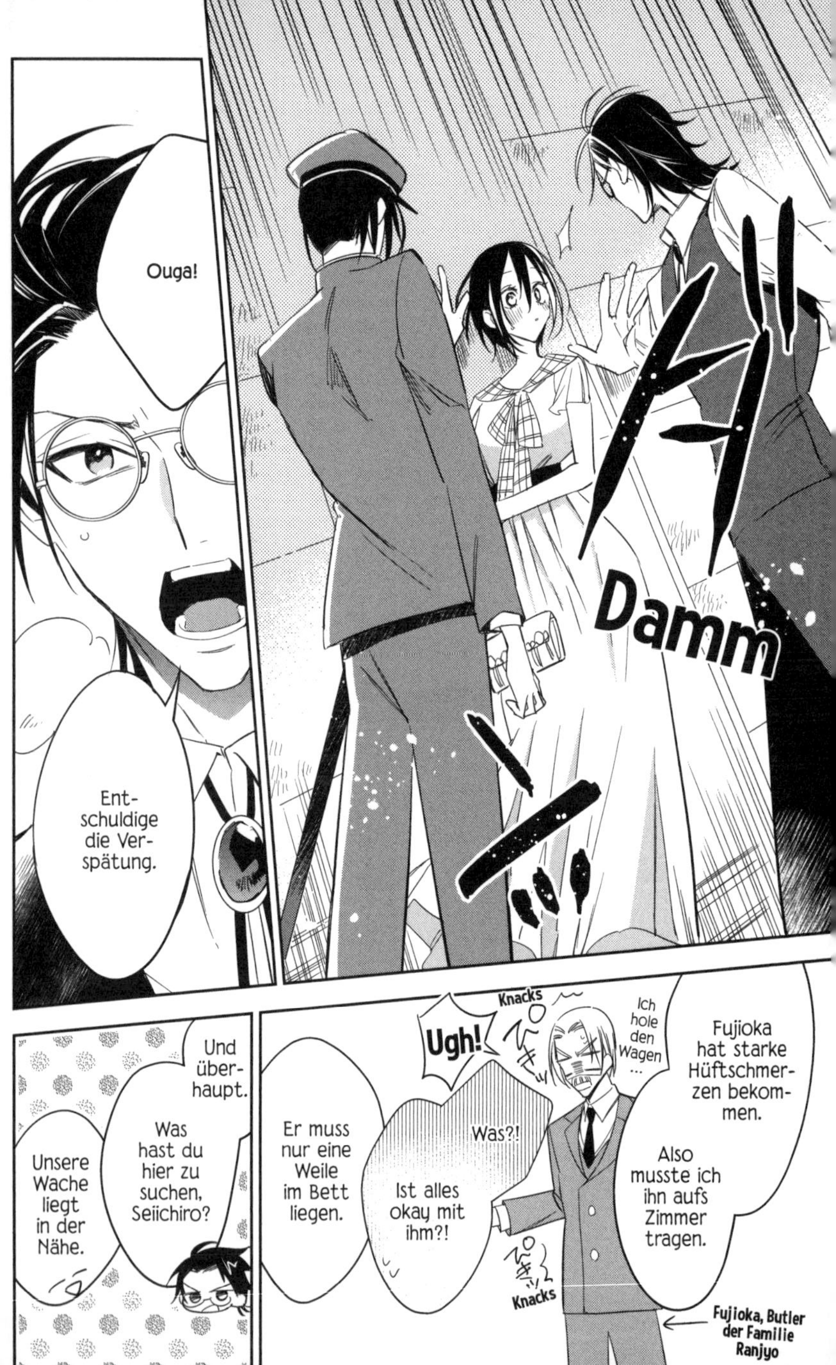
Ouga!
Damm
Ent-schuldige die Verspätung.
Fujioka hat starke Hüftschmerzen bekommen.
Also musste ich ihn aufs Zimmer tragen.
Ich hole den Wagen ...
Knacks
Ugh!
Knacks
Fujioka, Butler der Familie Ranjyo
Was?!
Ist alles okay mit ihm?!
Er muss nur eine Weile im Bett liegen.
Und überhaupt.
Was hast du hier zu suchen, Seiichiro?
Unsere Wache liegt in der Nähe.

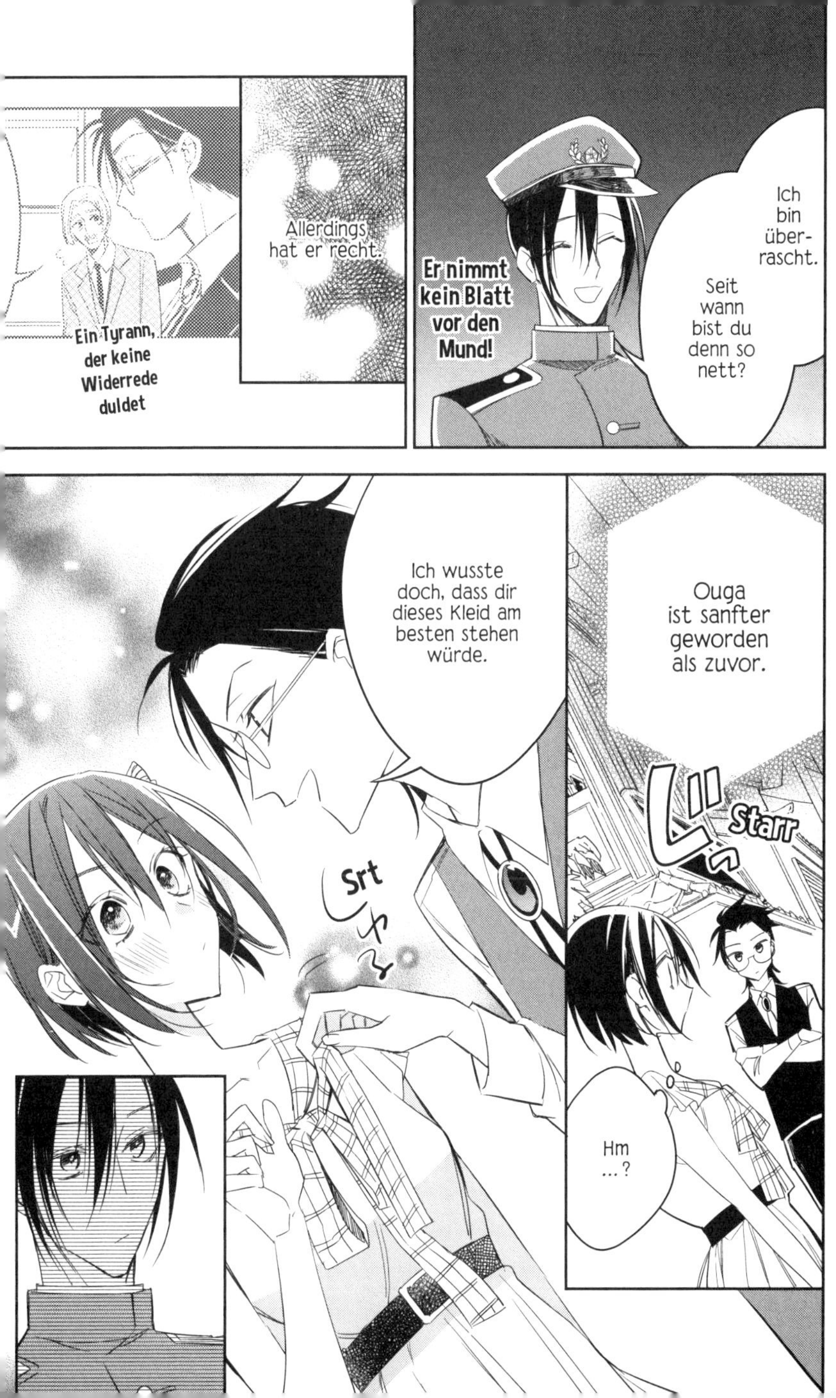

Ich bin überrascht.

Seit wann bist du denn so nett?

Er nimmt kein Blatt vor den Mund!

Allerdings hat er recht.

Ein Tyrann, der keine Widerrede duldet

Ouga ist sanfter geworden als zuvor.

Starr

Hm ...?

Ich wusste doch, dass dir dieses Kleid am besten stehen würde.

Srt

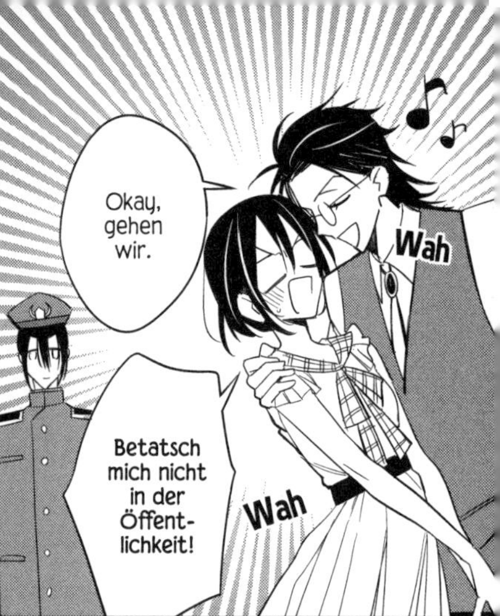
Okay, gehen wir.
Wah
Betatsch mich nicht in der Öffentlichkeit!
Wah

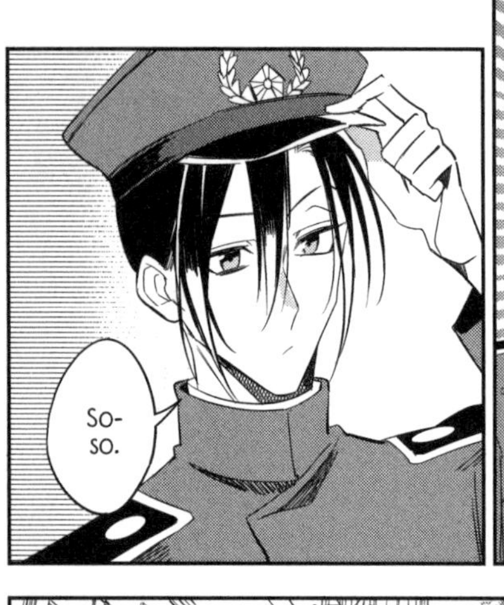
So-so.

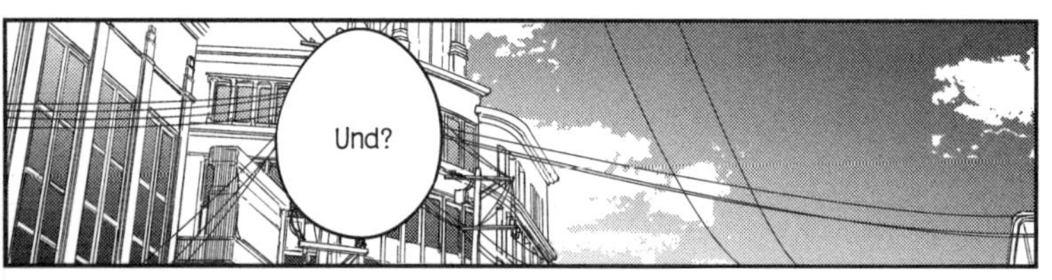
Und?

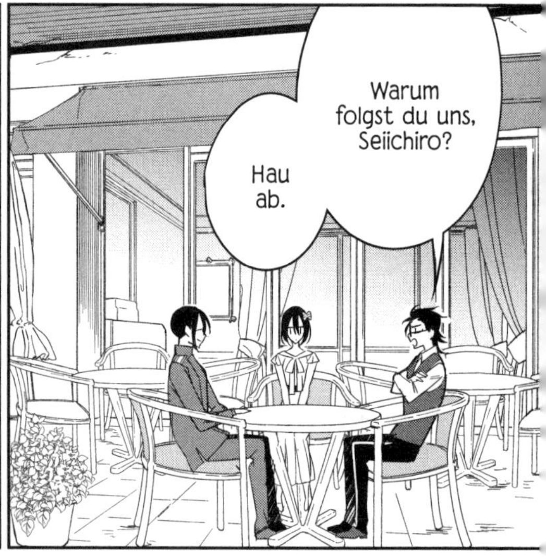
Warum folgst du uns, Seiichiro?
Hau ab.

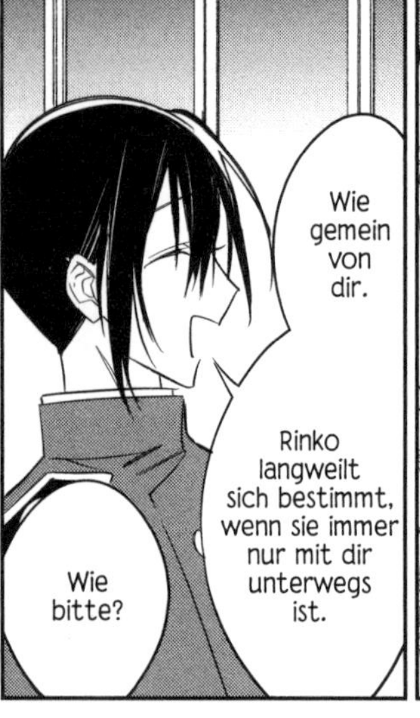
Wie gemein von dir.
Rinko langweilt sich bestimmt, wenn sie immer nur mit dir unterwegs ist.
Wie bitte?

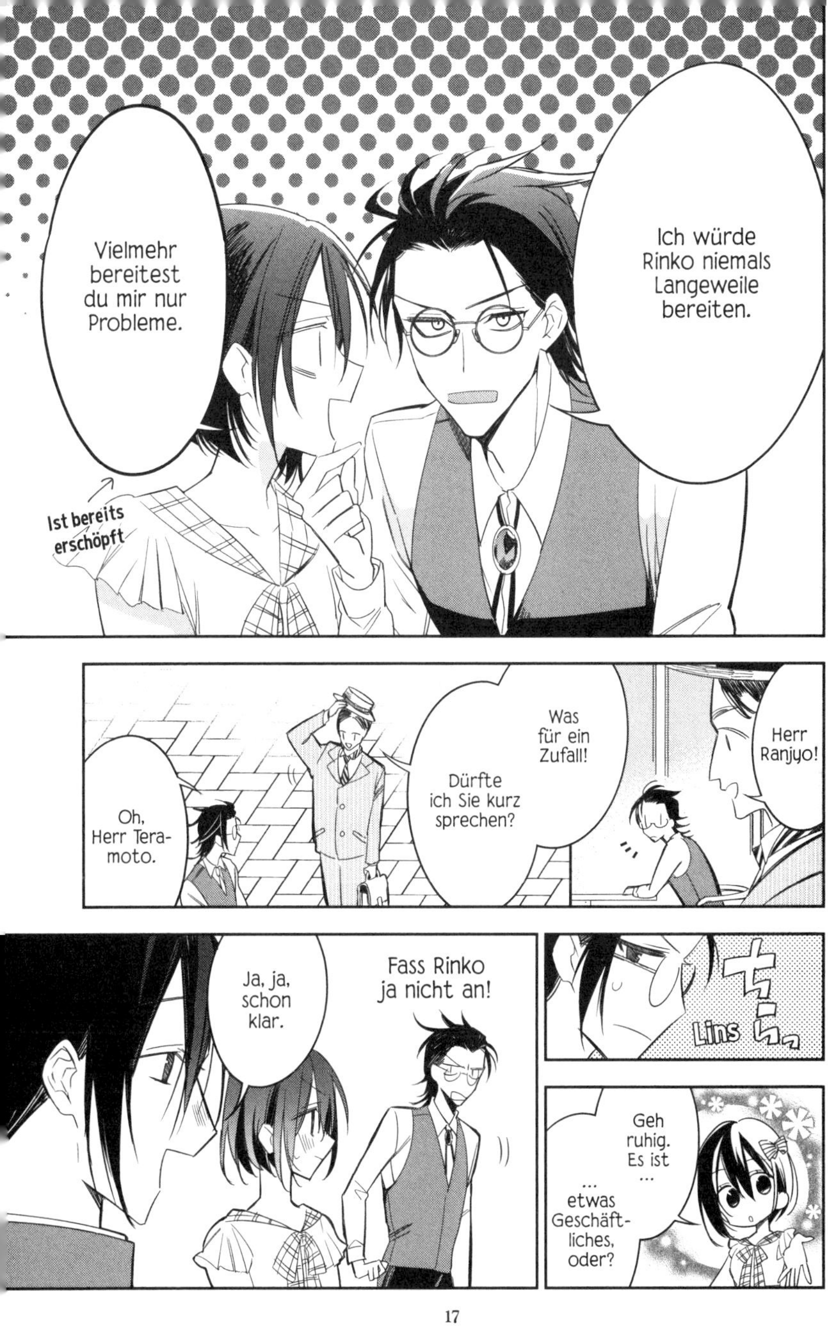

Ich würde Rinko niemals Langeweile bereiten.

Vielmehr bereitest du mir nur Probleme.

Ist bereits erschöpft

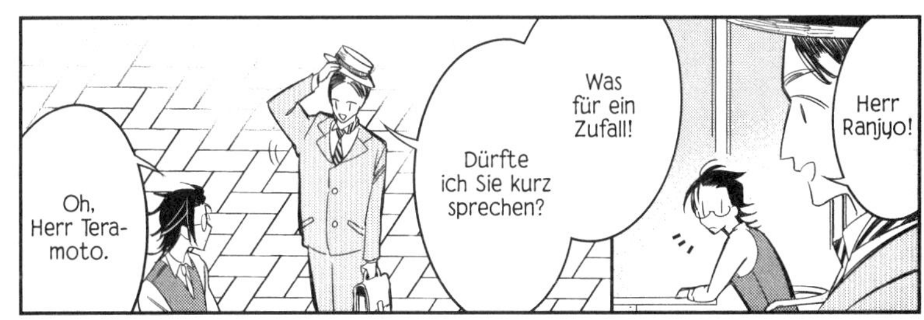

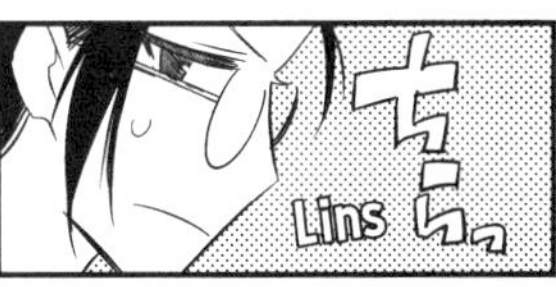

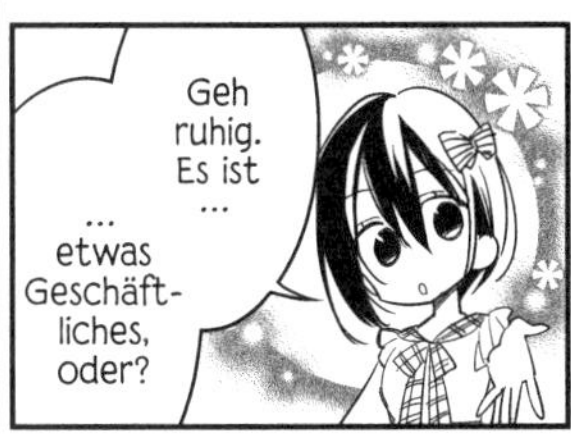

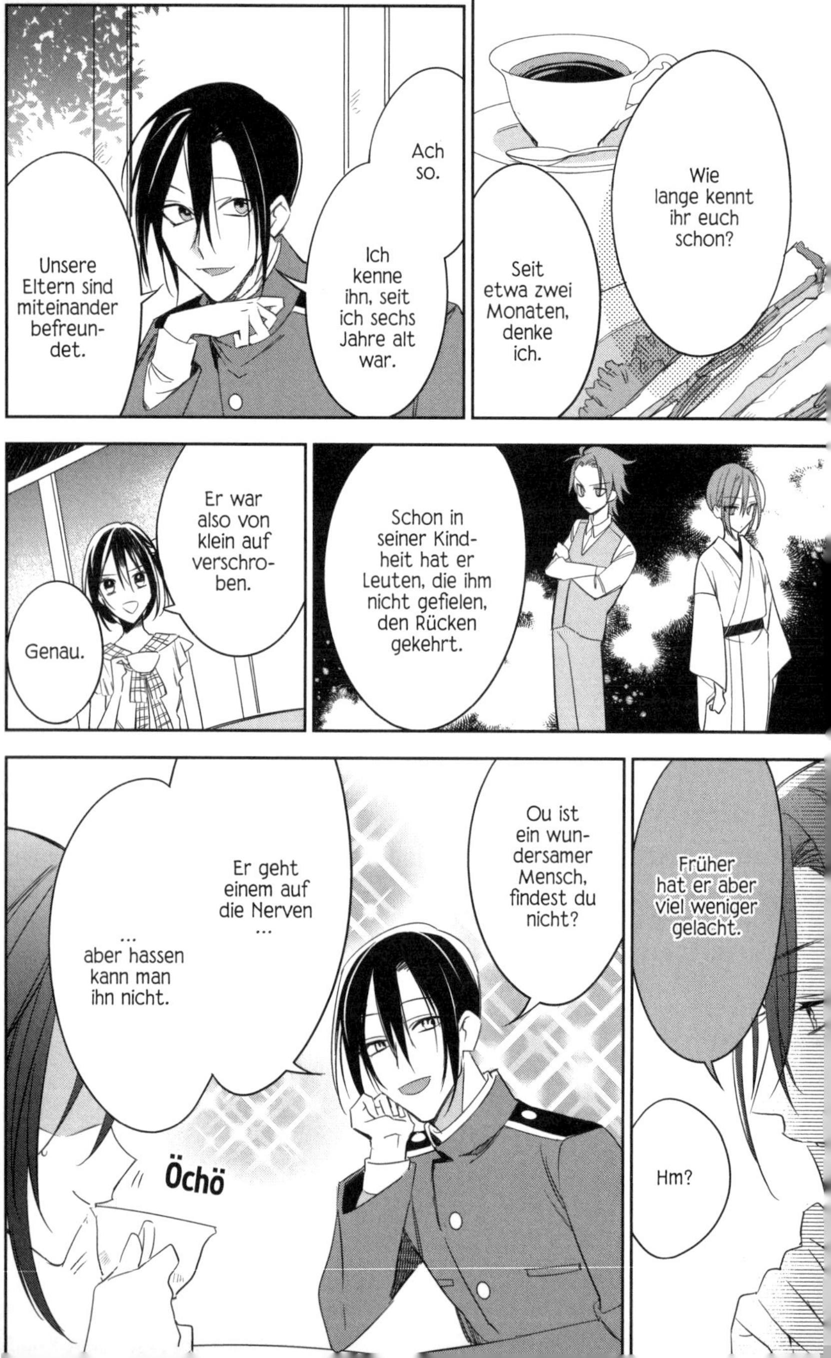

Wie lange kennt ihr euch schon?

Seit etwa zwei Monaten, denke ich.

Ach so.

Ich kenne ihn, seit ich sechs Jahre alt war.

Unsere Eltern sind miteinander befreundet.

Schon in seiner Kindheit hat er Leuten, die ihm nicht gefielen, den Rücken gekehrt.

Er war also von klein auf verschroben.

Genau.

Früher hat er aber viel weniger gelacht.

Hm?

Ou ist ein wundersamer Mensch, findest du nicht?

Er geht einem auf die Nerven …

… aber hassen kann man ihn nicht.

Öchö

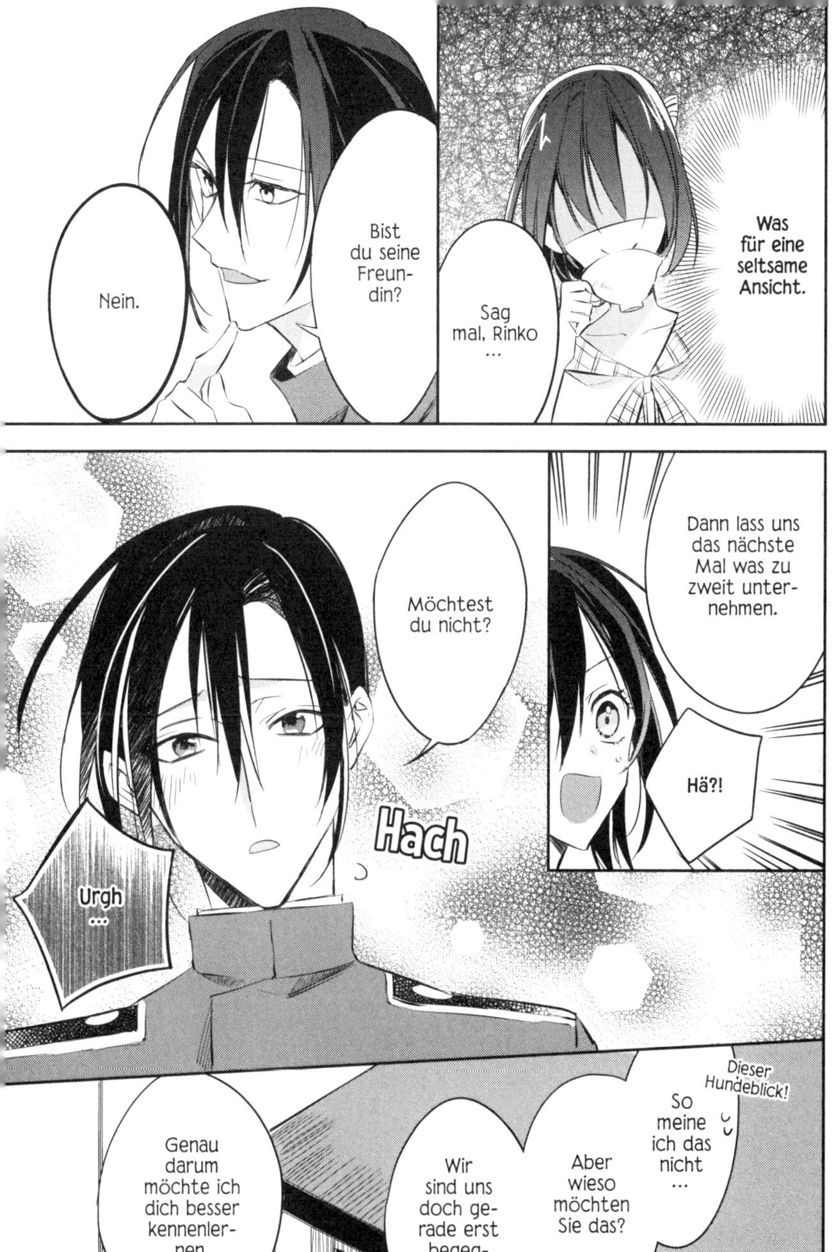
Was für eine seltsame Ansicht.
Sag mal, Rinko …
Bist du seine Freundin?
Nein.
Dann lass uns das nächste Mal was zu zweit unternehmen.
Hä?!
Möchtest du nicht?
Hach
Urgh …
Dieser Hundeblick!
So meine ich das nicht …
Aber wieso möchten Sie das?
Wir sind uns doch gerade erst begegnet.
Genau darum möchte ich dich besser kennenlernen.

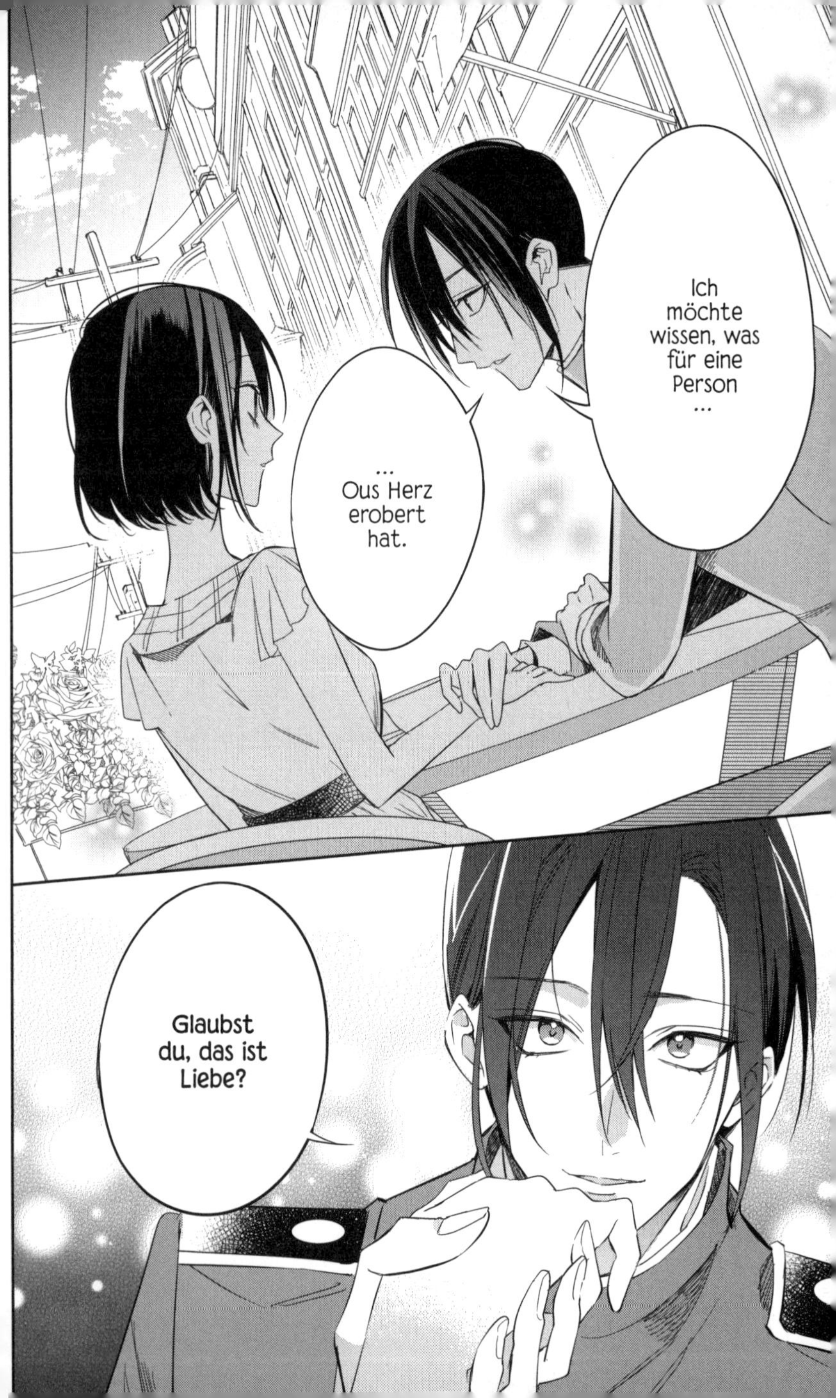
Ich möchte wissen, was für eine Person ...
... Ous Herz erobert hat.
Glaubst du, das ist Liebe?

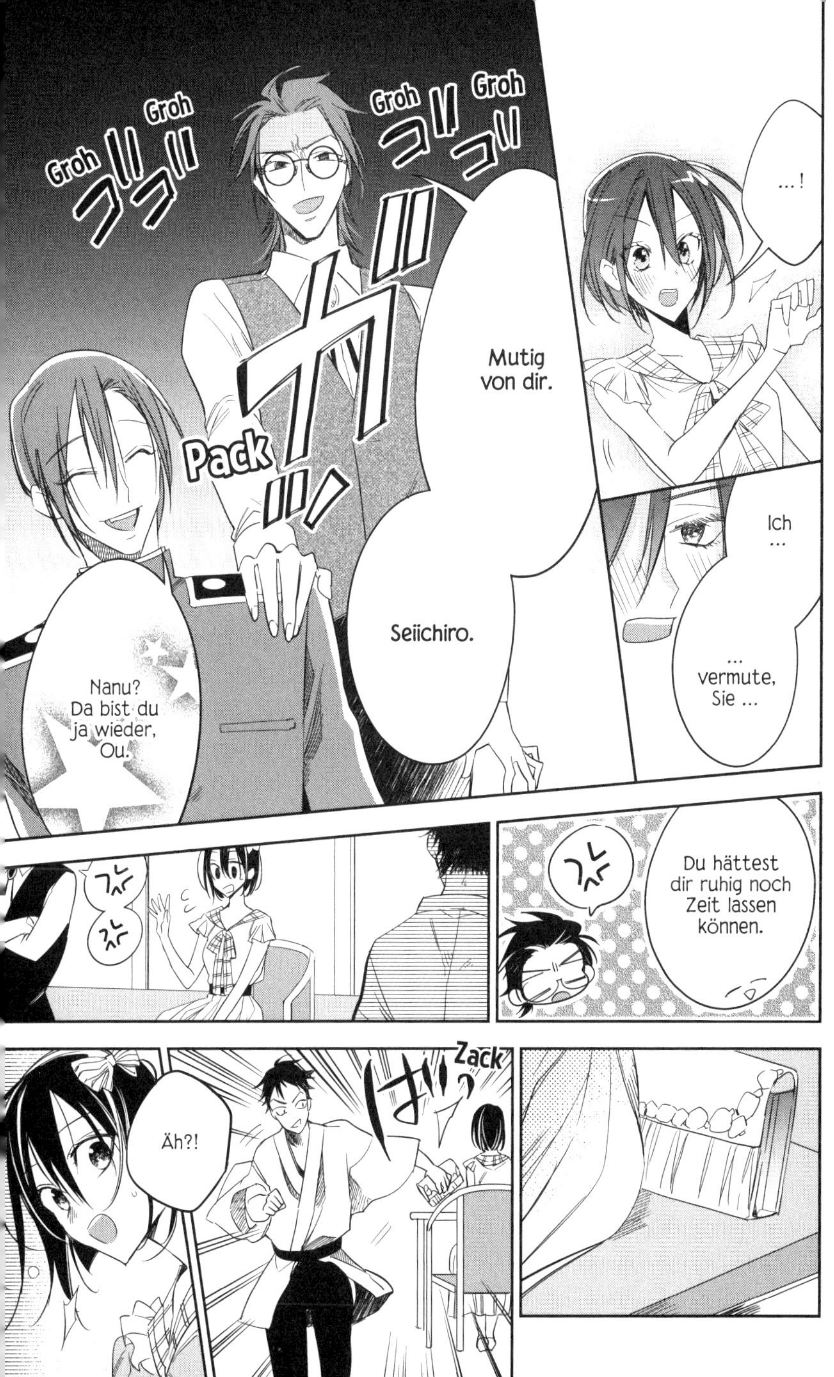
... !
Ich ...
... vermute, Sie ...
Groh
Groh
Groh
Groh
Mutig von dir.
Seiichiro.
Pack
Nanu? Da bist du ja wieder, Ou.
Du hättest dir ruhig noch Zeit lassen können.
Zack
Äh?!

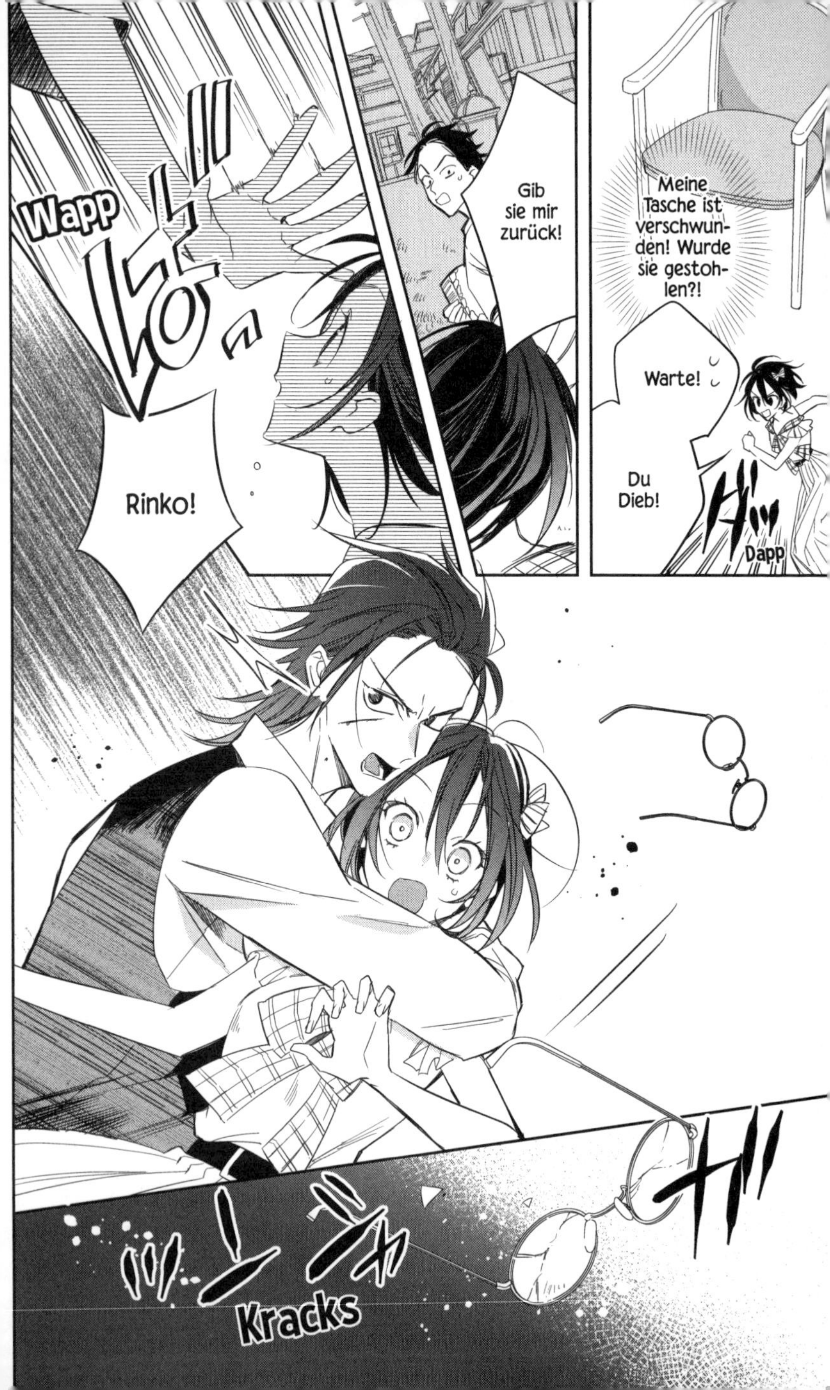
Meine Tasche ist verschwunden! Wurde sie gestohlen?!
Warte!
Du Dieb!
Dapp
Gib sie mir zurück!
Wapp
Rinko!
Kracks

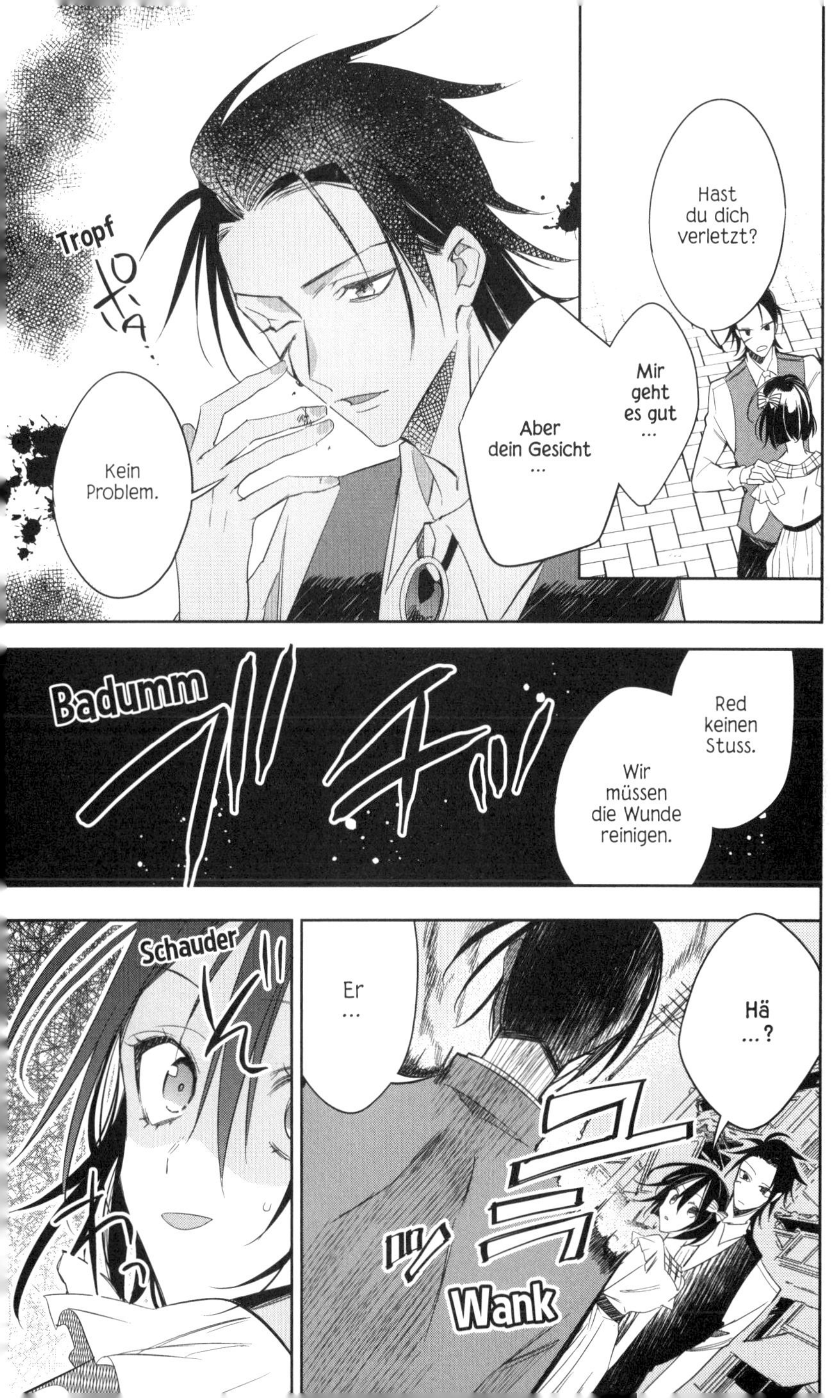

Hast du dich verletzt?
Mir geht es gut …
Aber dein Gesicht …
Tropf
Kein Problem.

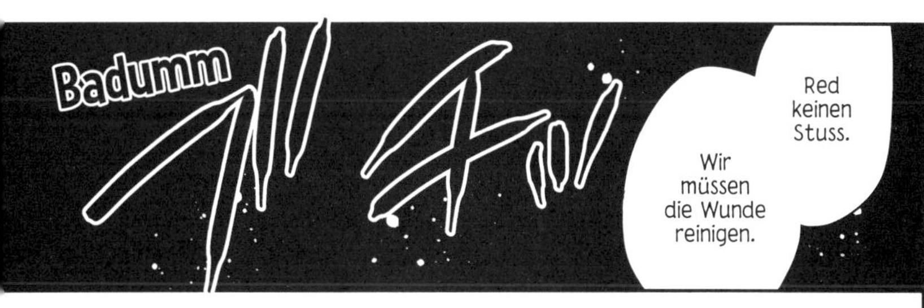

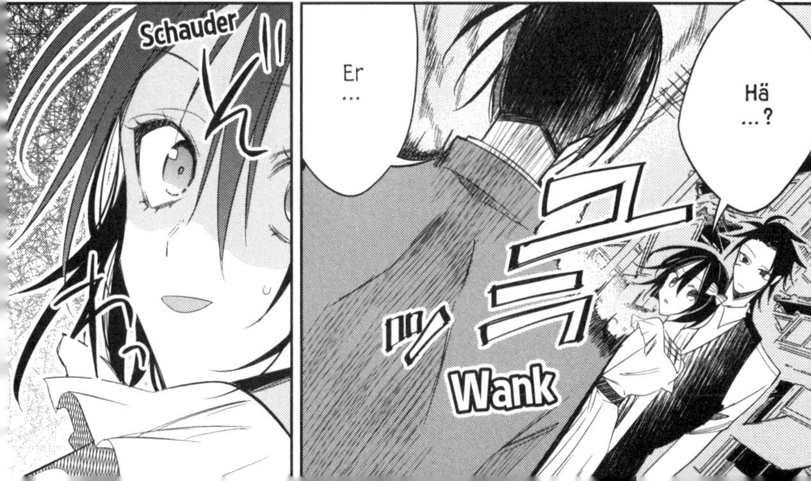

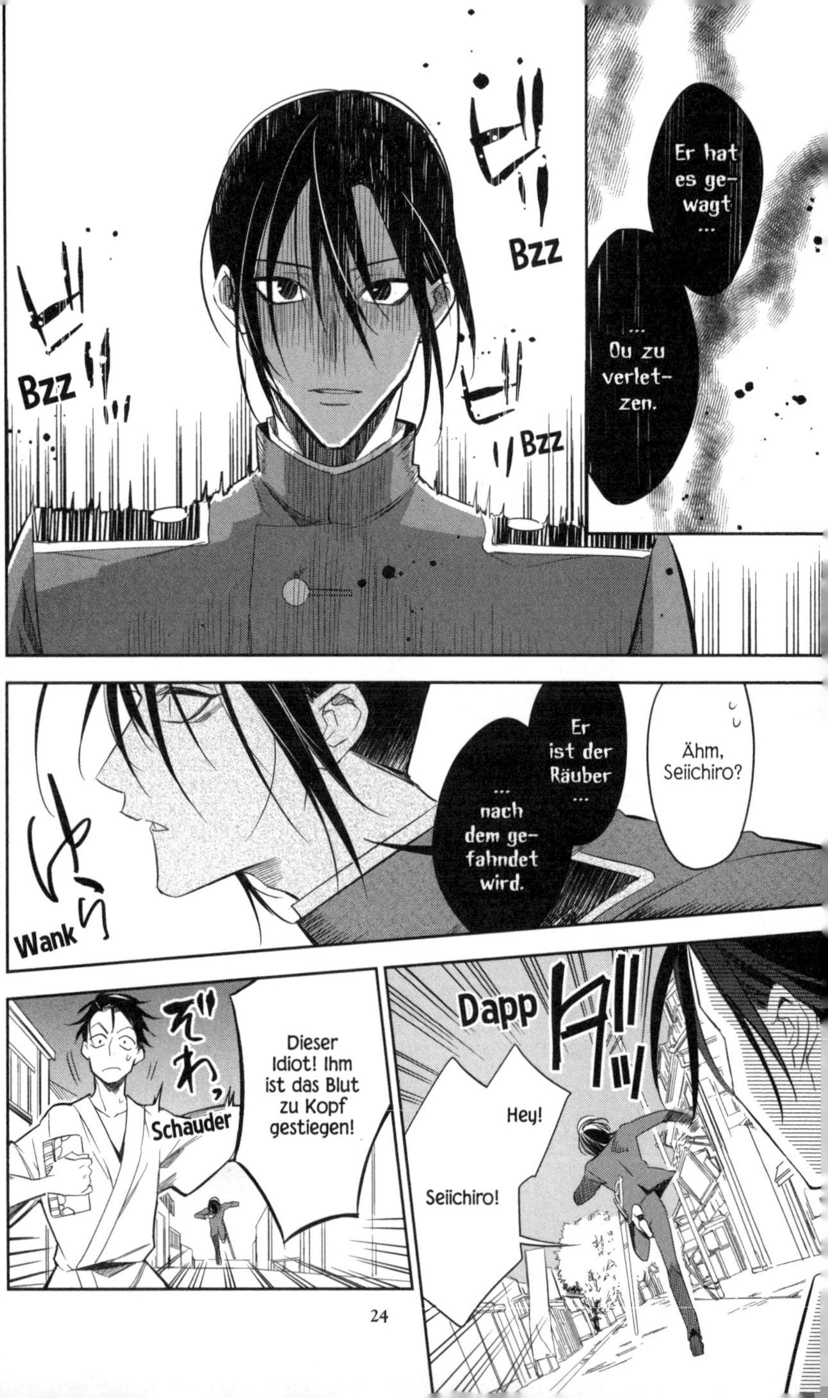

Er hat es gewagt ...

... Du zu verletzen.

Bzz

Bzz

Bzz

Ähm, Seiichiro?

Er ist der Räuber ...

... nach dem gefahndet wird.

Wank

Dapp

Hey!

Seiichiro!

Dieser Idiot! Ihm ist das Blut zu Kopf gestiegen!

Schauder

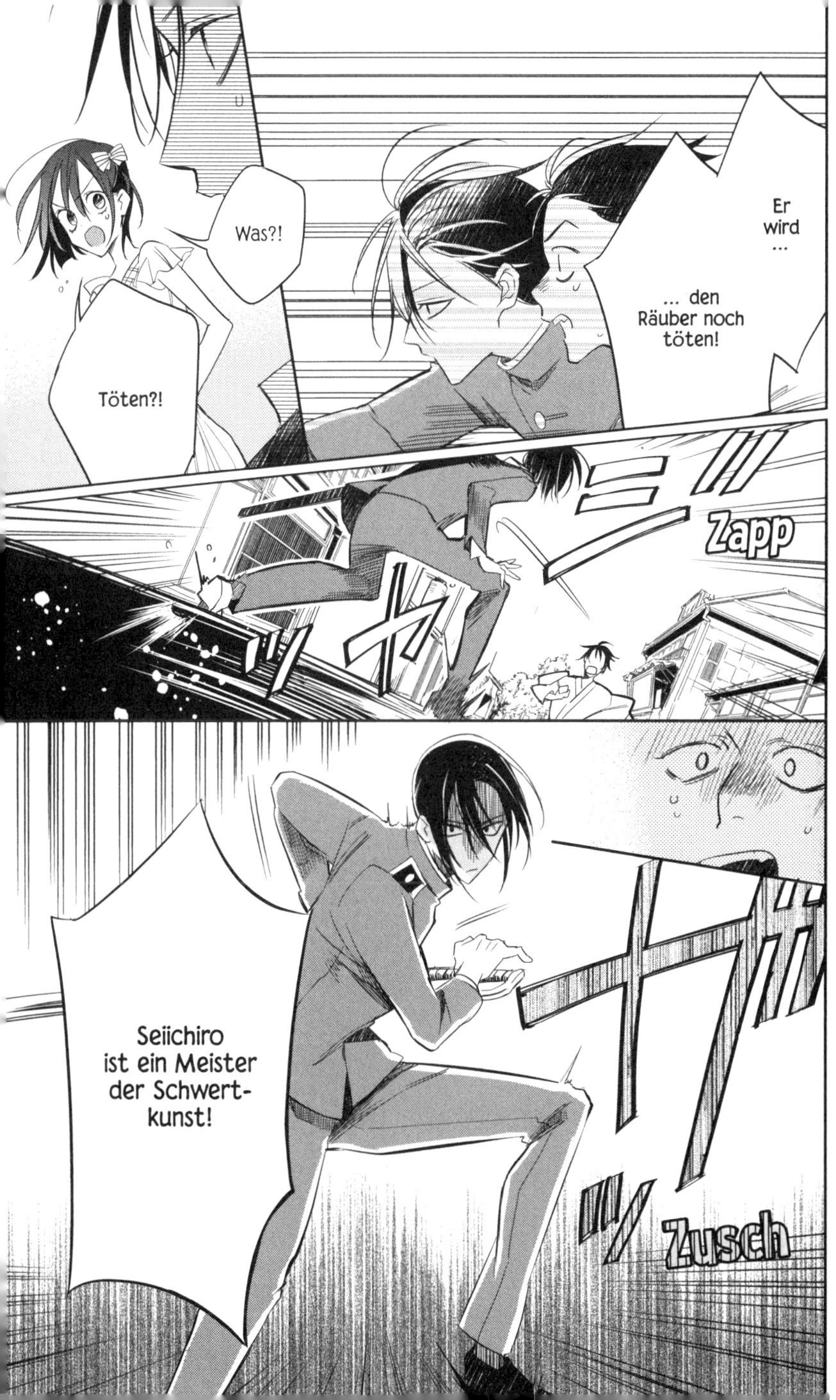

Er wird …
… den Räuber noch töten!
Was?!
Töten?!
Zapp
Seiichiro ist ein Meister der Schwert-kunst!
Zusch

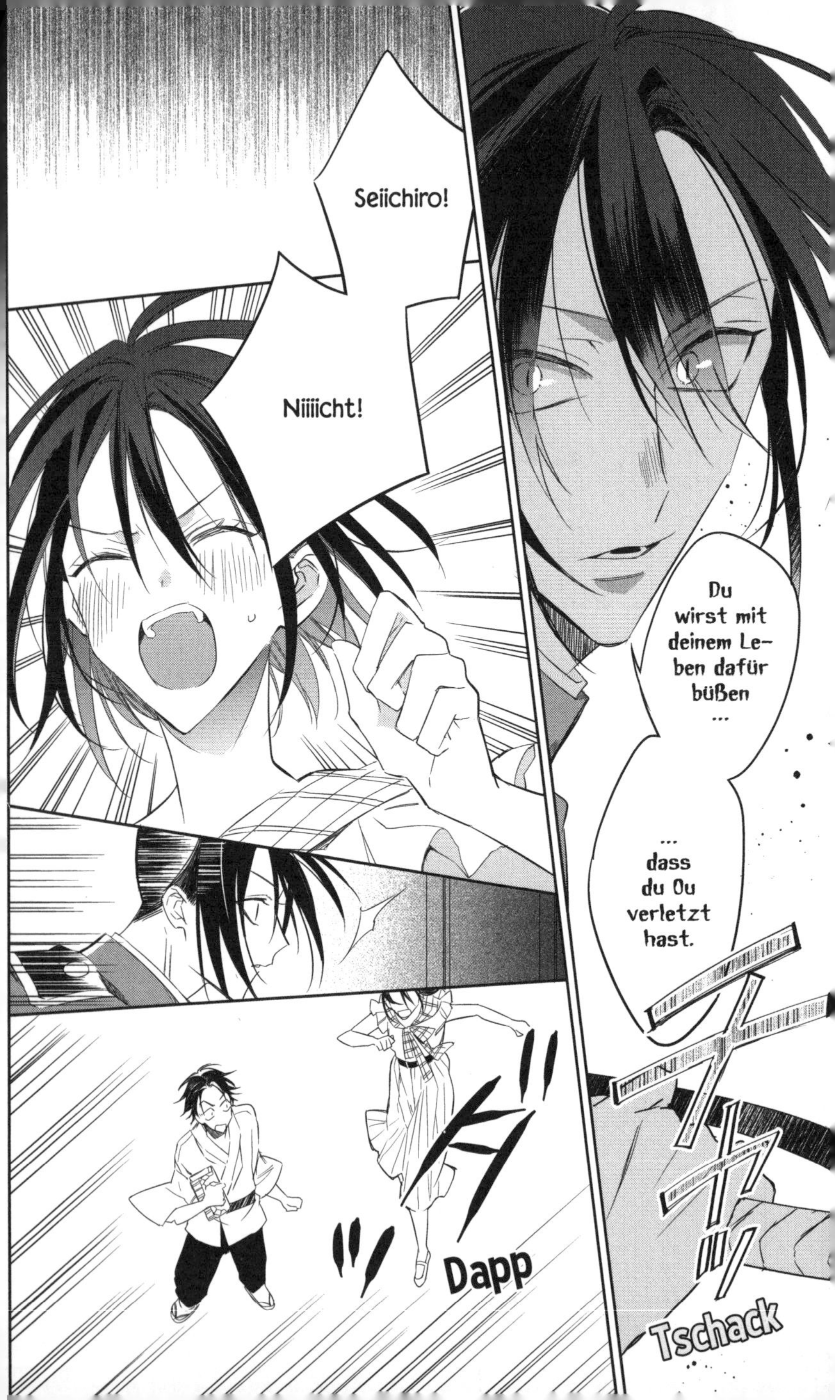
Du wirst mit deinem Le-
ben dafür büßen ...
... dass du Ou verletzt hast.
Tschack
Seiichiro!
Niiiicht!
Dapp

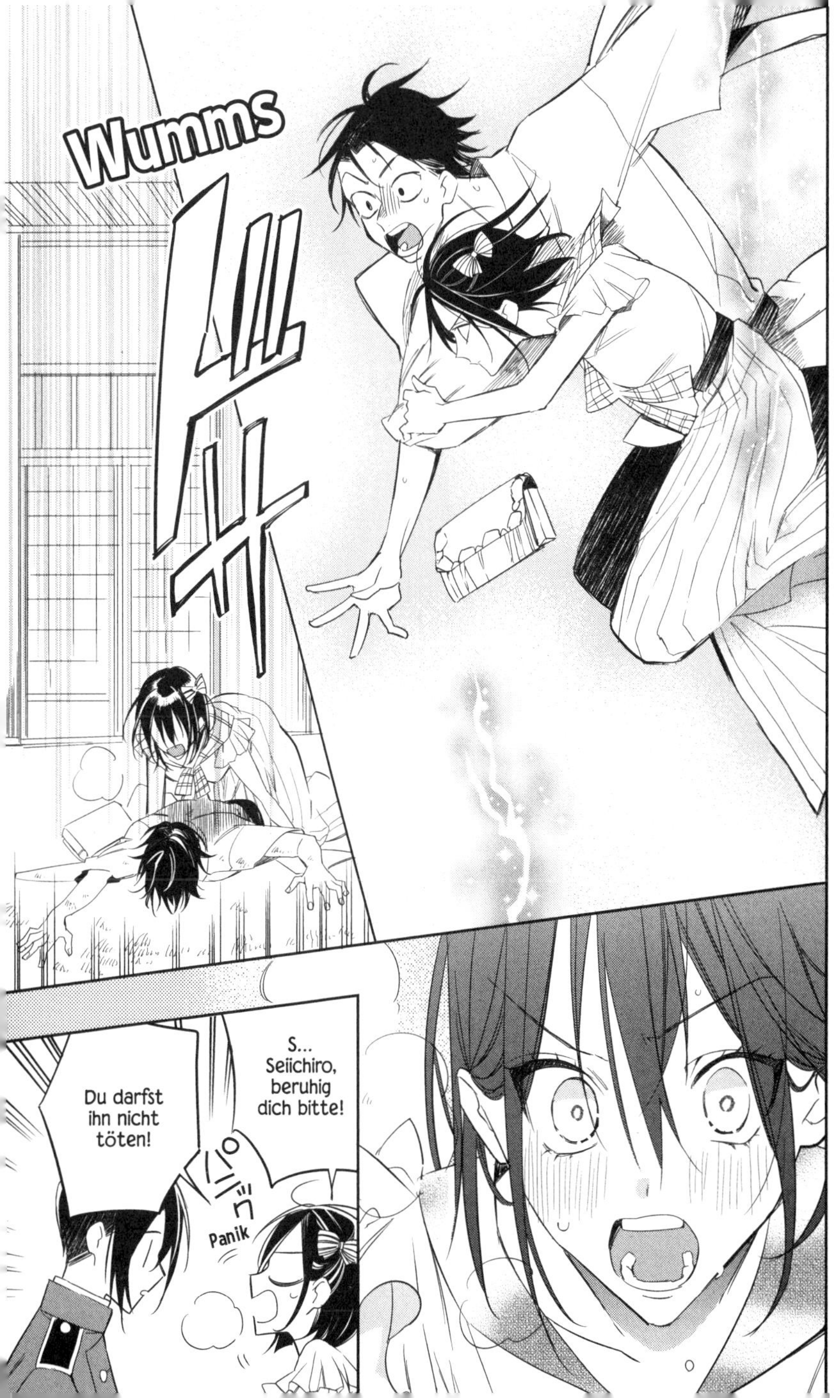
Wumms
S... Seiichiro, beruhig dich bitte!
Du darfst ihn nicht töten!
Panik

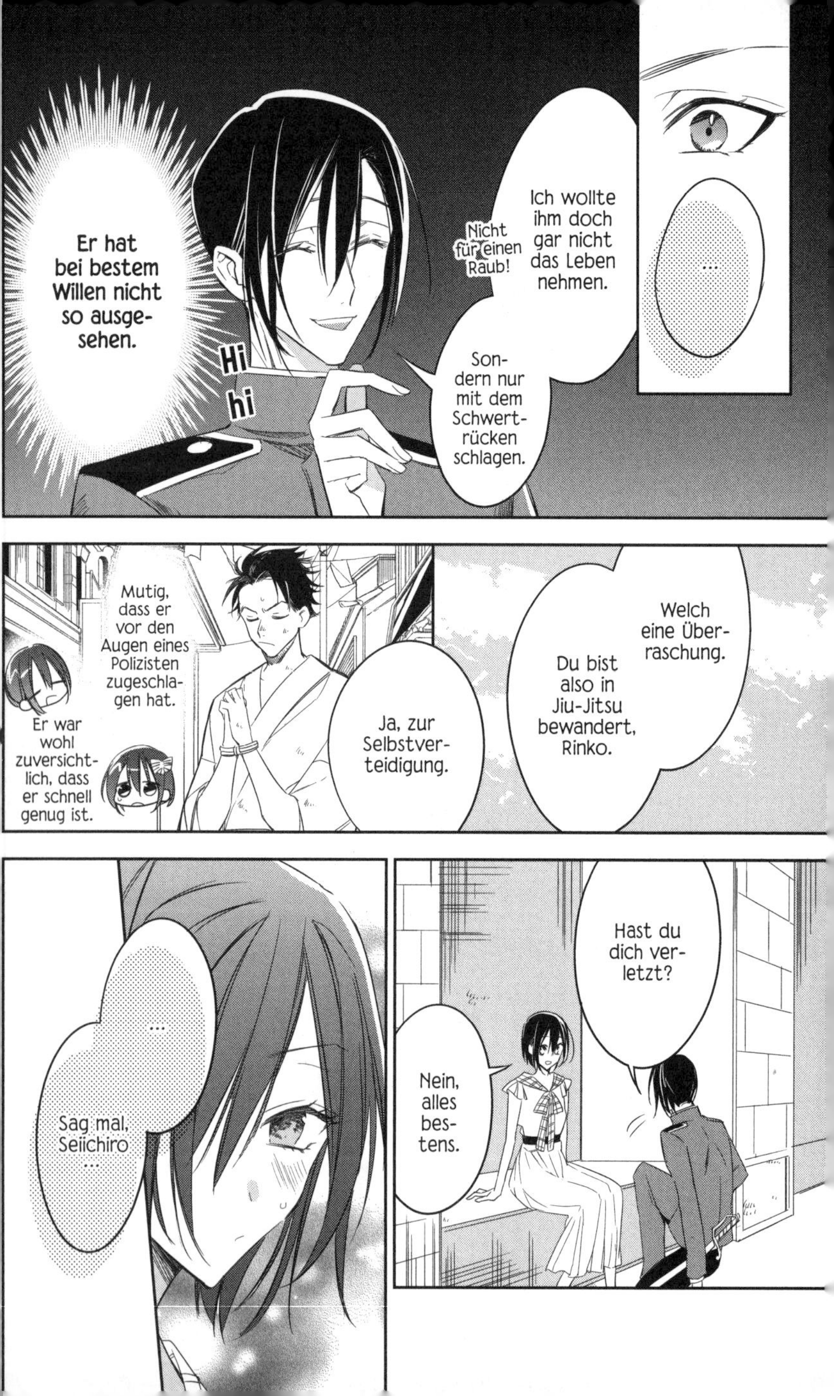

…

Ich wollte ihm doch gar nicht das Leben nehmen.

Nicht für einen Raub!

Sondern nur mit dem Schwertrücken schlagen.

Hi hi

Er hat bei bestem Willen nicht so ausgesehen.

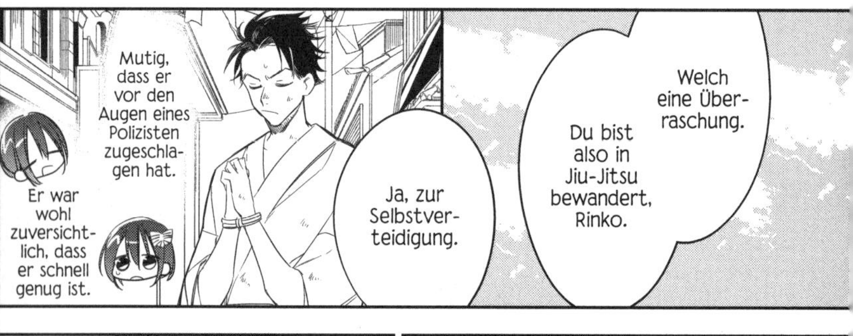

Hast du dich verletzt?

Nein, alles bestens.

…

Sag mal, Seiichiro …

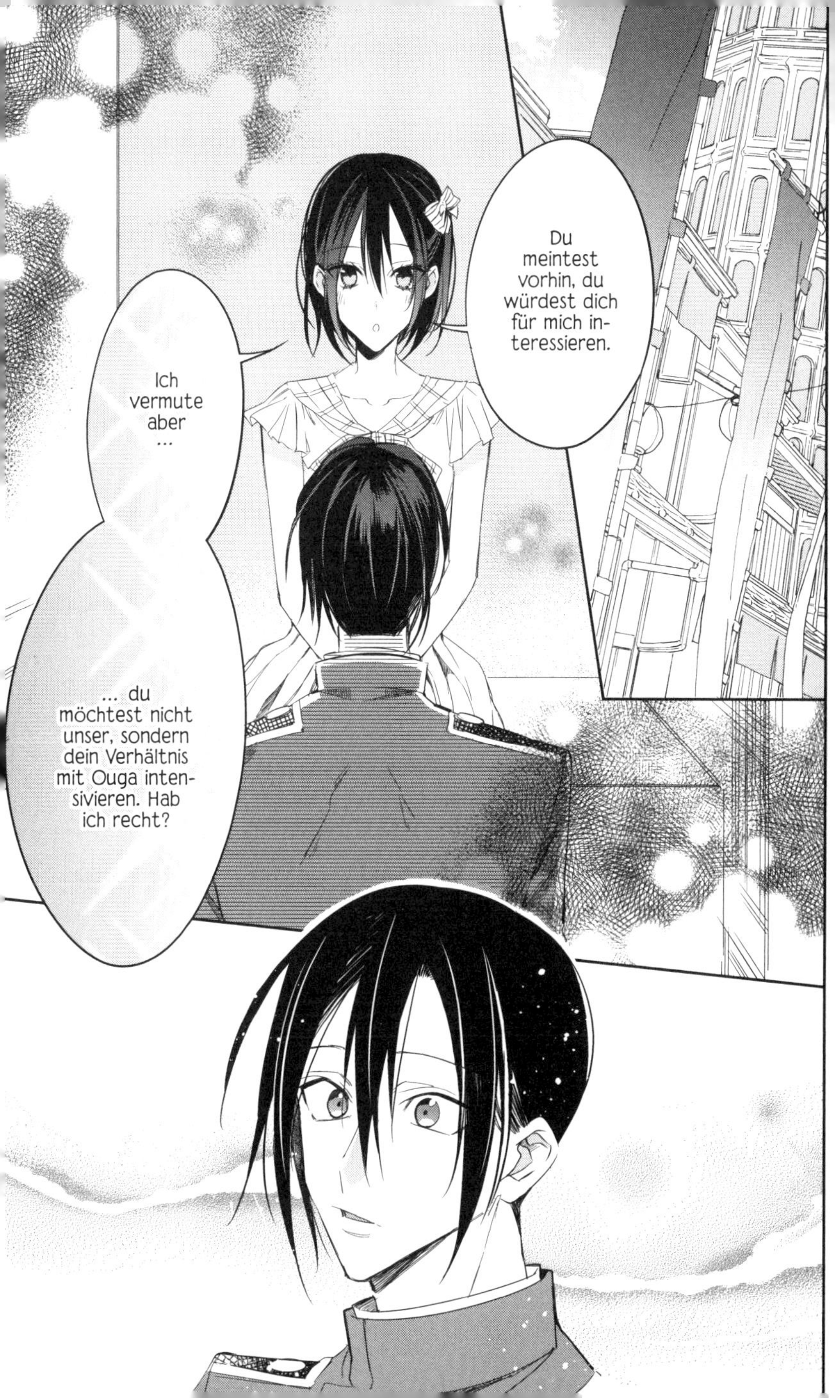
Du meintest vorhin, du würdest dich für mich interessieren.
Ich vermute aber ...
... du möchtest nicht unser, sondern dein Verhältnis mit Ouga intensivieren. Hab ich recht?

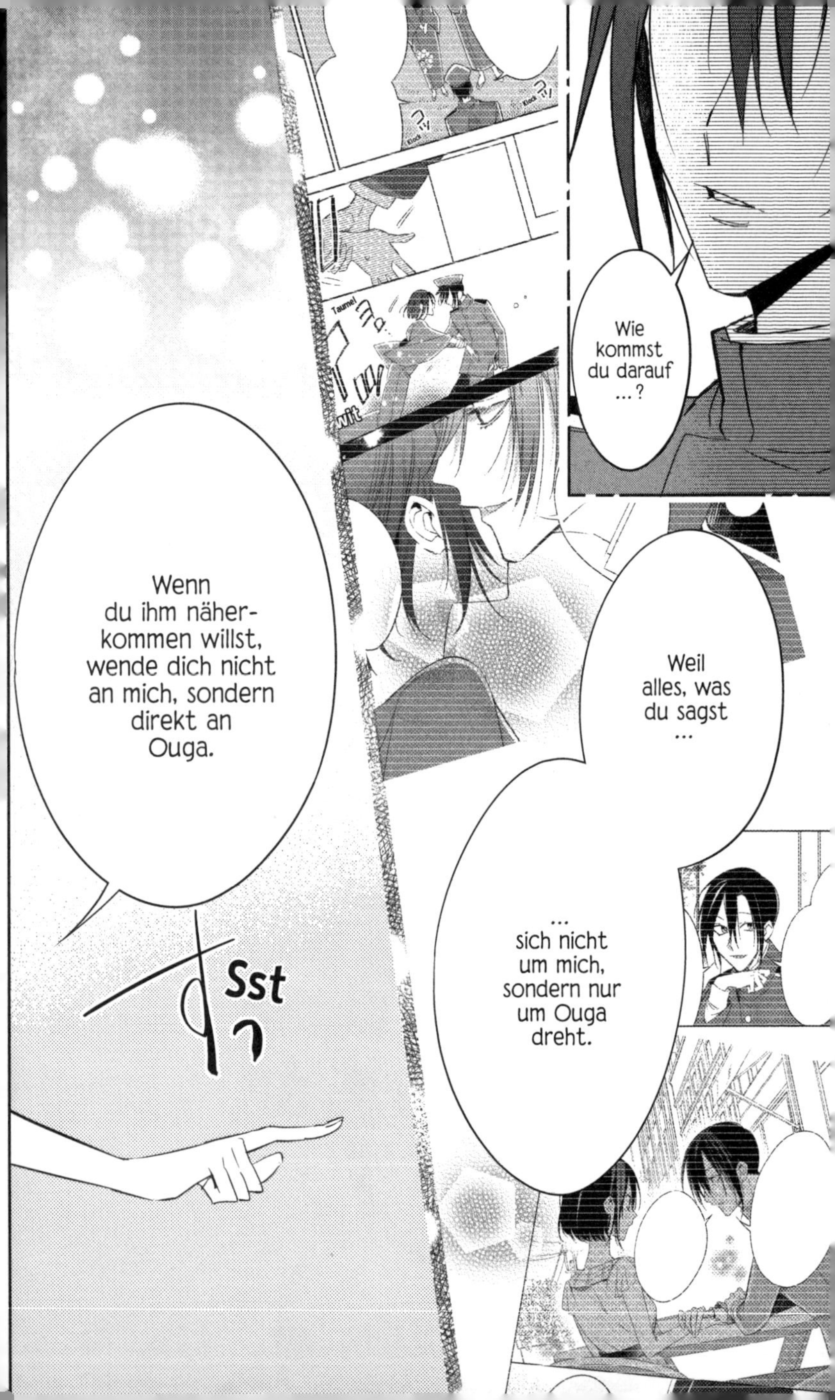
Wie kommst du darauf ...?
Klock
Klock
Taumel
wit
Weil alles, was du sagst ...
... sich nicht um mich, sondern nur um Ouga dreht.
Wenn du ihm näherkommen willst, wende dich nicht an mich, sondern direkt an Ouga.
Sst

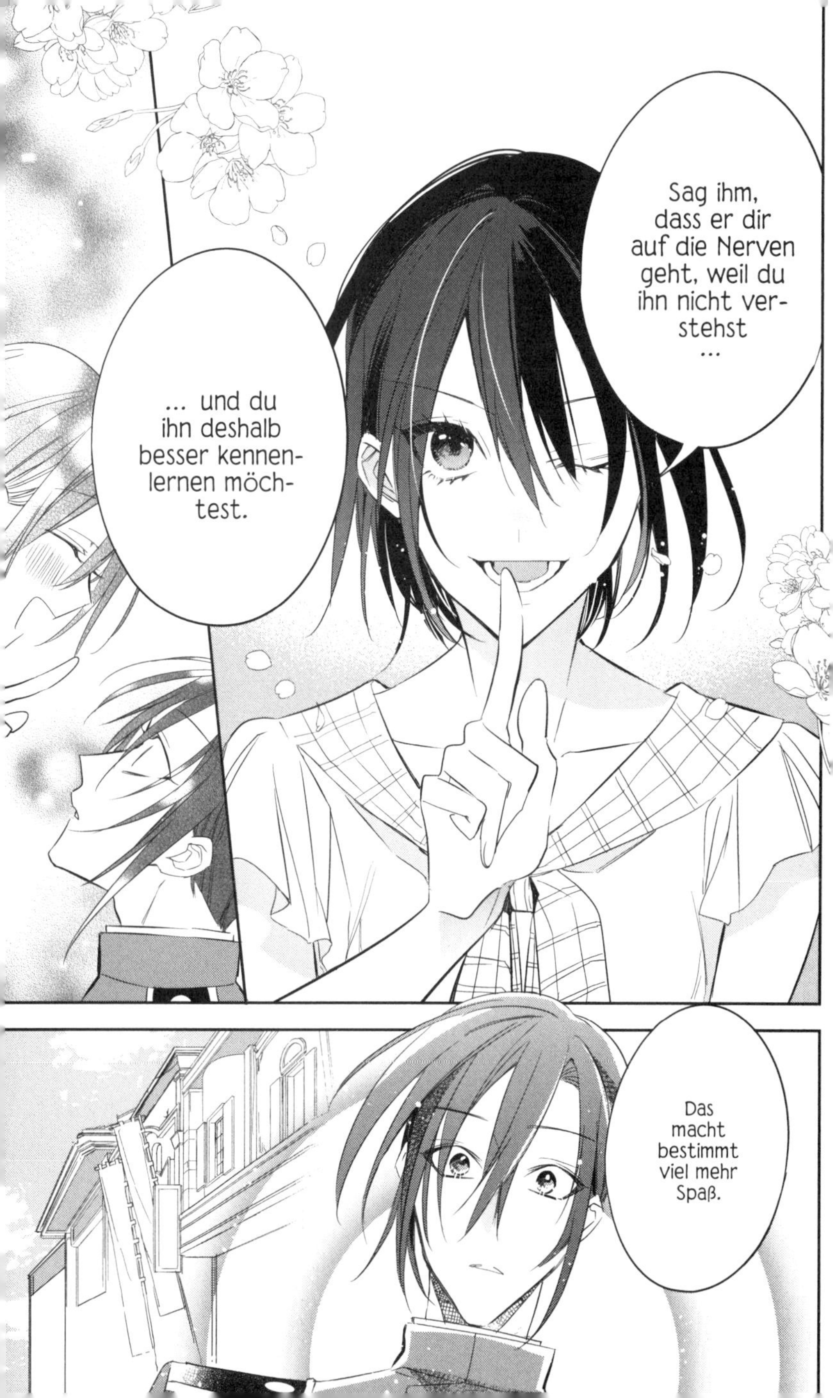
Sag ihm, dass er dir auf die Nerven geht, weil du ihn nicht ver-stehst …
… und du ihn deshalb besser kennen-lernen möch-test.
Das macht bestimmt viel mehr Spaß.

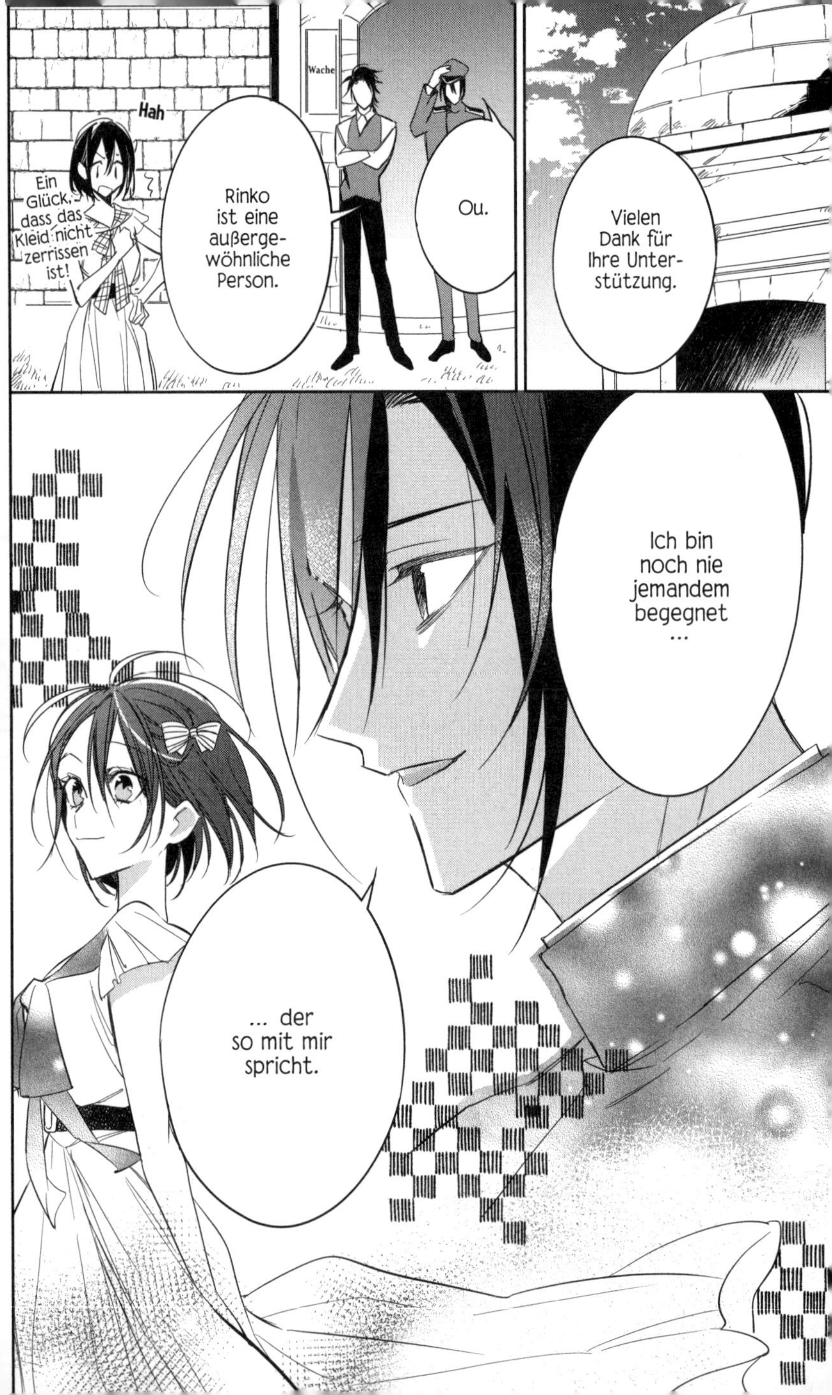
Vielen Dank für Ihre Unterstützung.
Ou.
Rinko ist eine außergewöhnliche Person.
Wache
Hah
Ein Glück, dass das Kleid nicht zerrissen ist!
Ich bin noch nie jemandem begegnet ...
... der so mit mir spricht.

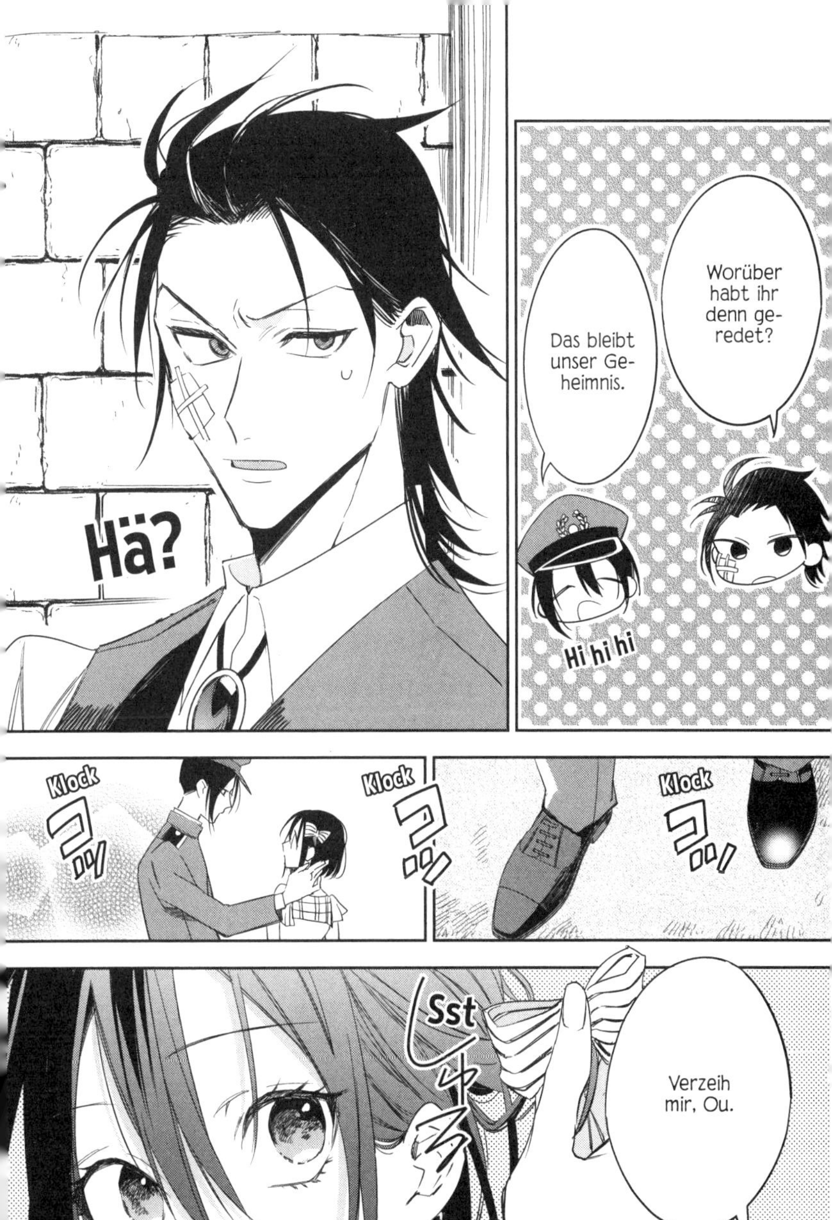
Worüber habt ihr denn geredet?
Das bleibt unser Geheimnis.
Hi hi hi
Hä?
Klock
Klock
Klock
Sst
Verzeih mir, Ou.

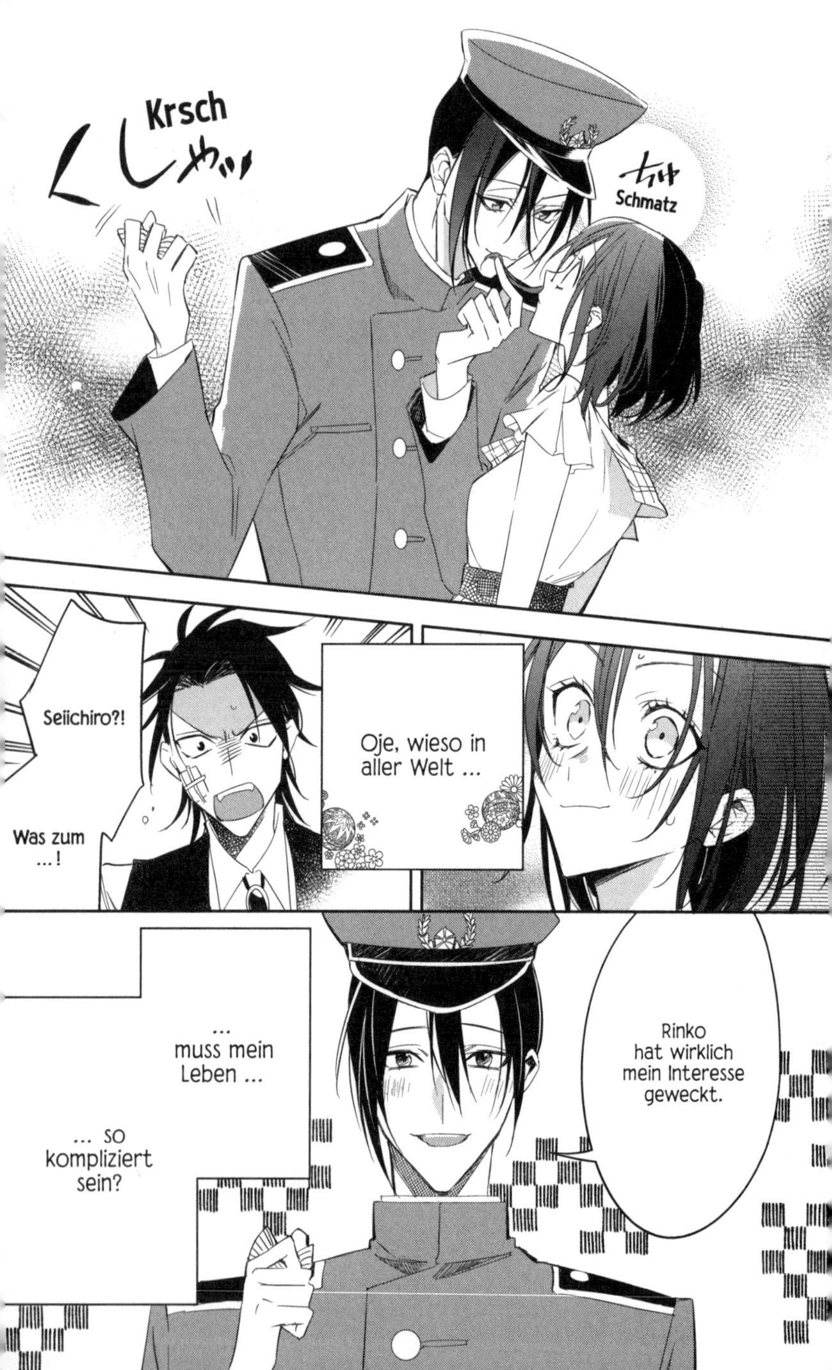
Schmatz
Krsch
Oje, wieso in aller Welt ...
Seiichiro?!
Was zum ...!
Rinko hat wirklich mein Interesse geweckt.
... muss mein Leben ...
... so kompliziert sein?

Kapitel 6

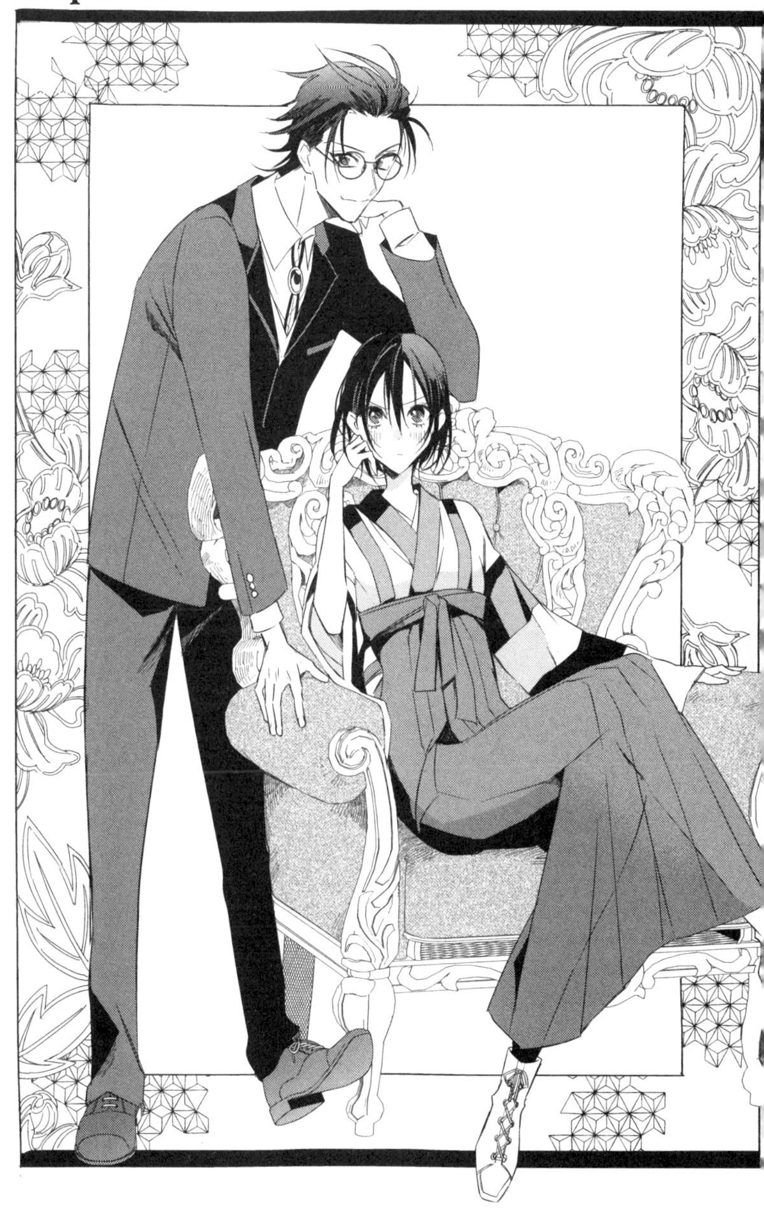

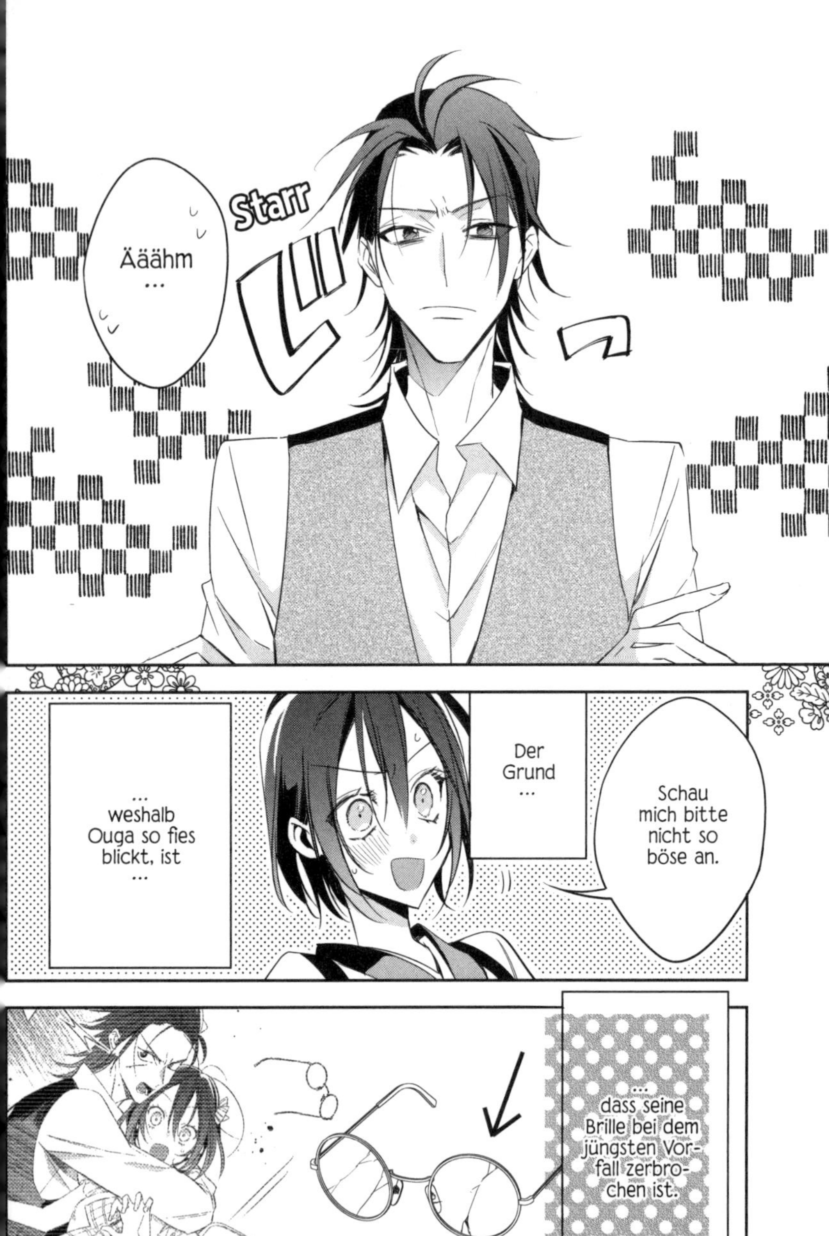

Starr
Äääähm …
Der Grund …
… weshalb Ouga so fies blickt, ist …
Schau mich bitte nicht so böse an.
… dass seine Brille bei dem jüngsten Vorfall zerbrochen ist.

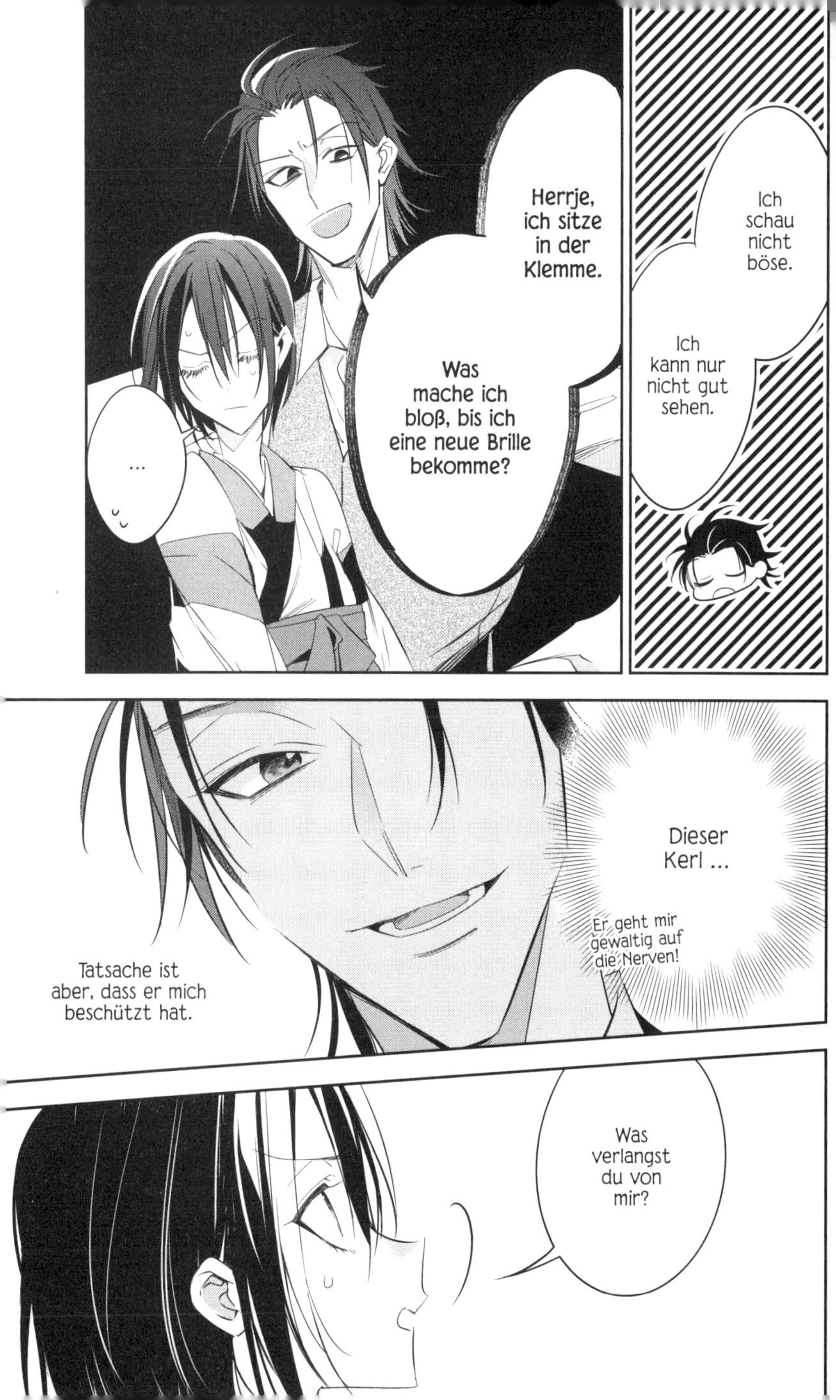

Ich schau nicht böse.
Ich kann nur nicht gut sehen.
Herrje, ich sitze in der Klemme.
Was mache ich bloß, bis ich eine neue Brille bekomme?
…

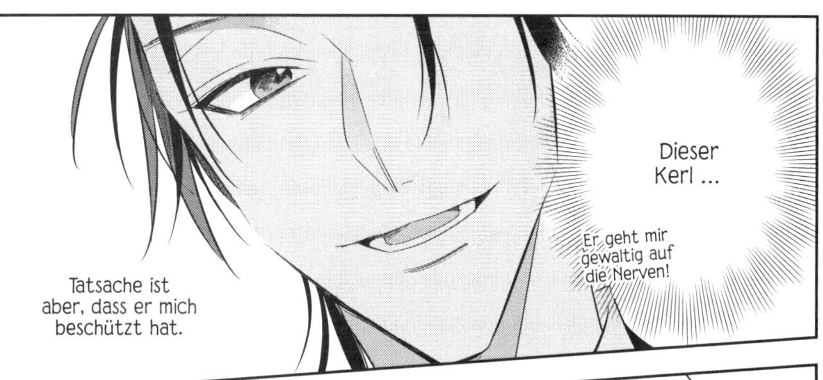

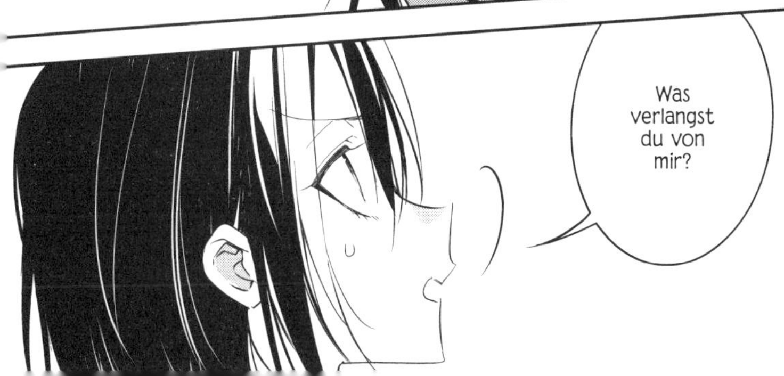

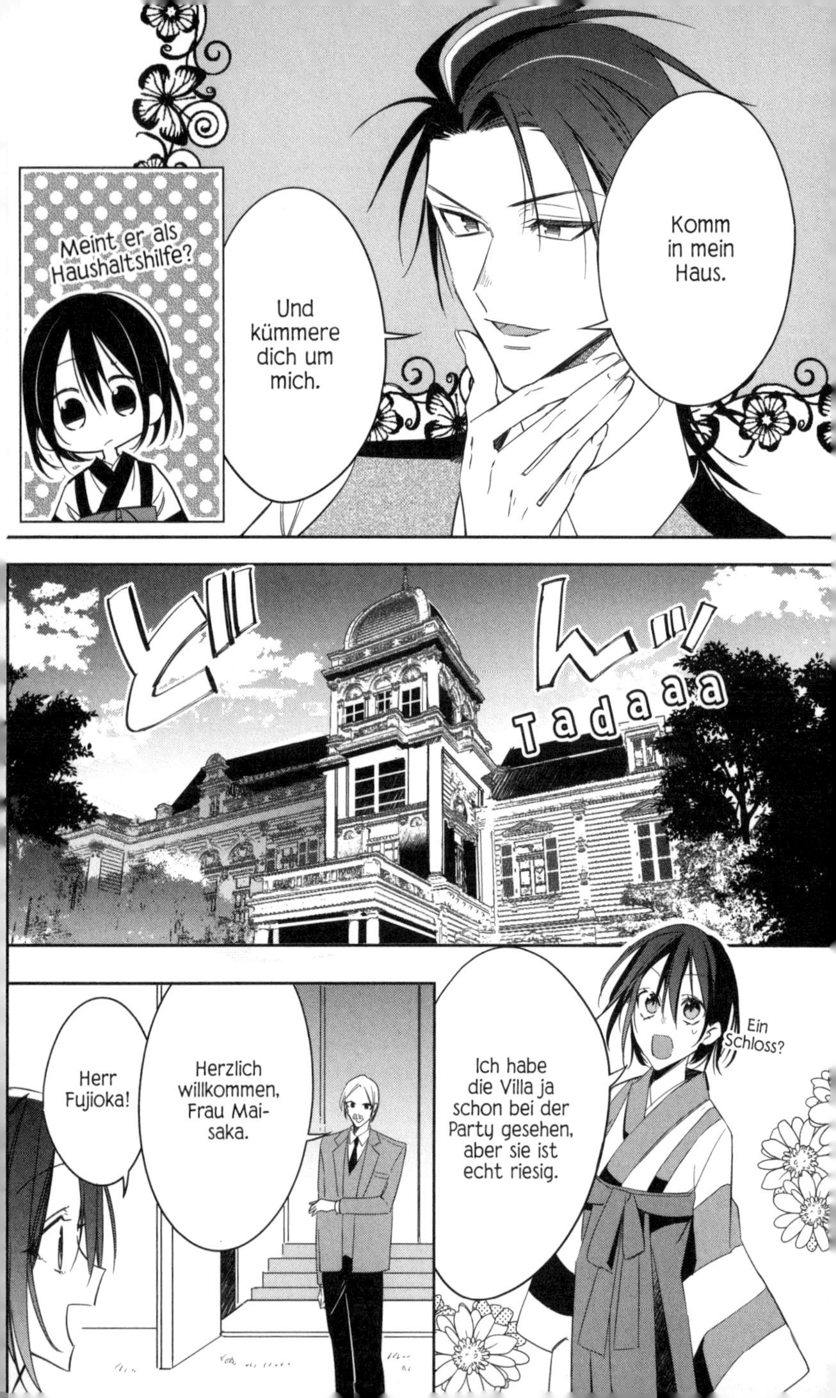

Komm in mein Haus.

Und kümmere dich um mich.

Meint er als Haushaltshilfe?

Tadaaa

Ein Schloss?

Ich habe die Villa ja schon bei der Party gesehen, aber sie ist echt riesig.

Herzlich willkommen, Frau Mai-saka.

Herr Fujioka!

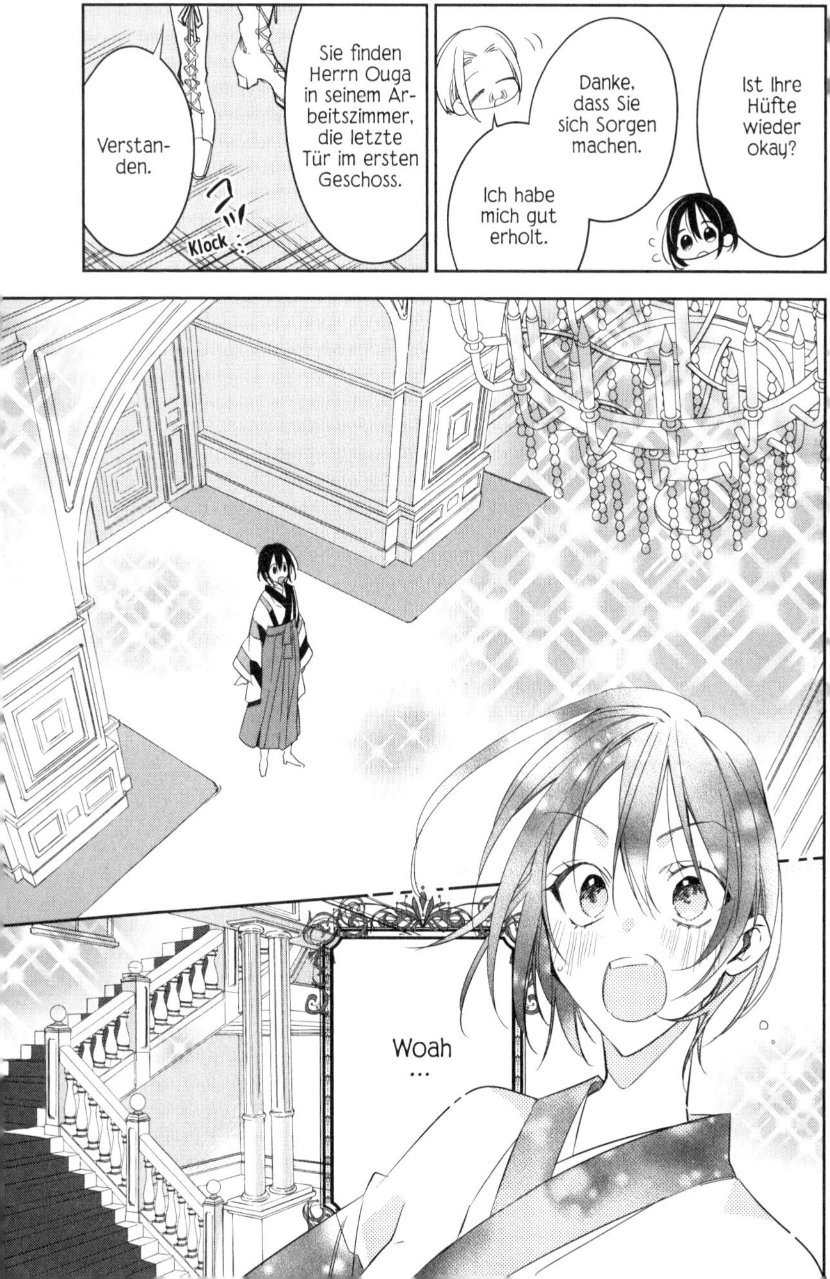

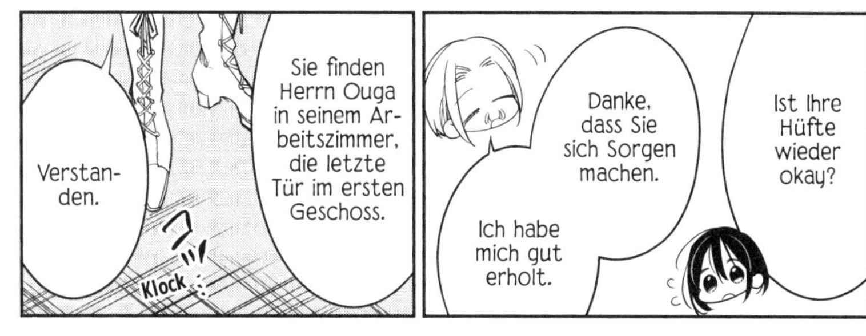
Ist Ihre Hüfte wieder okay?
Danke, dass Sie sich Sorgen machen.
Ich habe mich gut erholt.
Sie finden Herrn Ouga in seinem Arbeitszimmer, die letzte Tür im ersten Geschoss.
Verstanden.
Klock

Woah …

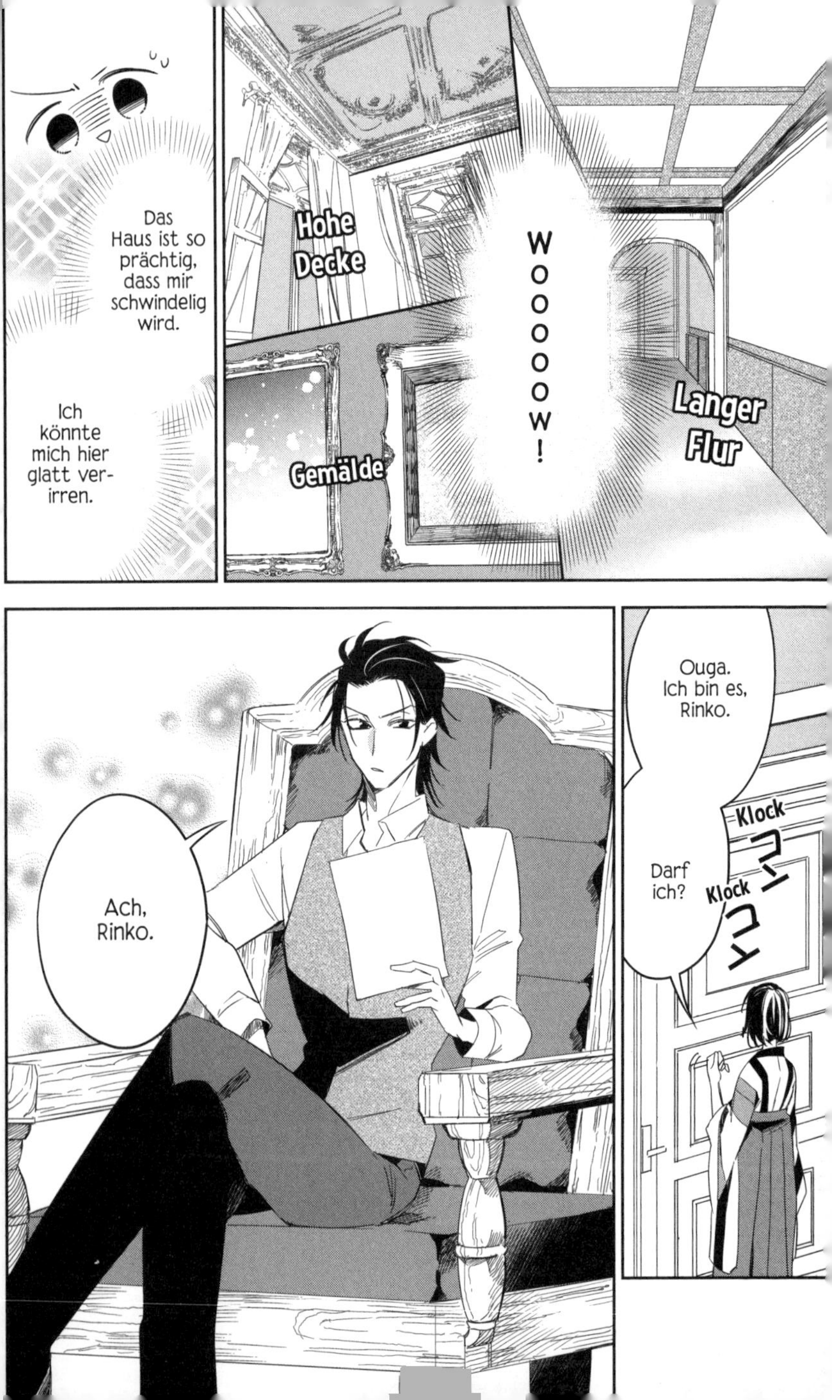

Hohe Decke

WOOOOOW!

Langer Flur

Gemälde

Das Haus ist so prächtig, dass mir schwindelig wird.

Ich könnte mich hier glatt ver-irren.

Ouga. Ich bin es, Rinko.

Klock

Klock

Darf ich?

Ach, Rinko.

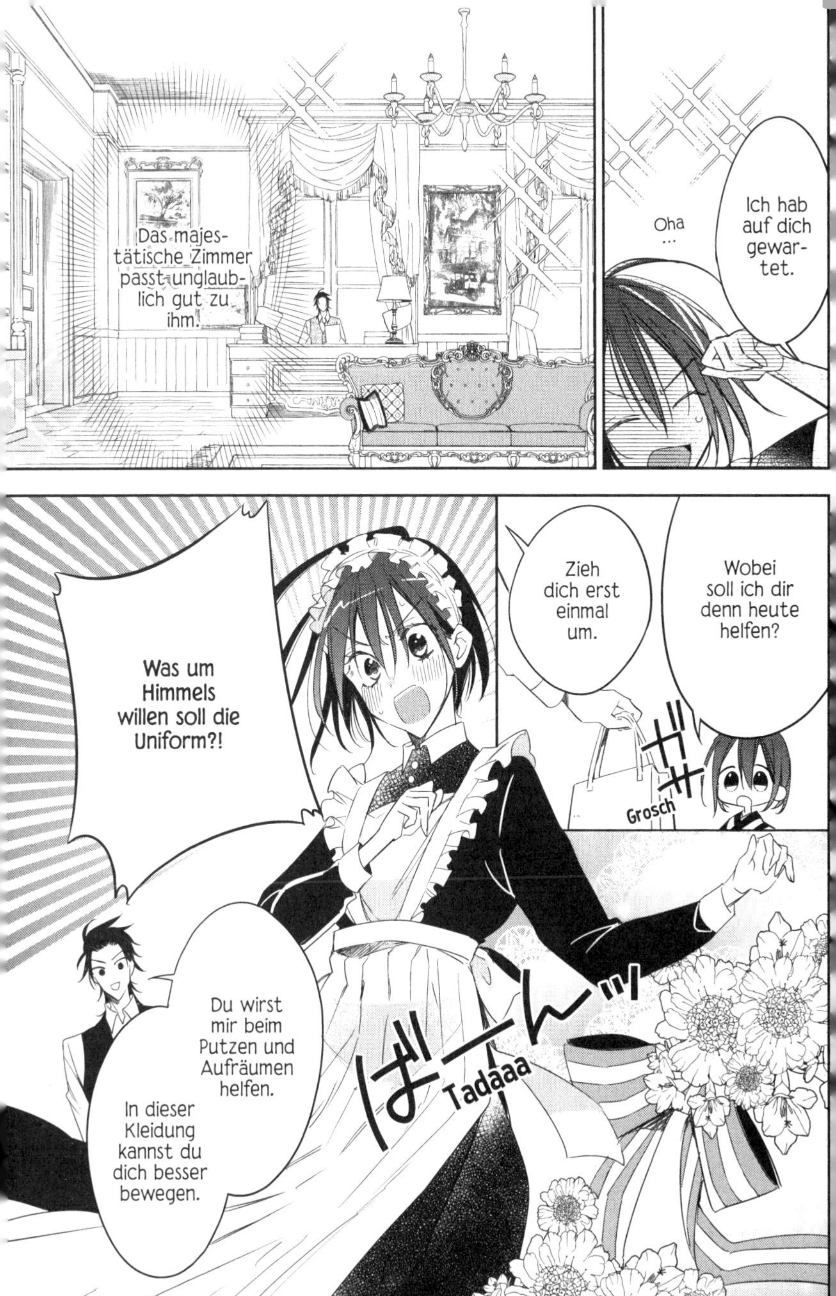
Ich hab auf dich gewar-tet.
Oha ...
Das majes-tätische Zimmer passt unglaub-lich gut zu ihm!
Wobei soll ich dir denn heute helfen?
Zieh dich erst einmal um.
Grosch
Was um Himmels willen soll die Uniform?!
Tadaaa
Du wirst mir beim Putzen und Aufräumen helfen.
In dieser Kleidung kannst du dich besser bewegen.

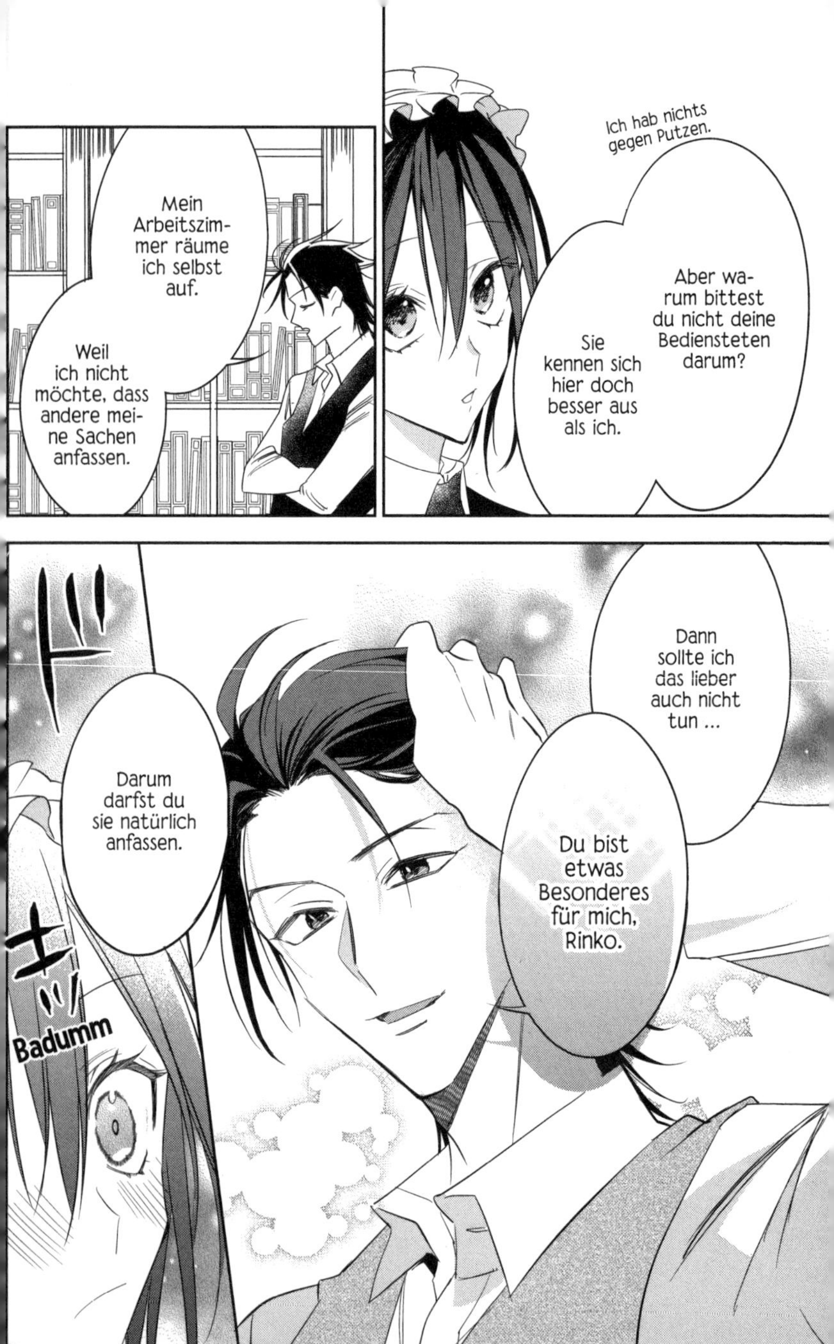
Ich hab nichts gegen Putzen.
Aber warum bittest du nicht deine Bediensteten darum?
Sie kennen sich hier doch besser aus als ich.
Mein Arbeitszimmer räume ich selbst auf.
Weil ich nicht möchte, dass andere meine Sachen anfassen.
Dann sollte ich das lieber auch nicht tun ...
Du bist etwas Besonderes für mich, Rinko.
Darum darfst du sie natürlich anfassen.
Badumm

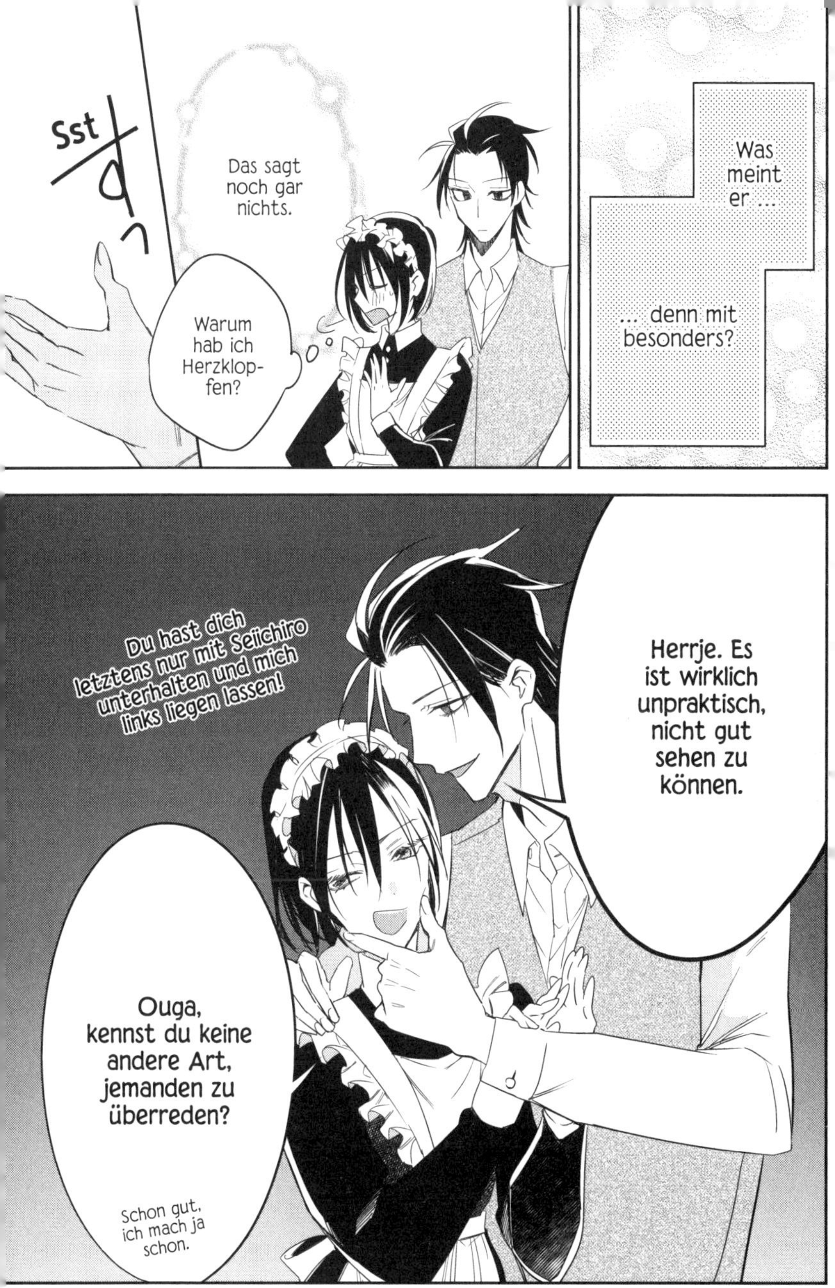

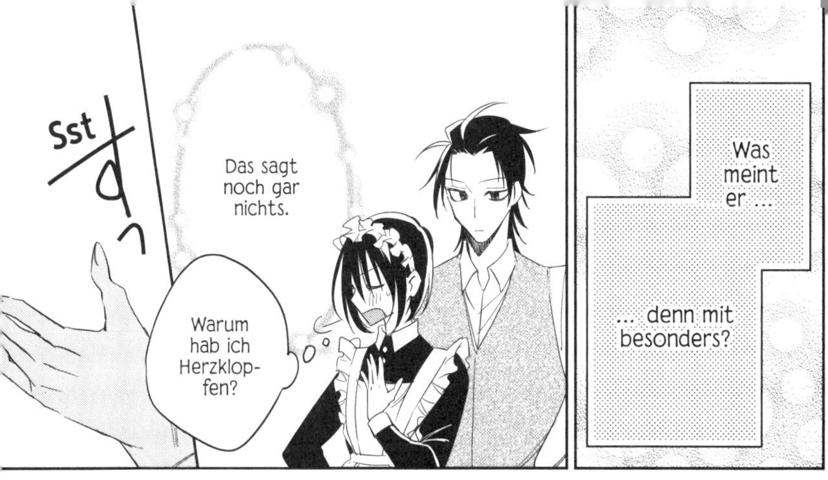

Herrje. Es ist wirklich unpraktisch, nicht gut sehen zu können.

Du hast dich letztens nur mit Seiichiro unterhalten und mich links liegen lassen!

Ouga, kennst du keine andere Art, jemanden zu überreden?

Schon gut, ich mach ja schon.

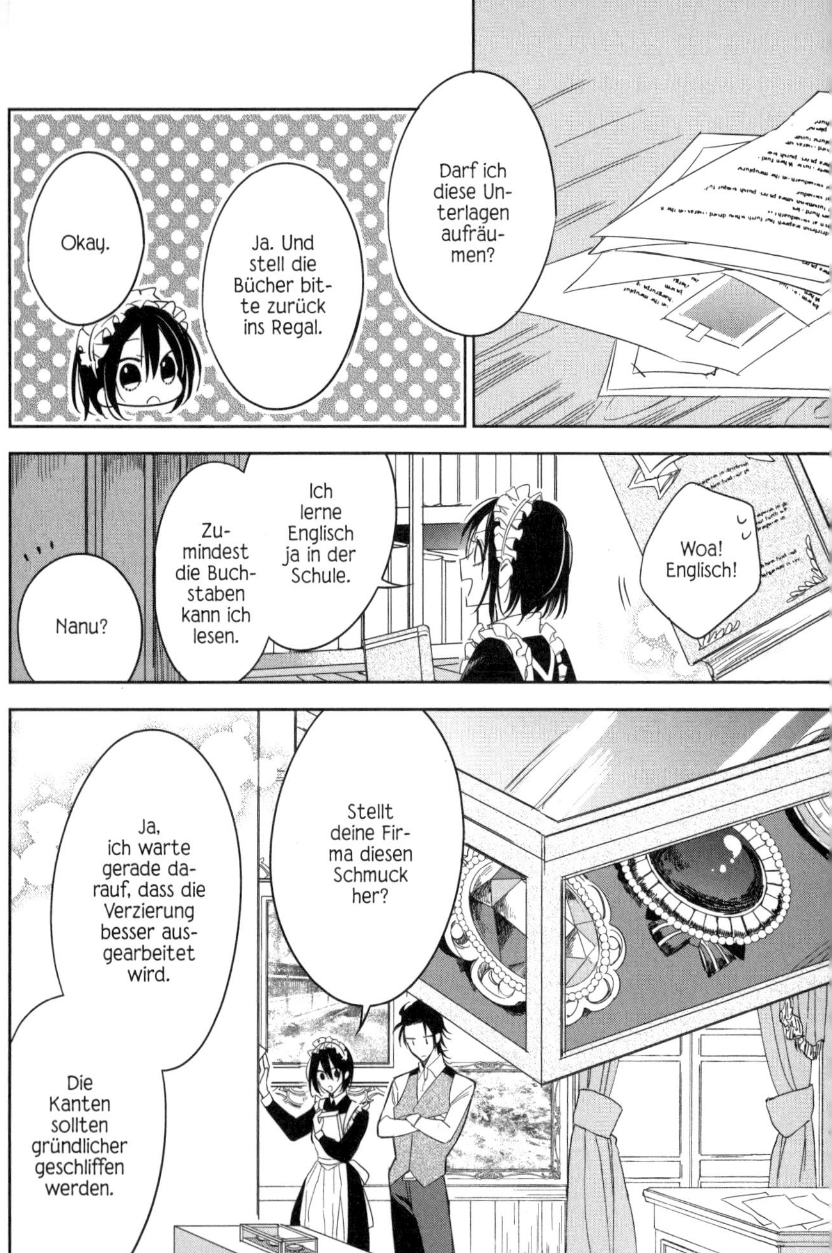

Darf ich diese Unterlagen aufräumen?
Ja. Und stell die Bücher bitte zurück ins Regal.
Okay.
Woa! Englisch!
Ich lerne Englisch ja in der Schule.
Zumindest die Buchstaben kann ich lesen.
Nanu?
Stellt deine Firma diesen Schmuck her?
Ja, ich warte gerade darauf, dass die Verzierung besser ausgearbeitet wird.
Die Kanten sollten gründlicher geschliffen werden.

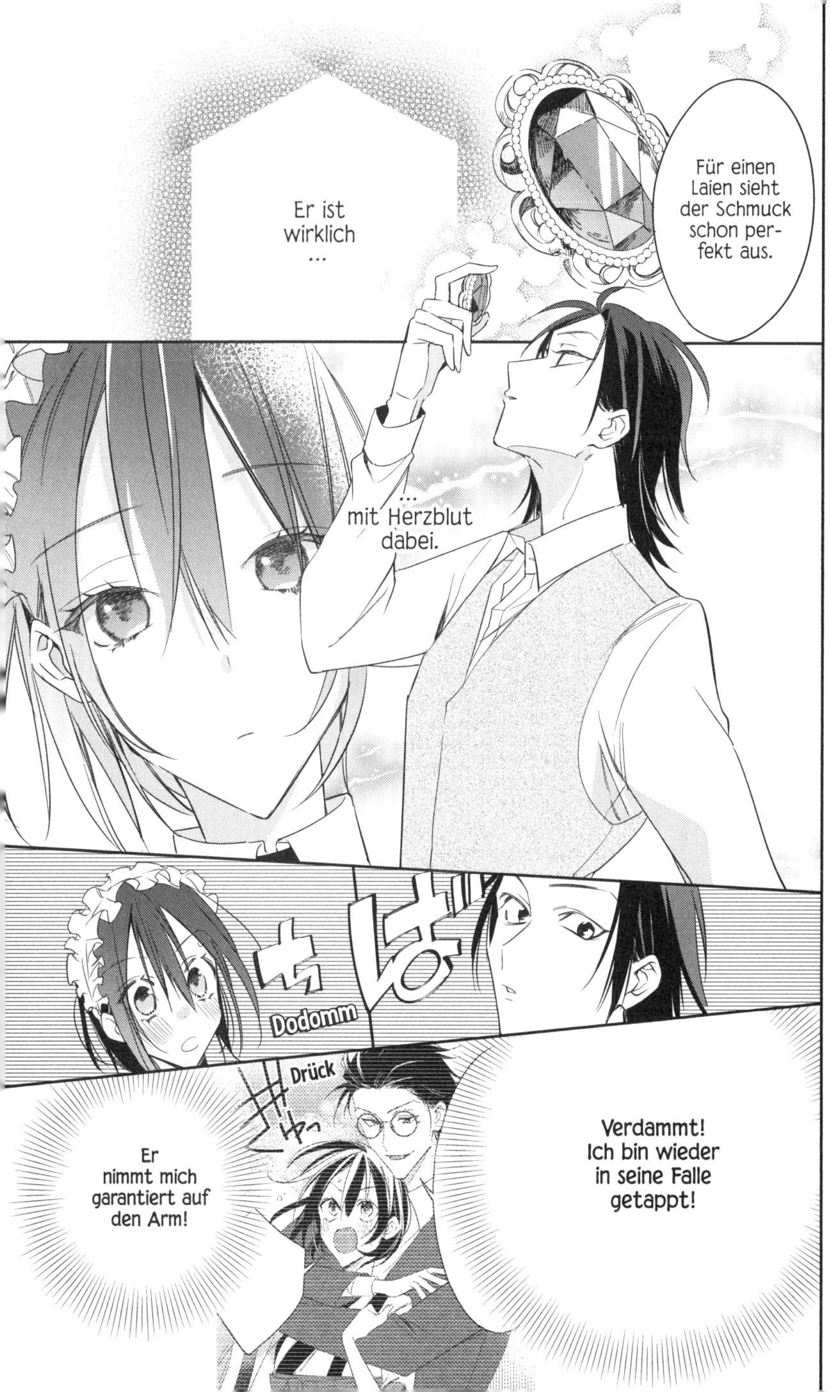
Für einen Laien sieht der Schmuck schon perfekt aus.
Er ist wirklich …
… mit Herzblut dabei.
Dodomm
Drück
Verdammt! Ich bin wieder in seine Falle getappt!
Er nimmt mich garantiert auf den Arm!

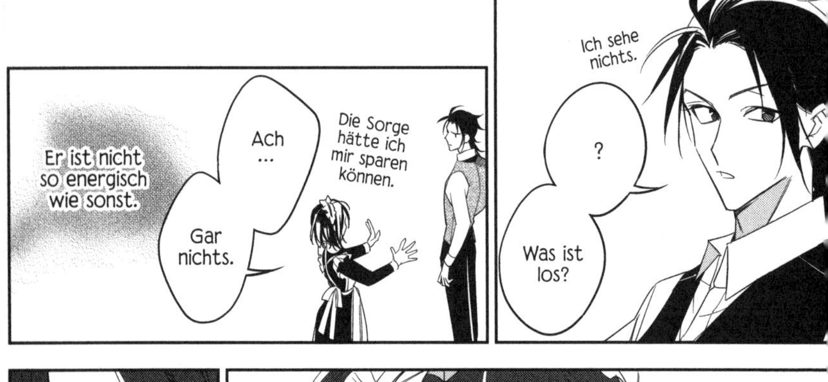
Ich sehe nichts.
?
Was ist los?
Die Sorge hätte ich mir sparen können.
Ach …
Gar nichts.
Er ist nicht so energisch wie sonst.

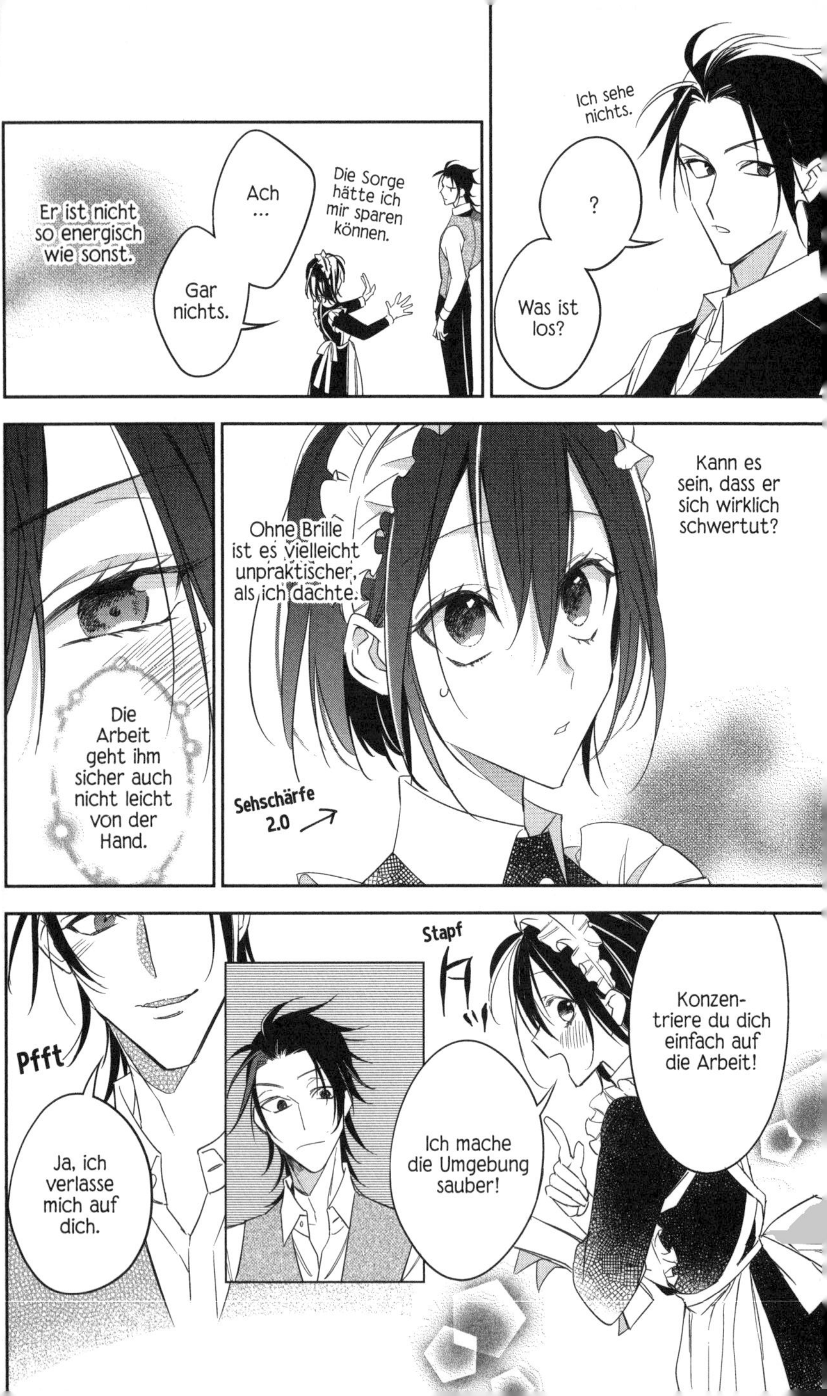

Kann es sein, dass er sich wirklich schwertut?
Ohne Brille ist es vielleicht unpraktischer, als ich dachte.
Sehschärfe 2.0
Die Arbeit geht ihm sicher auch nicht leicht von der Hand.

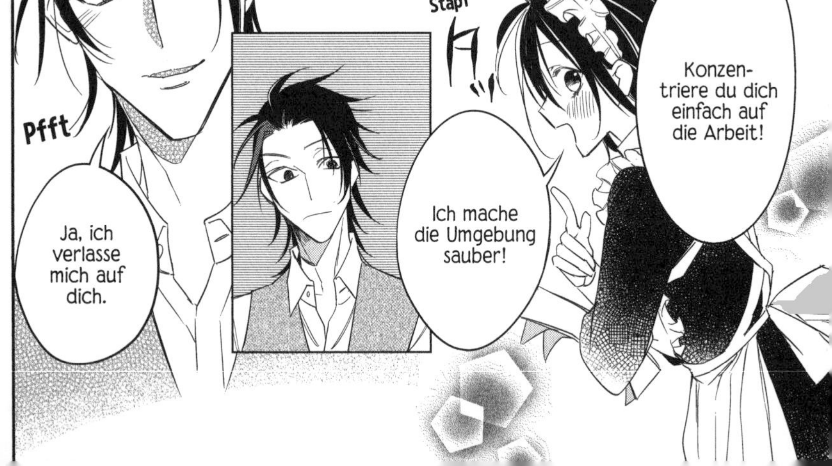
Konzentriere du dich einfach auf die Arbeit!
Stapf
Ich mache die Umgebung sauber!
Pfft
Ja, ich verlasse mich auf dich.

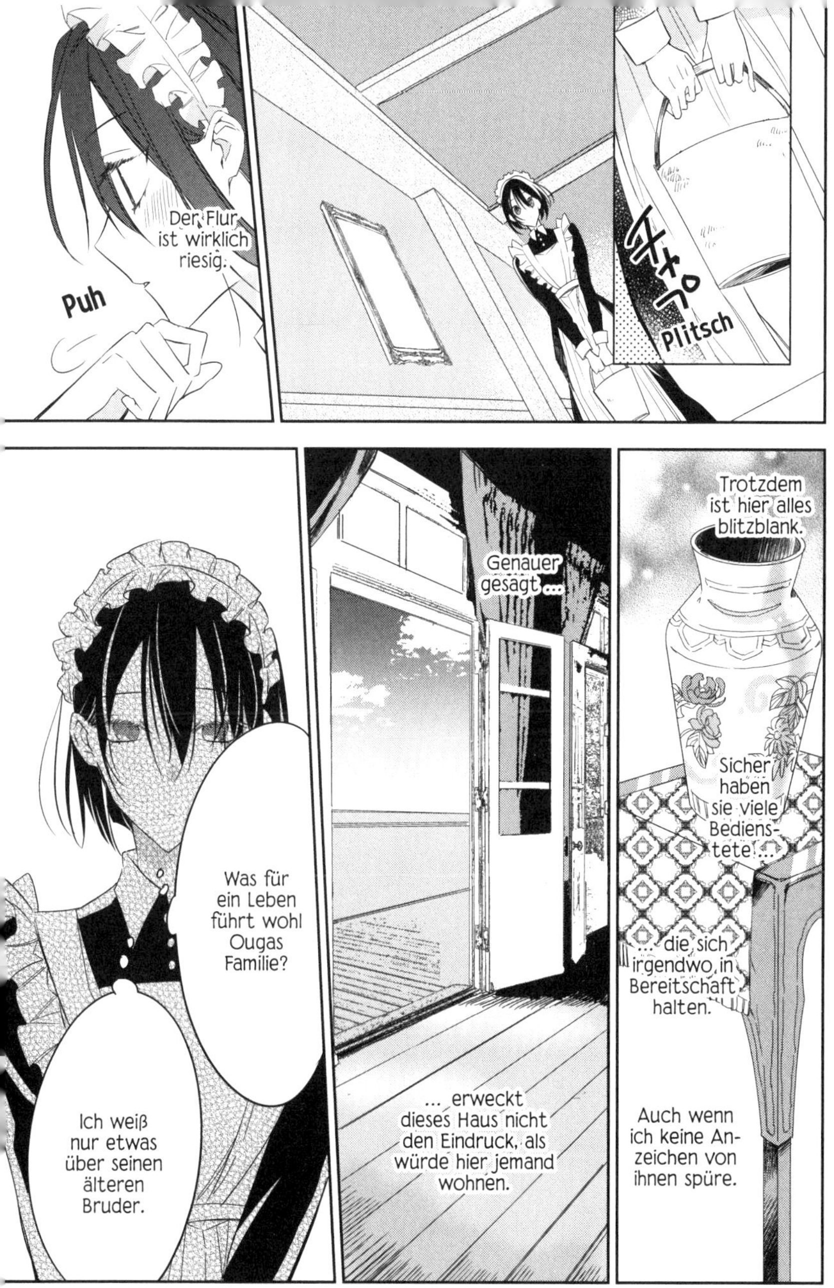

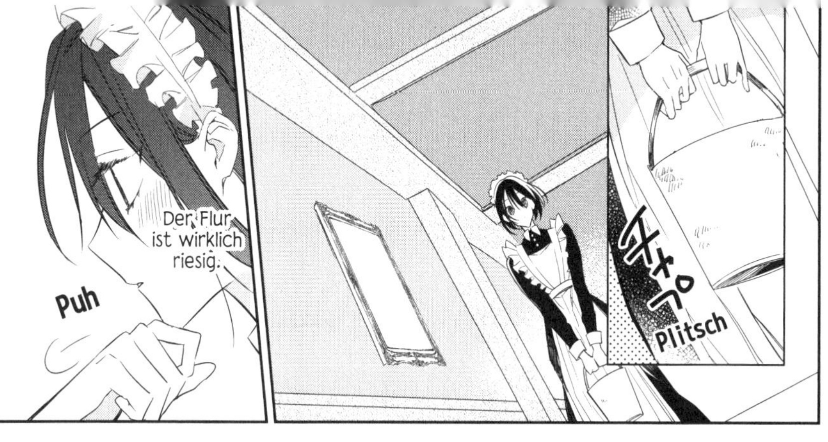

Trotzdem ist hier alles blitzblank.

Sicher haben sie viele Bediens-tete ...

... die sich irgendwo in Bereitschaft halten.

Auch wenn ich keine Anzeichen von ihnen spüre.

Genauer gesagt ...

... erweckt dieses Haus nicht den Eindruck, als würde hier jemand wohnen.

Was für ein Leben führt wohl Ougas Familie?

Ich weiß nur etwas über seinen älteren Bruder.

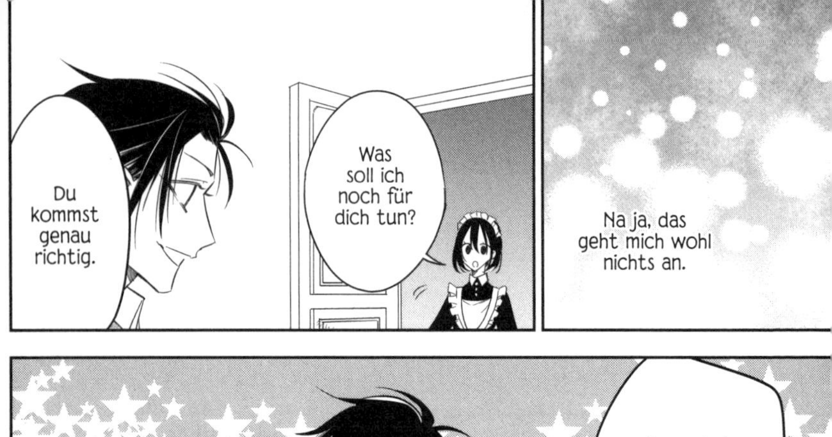

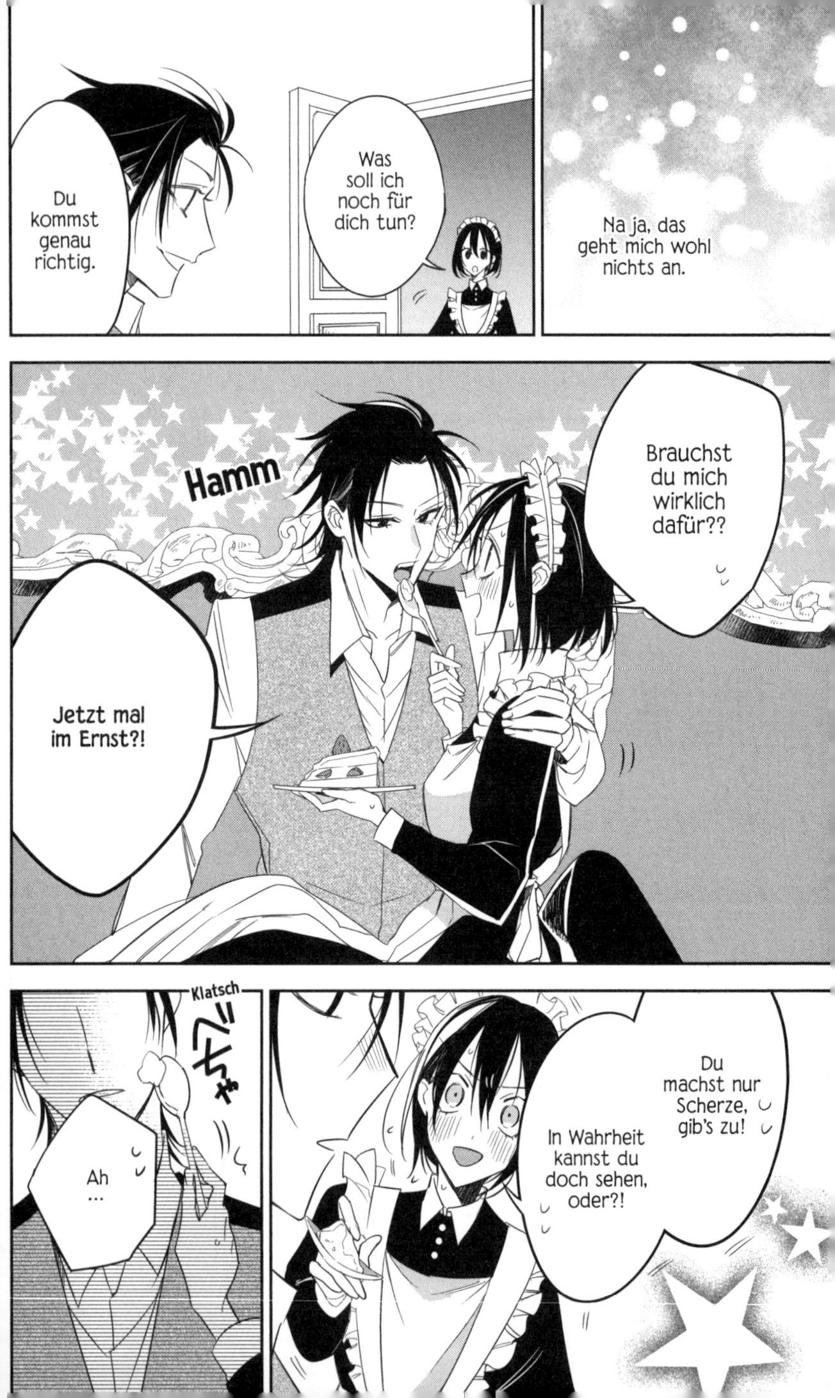

Brauchst du mich wirklich dafür??

Hamm

Jetzt mal im Ernst?!

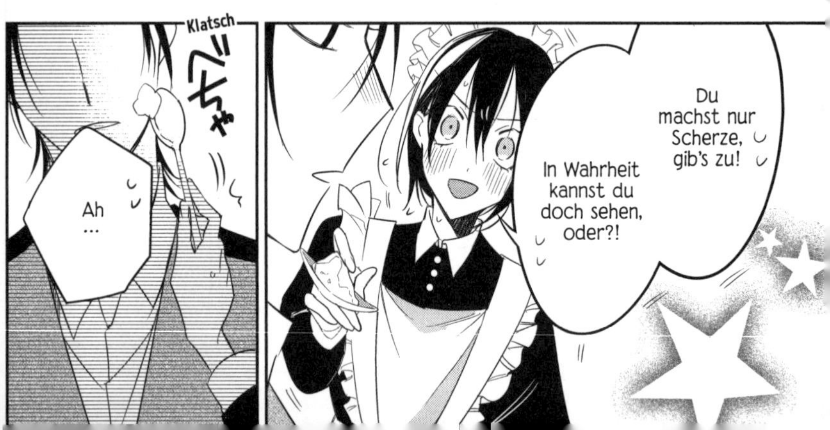

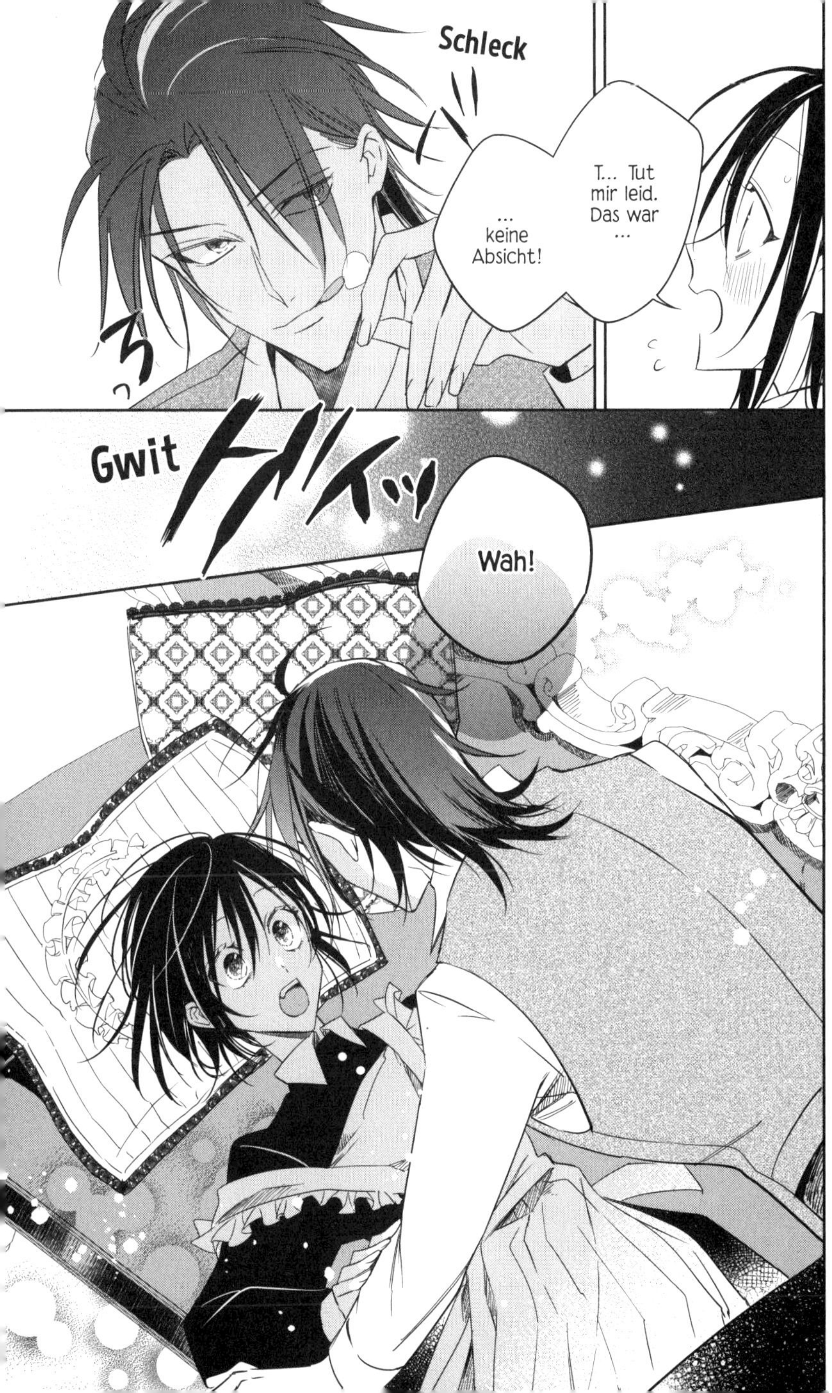
Schleck
T... Tut mir leid. Das war ...
... keine Absicht!
Gwit
Wah!

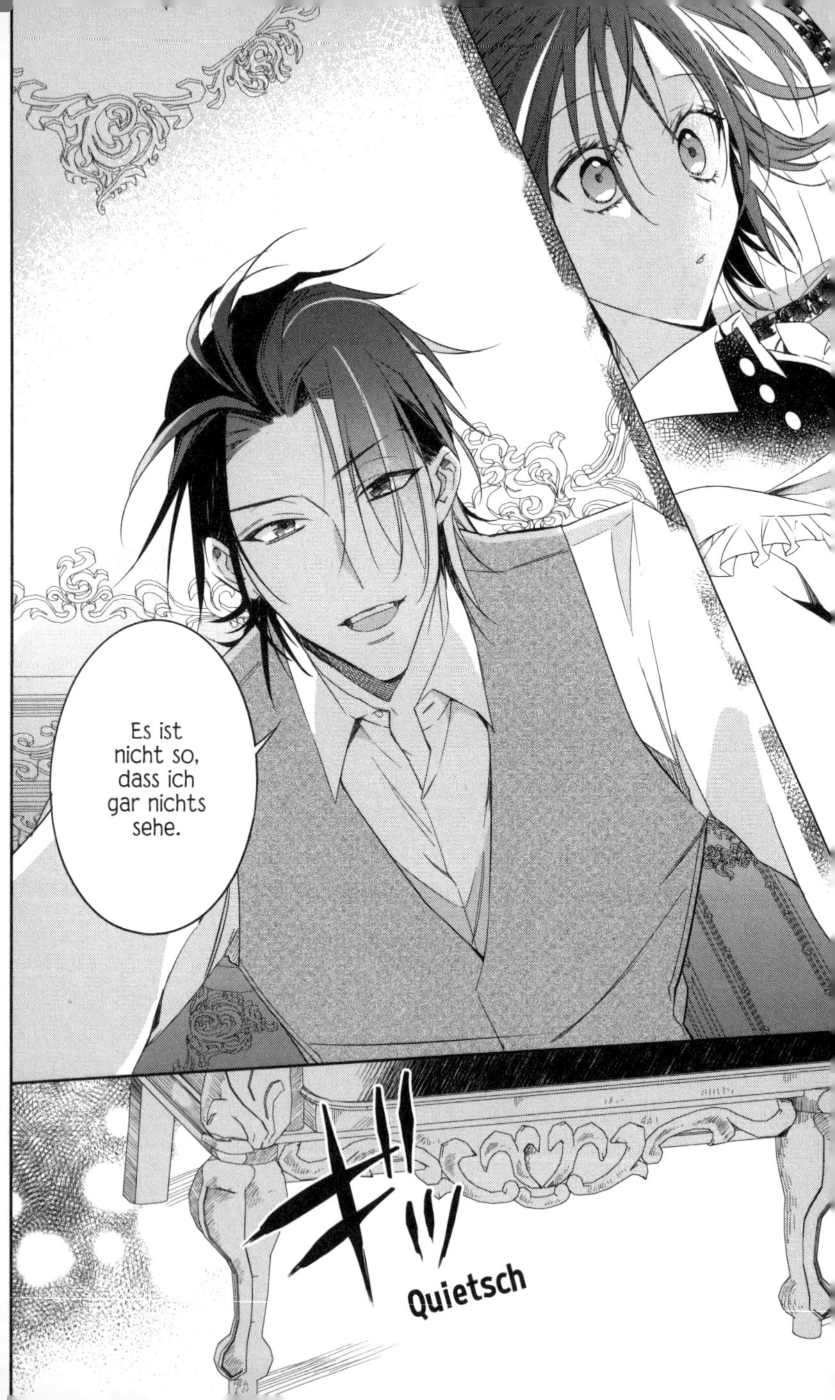
Es ist nicht so, dass ich gar nichts sehe.
Quietsch

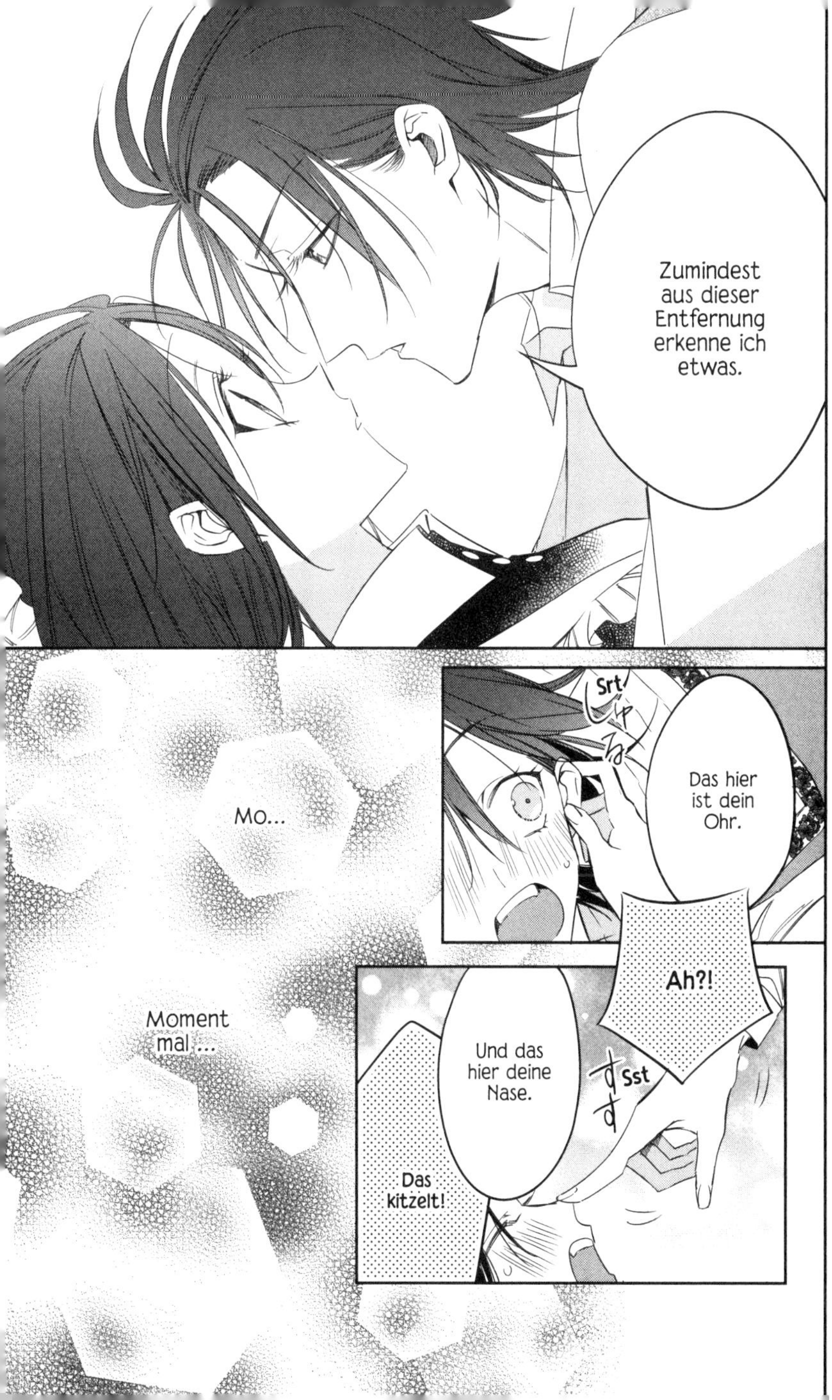

Zumindest aus dieser Entfernung erkenne ich etwas.
Srt
Das hier ist dein Ohr.
Ah?!
Sst
Und das hier deine Nase.
Das kitzelt!
Mo...
Moment mal ...

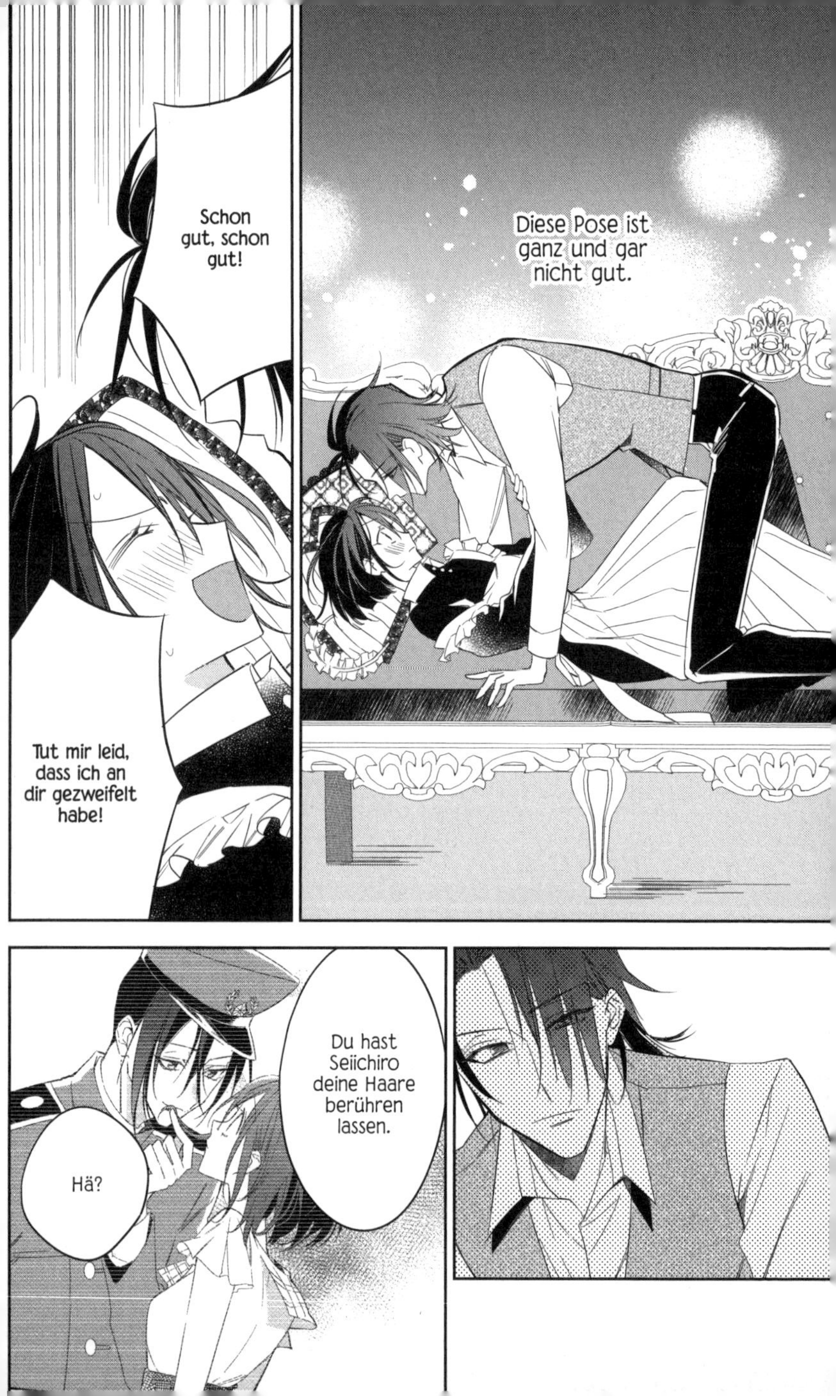

Diese Pose ist ganz und gar nicht gut.

Schon gut, schon gut!

Tut mir leid, dass ich an dir gezweifelt habe!

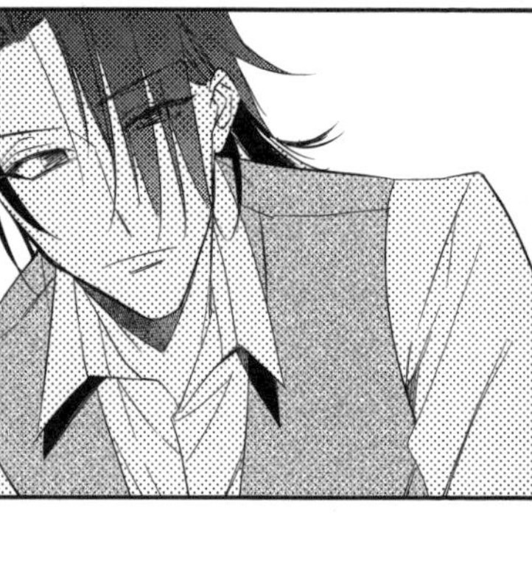

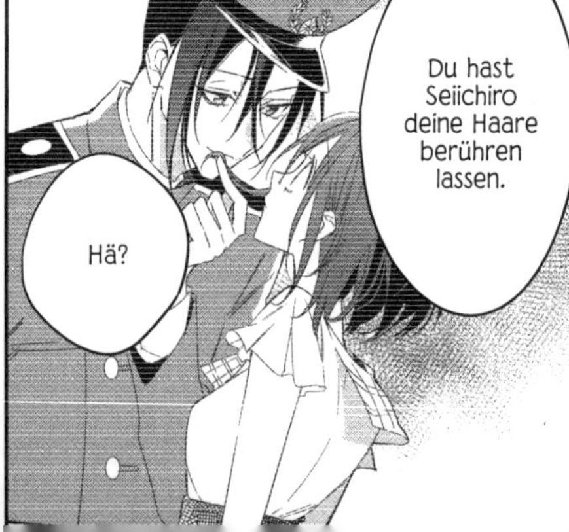

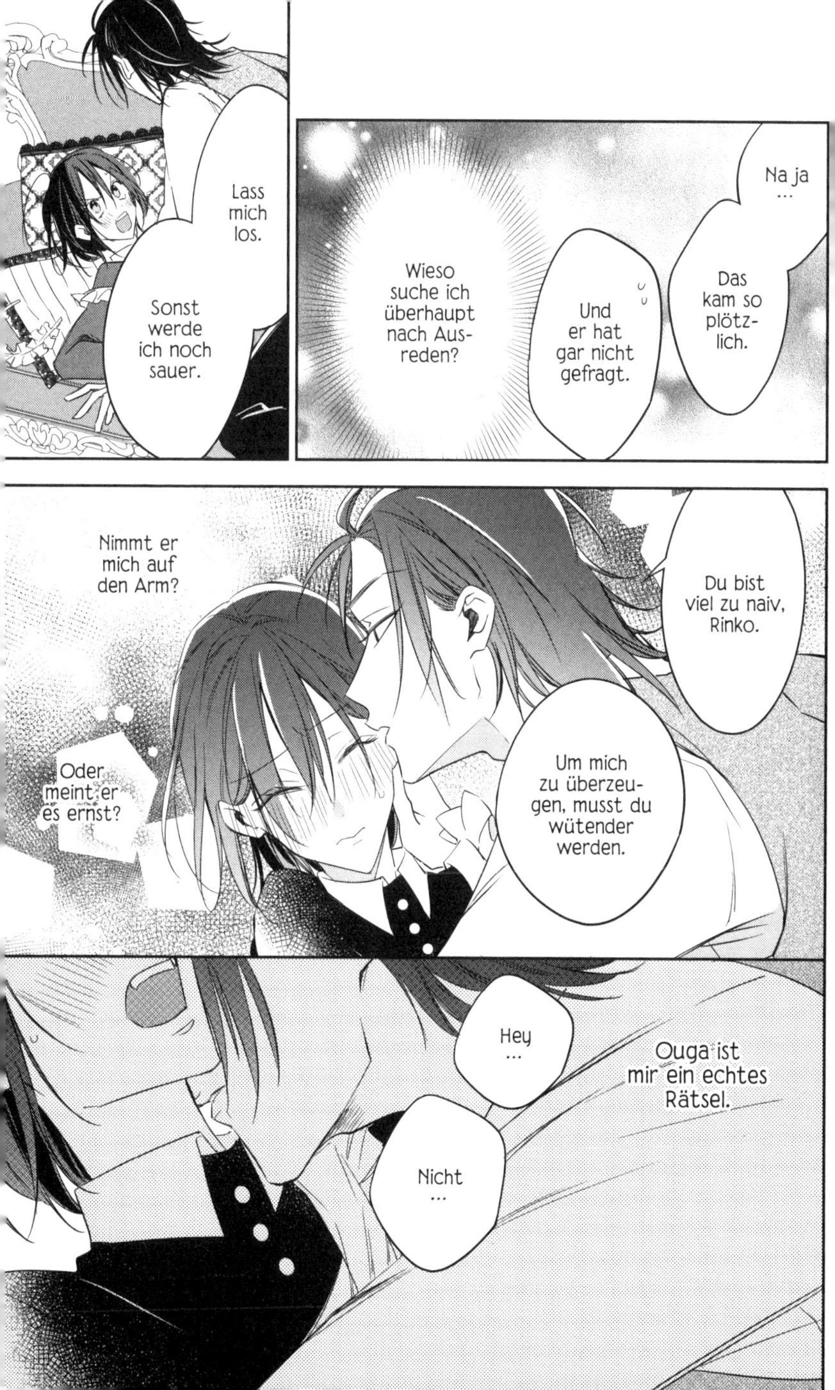
Na ja …
Das kam so plötzlich.
Und er hat gar nicht gefragt.
Wieso suche ich überhaupt nach Ausreden?
Lass mich los.
Sonst werde ich noch sauer.
Du bist viel zu naiv, Rinko.
Um mich zu überzeugen, musst du wütender werden.
Nimmt er mich auf den Arm?
Oder meint er es ernst?
Ouga ist mir ein echtes Rätsel.
Hey …
Nicht …

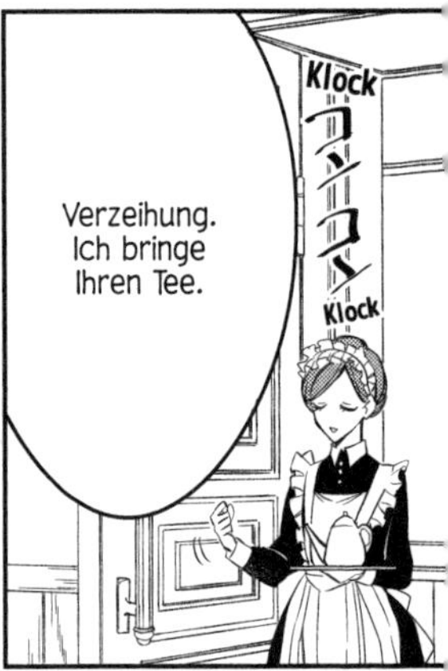
Klock
Klock
Verzeihung. Ich bringe Ihren Tee.

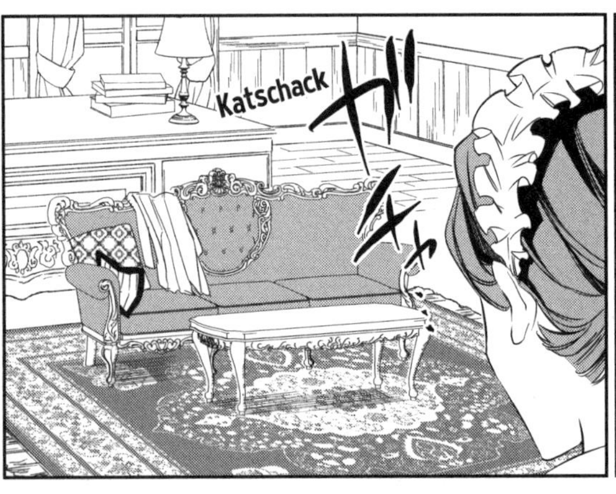
Katschack

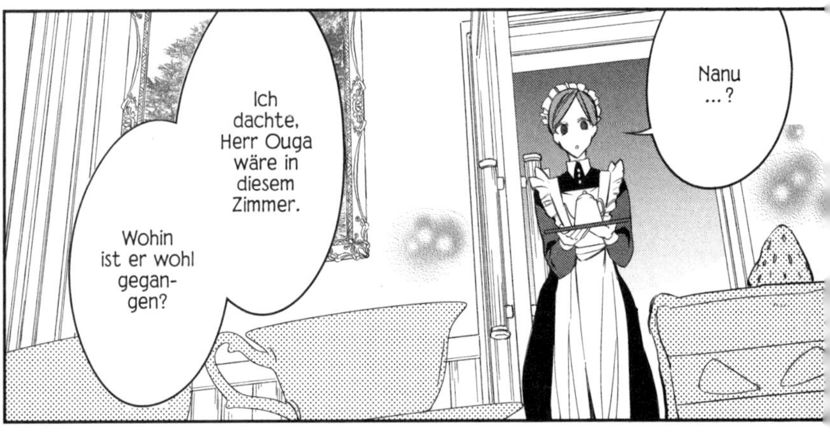
Nanu ...?
Ich dachte, Herr Ouga wäre in diesem Zimmer.
Wohin ist er wohl gegan-gen?

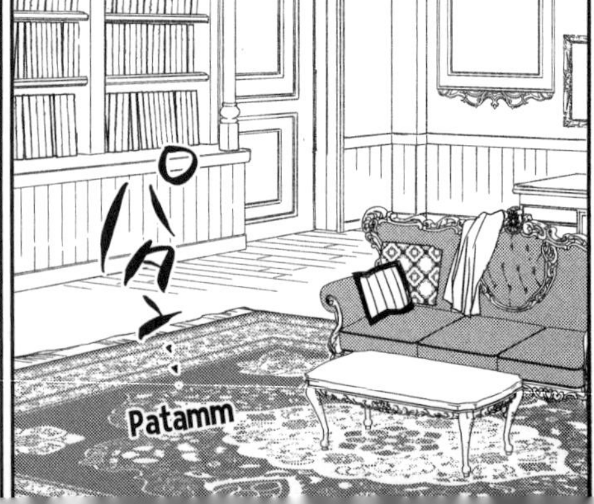
Patamm

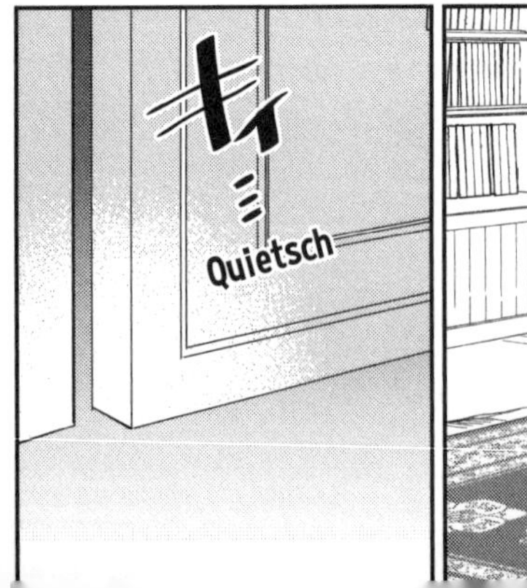
Quietsch

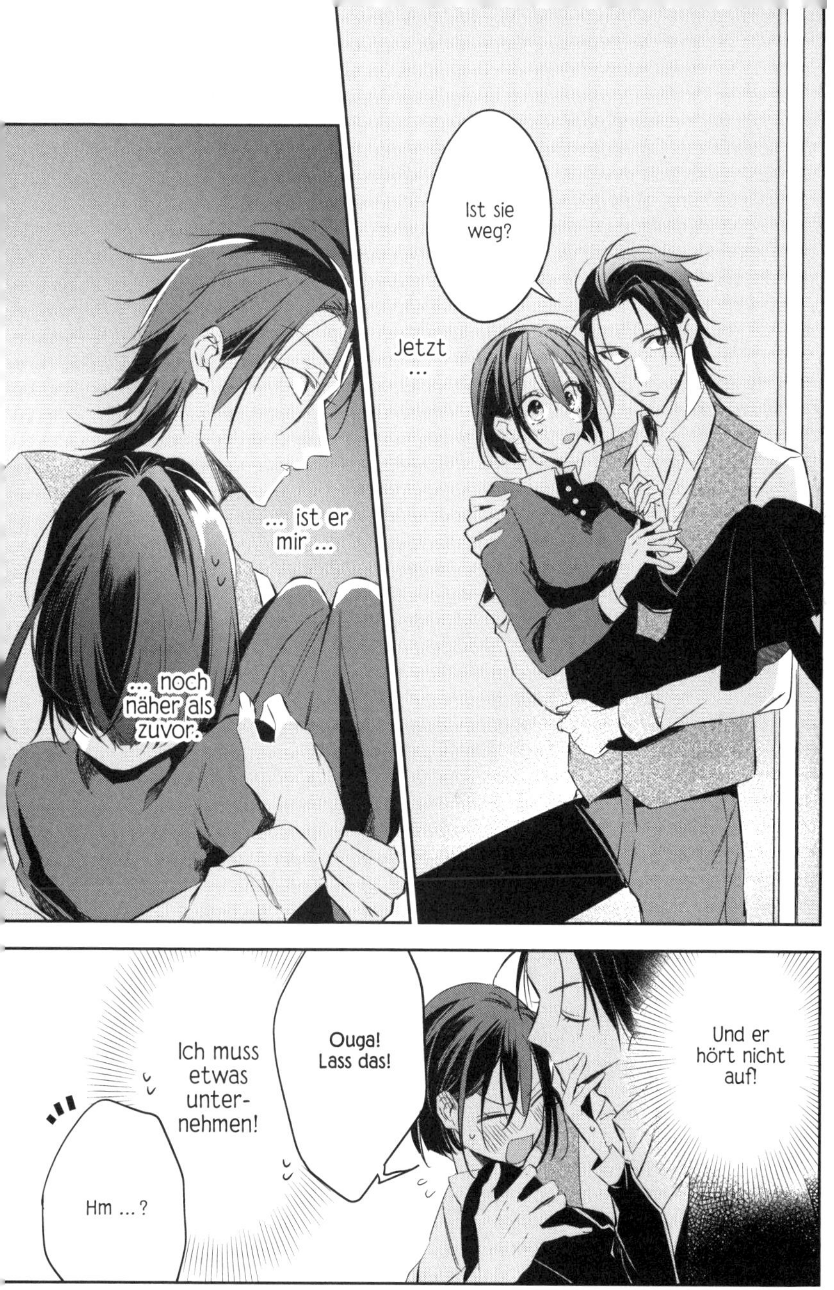

Ist sie weg?

Jetzt ...

... ist er mir ...

... noch näher als zuvor.

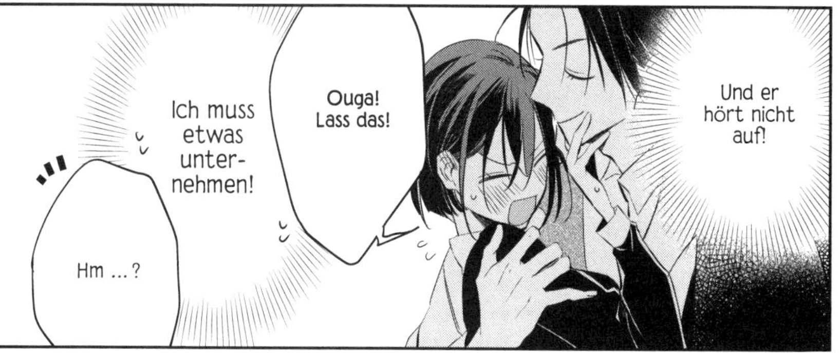

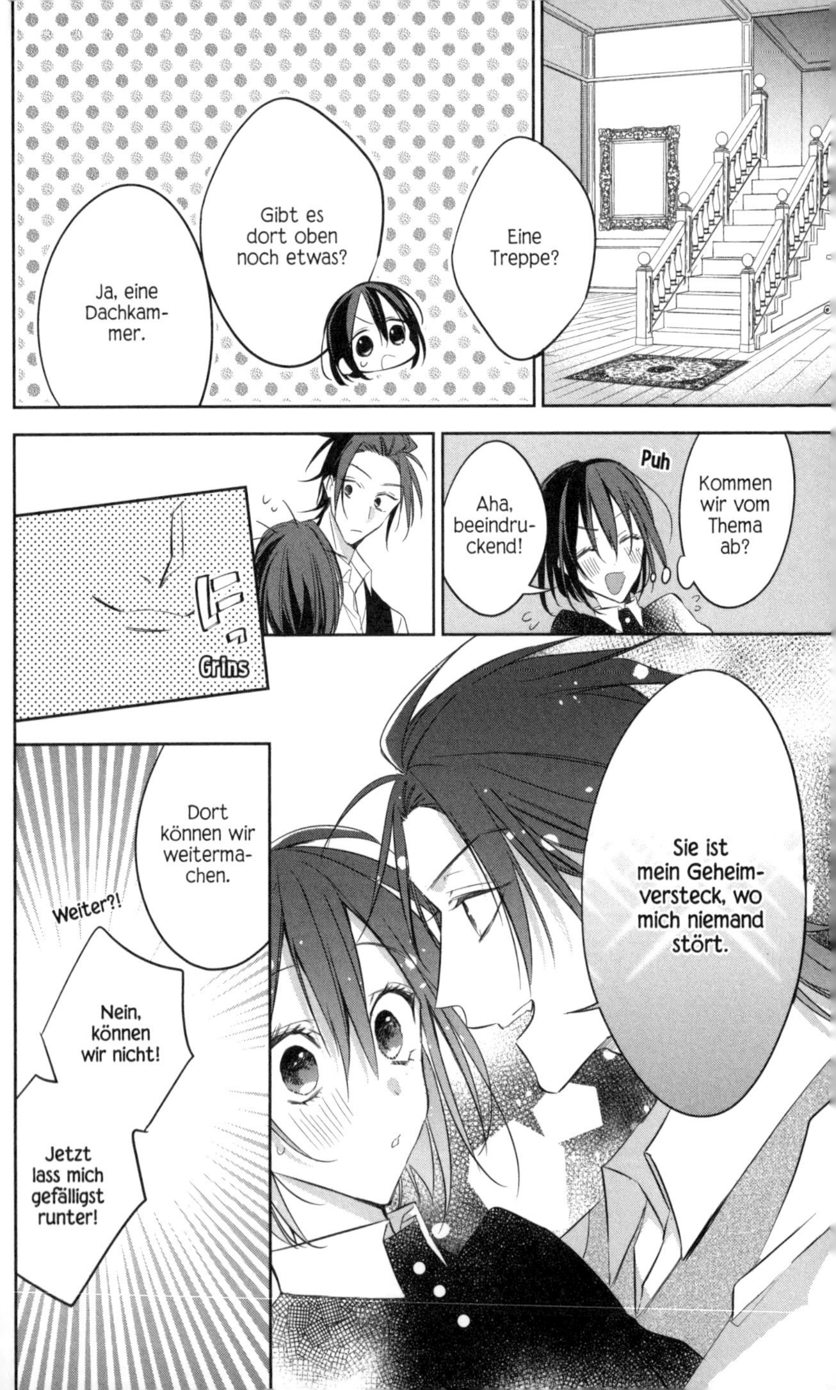
Eine Treppe?
Gibt es dort oben noch etwas?
Ja, eine Dachkammer.
Puh
Kommen wir vom Thema ab?
Aha, beeindruckend!
Grins
Sie ist mein Geheimversteck, wo mich niemand stört.
Dort können wir weitermachen.
Weiter?!
Nein, können wir nicht!
Jetzt lass mich gefälligst runter!

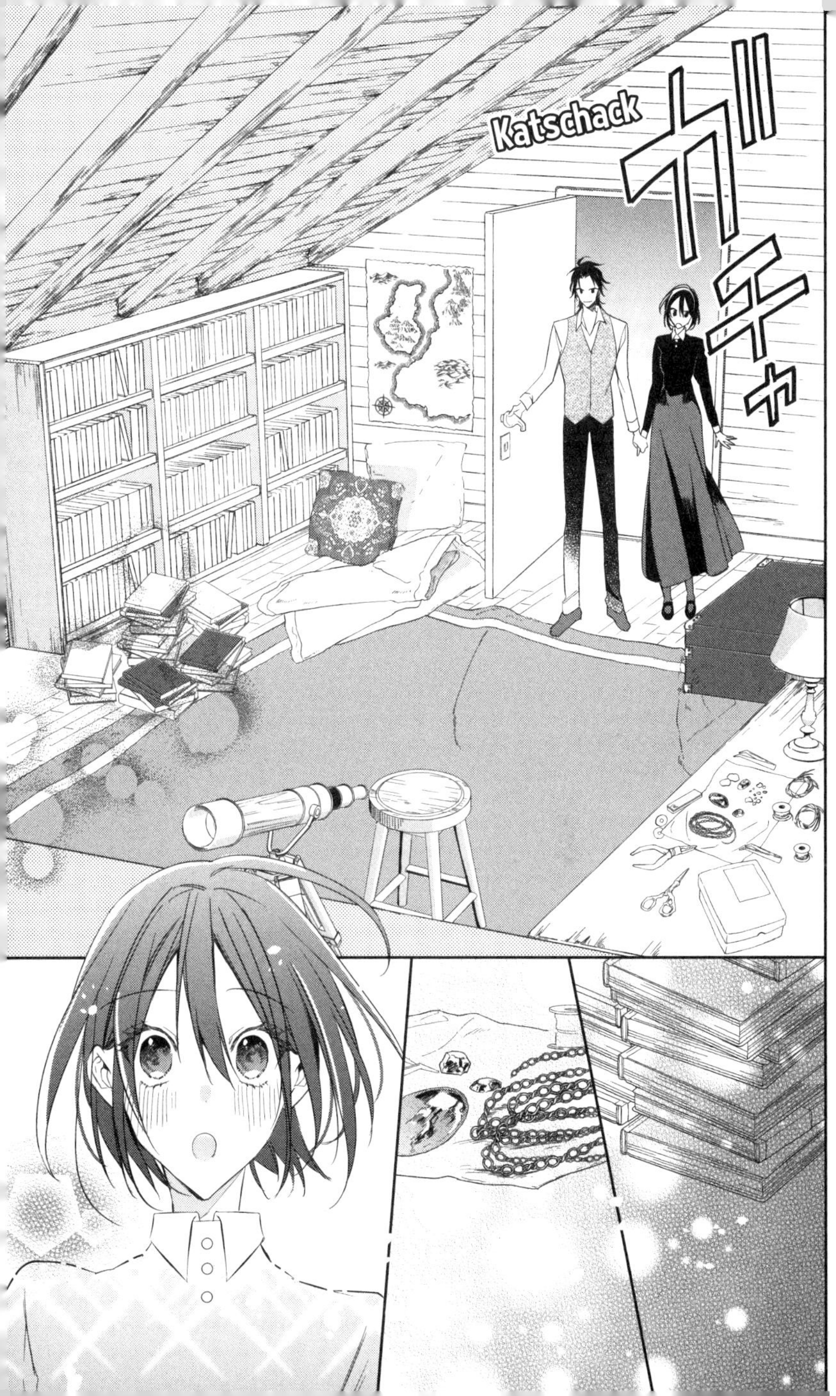
ガチャ
Katschack

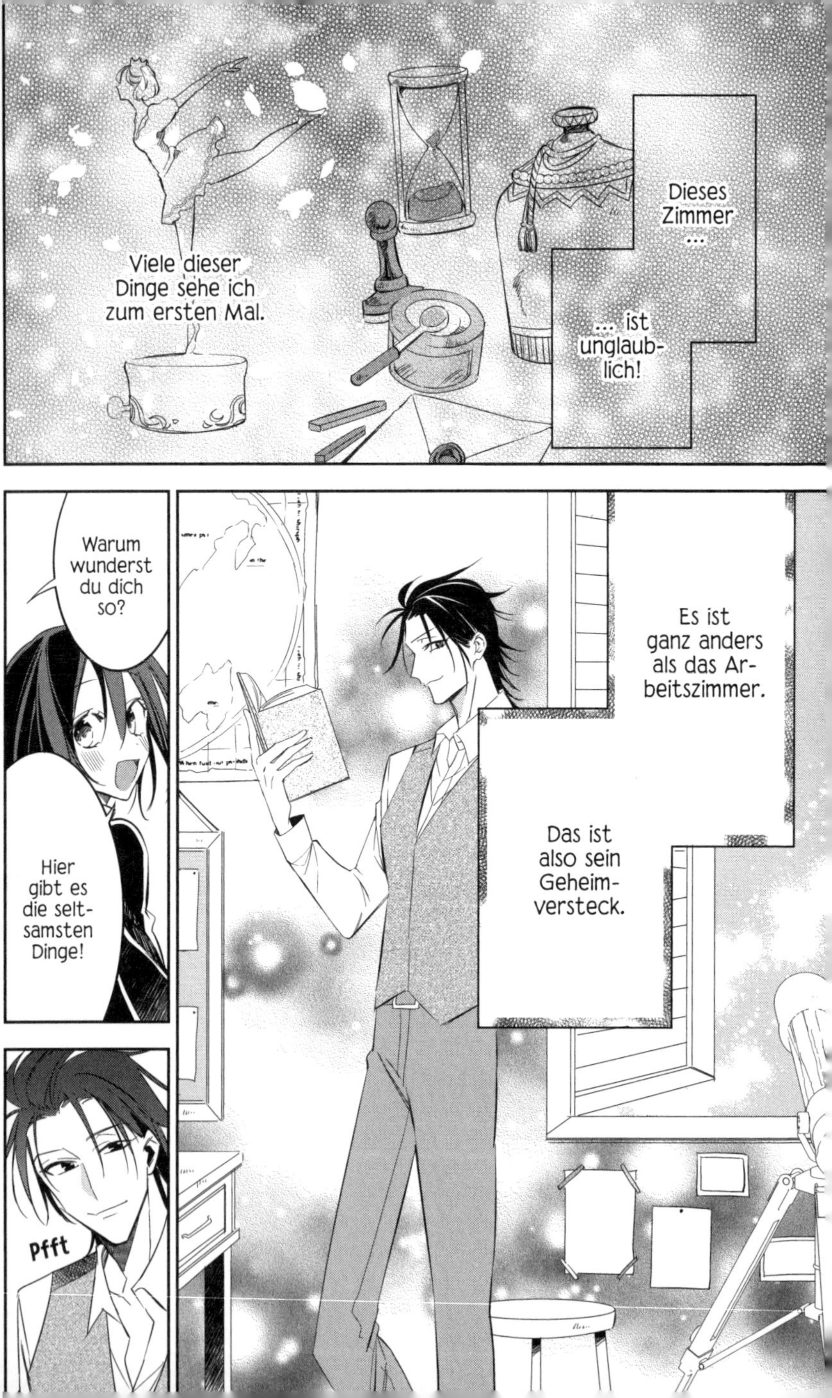

Dieses Zimmer ...

... ist unglaublich!

Viele dieser Dinge sehe ich zum ersten Mal.

Es ist ganz anders als das Arbeitszimmer.

Das ist also sein Geheimversteck.

Warum wunderst du dich so?

Hier gibt es die seltsamsten Dinge!

Pfft

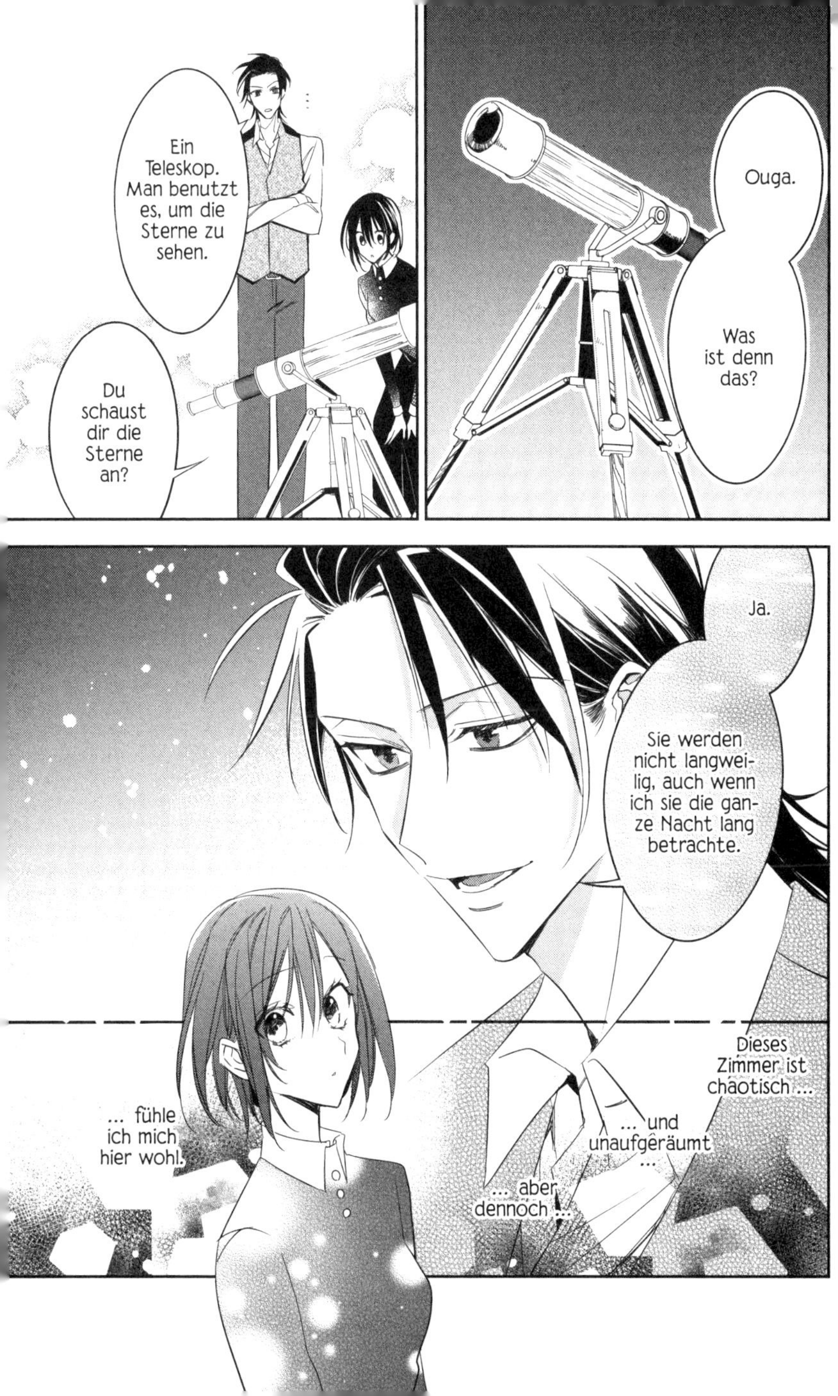

Ouga.

Was ist denn das?

...

Ein Teleskop. Man benutzt es, um die Sterne zu sehen.

Du schaust dir die Sterne an?

Ja.

Sie werden nicht langweilig, auch wenn ich sie die ganze Nacht lang betrachte.

Dieses Zimmer ist chaotisch ...

... und unaufgeräumt ...

... aber dennoch ...

... fühle ich mich hier wohl.

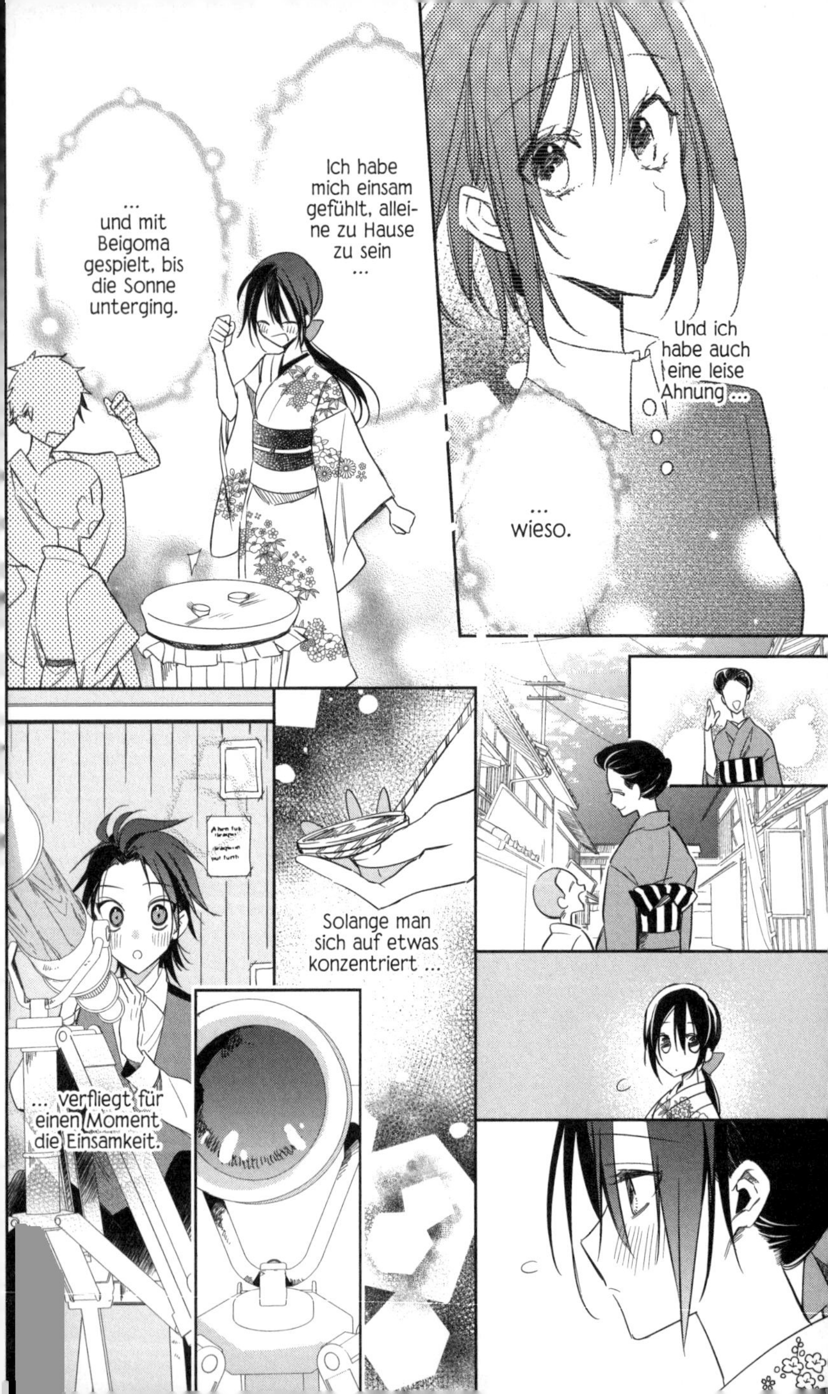
Ich habe mich einsam gefühlt, alleine zu Hause zu sein ...
... und mit Beigoma gespielt, bis die Sonne unterging.
Und ich habe auch eine leise Ahnung ...
... wieso.
Solange man sich auf etwas konzentriert ...
... verfliegt für einen Moment die Einsamkeit.

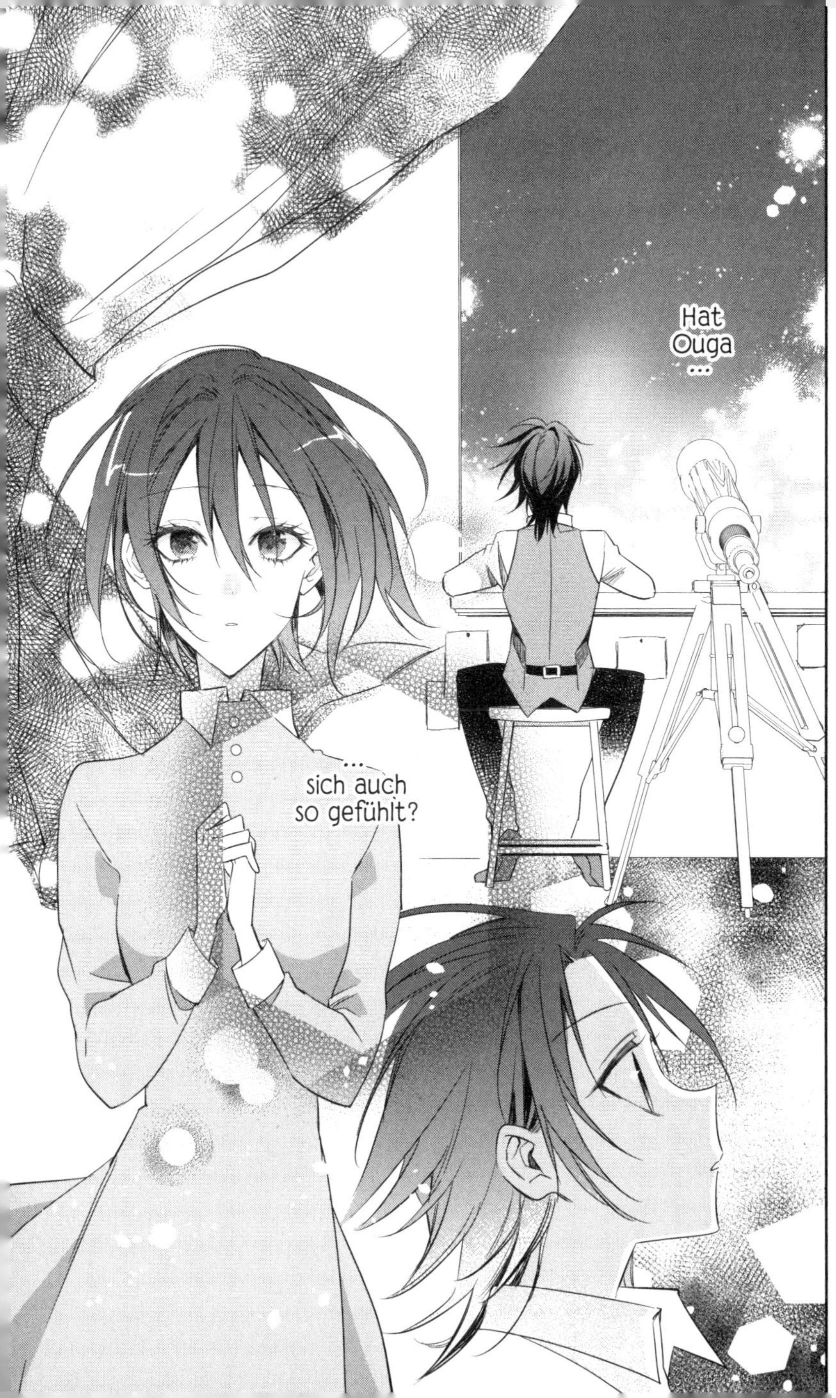
Hat
Ouga
...
...
sich auch
so gefühlt?

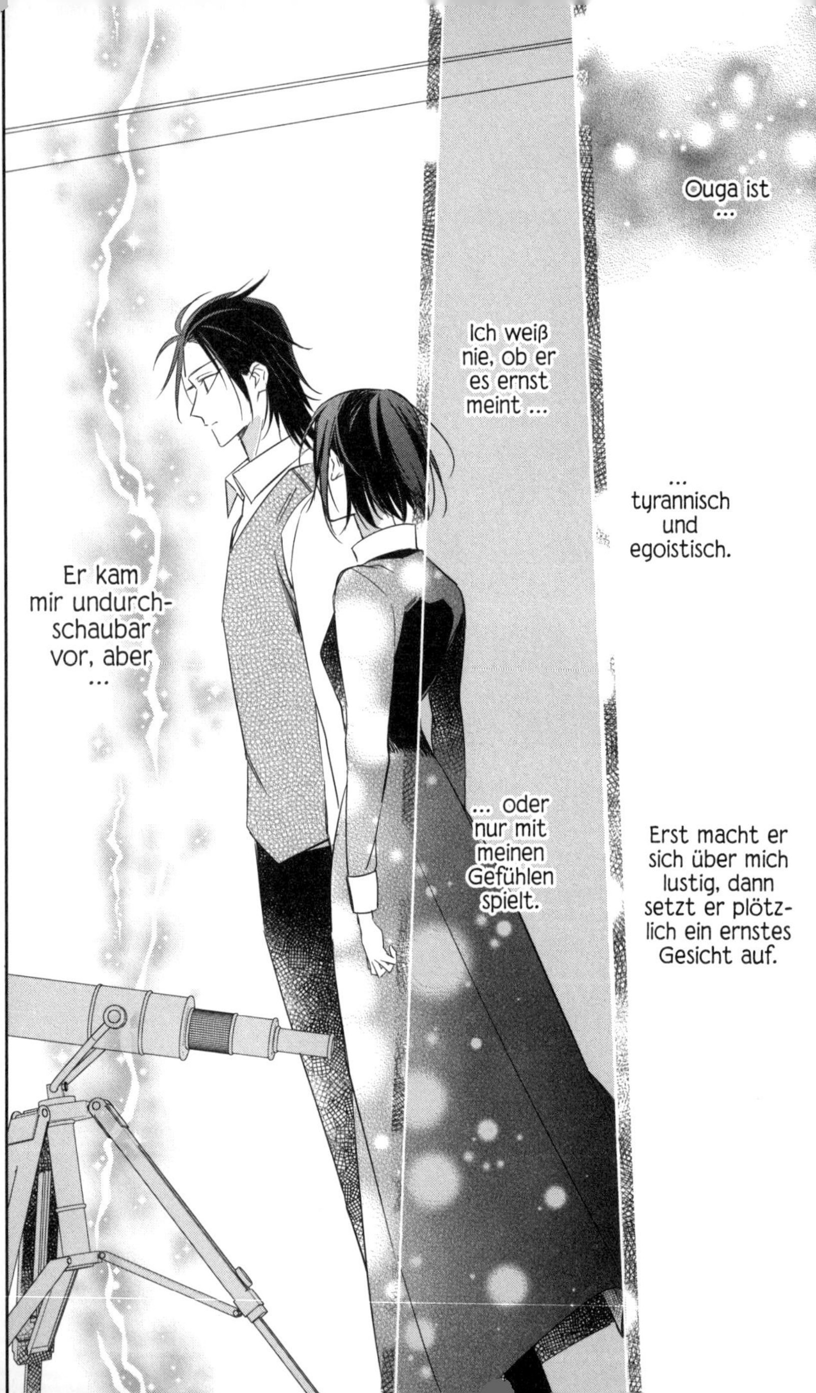
Ouga ist ...
... tyrannisch und egoistisch.
Erst macht er sich über mich lustig, dann setzt er plötzlich ein ernstes Gesicht auf.
Ich weiß nie, ob er es ernst meint ...
... oder nur mit meinen Gefühlen spielt.
Er kam mir undurchschaubar vor, aber ...

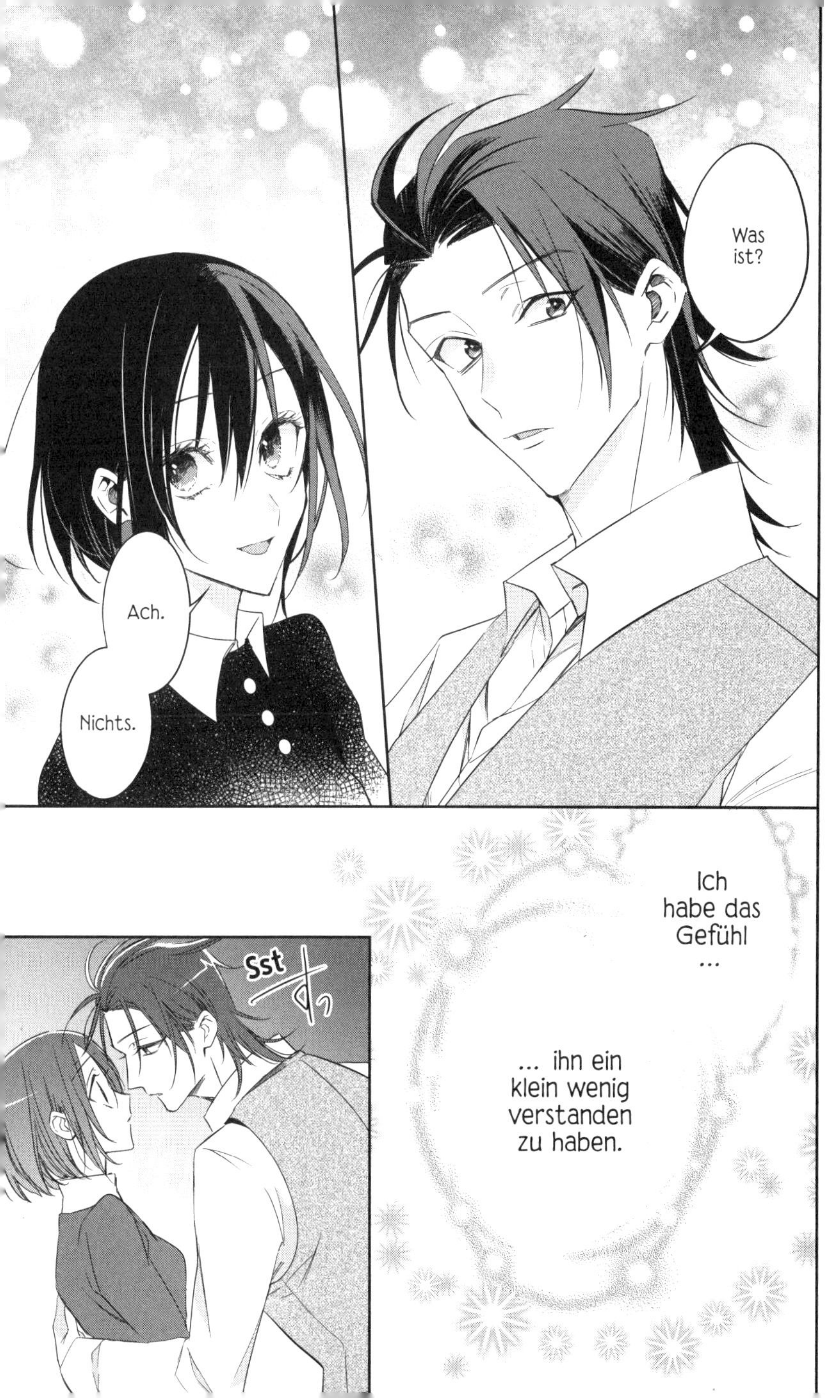

Was ist?

Ach.

Nichts.

Ich habe das Gefühl ...

... ihn ein klein wenig verstanden zu haben.

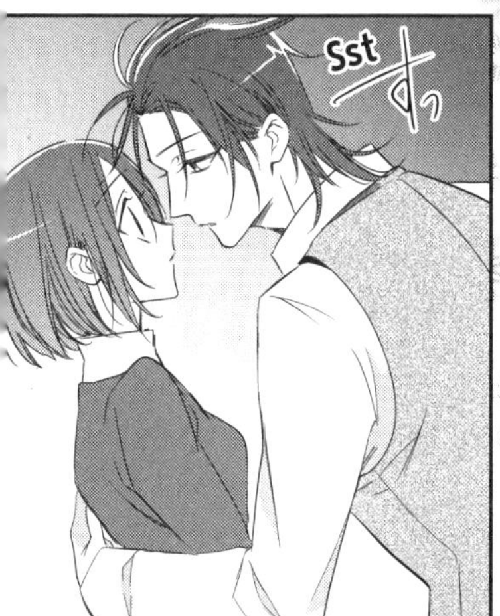

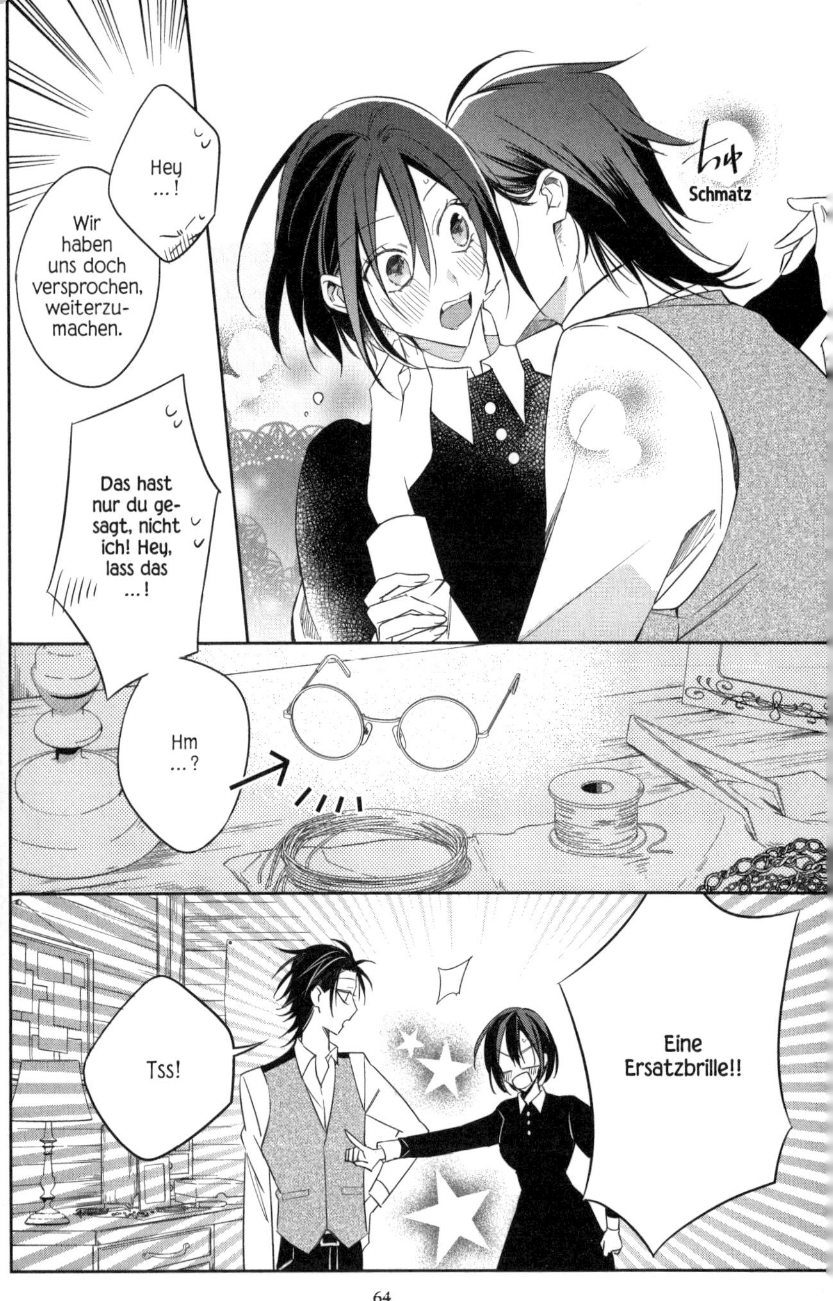
ちゅ
Schmatz
Hey …!
Wir haben uns doch versprochen, weiterzumachen.
Das hast nur du gesagt, nicht ich! Hey, lass das …!
Hm …?
Eine Ersatzbrille!!
Tss!

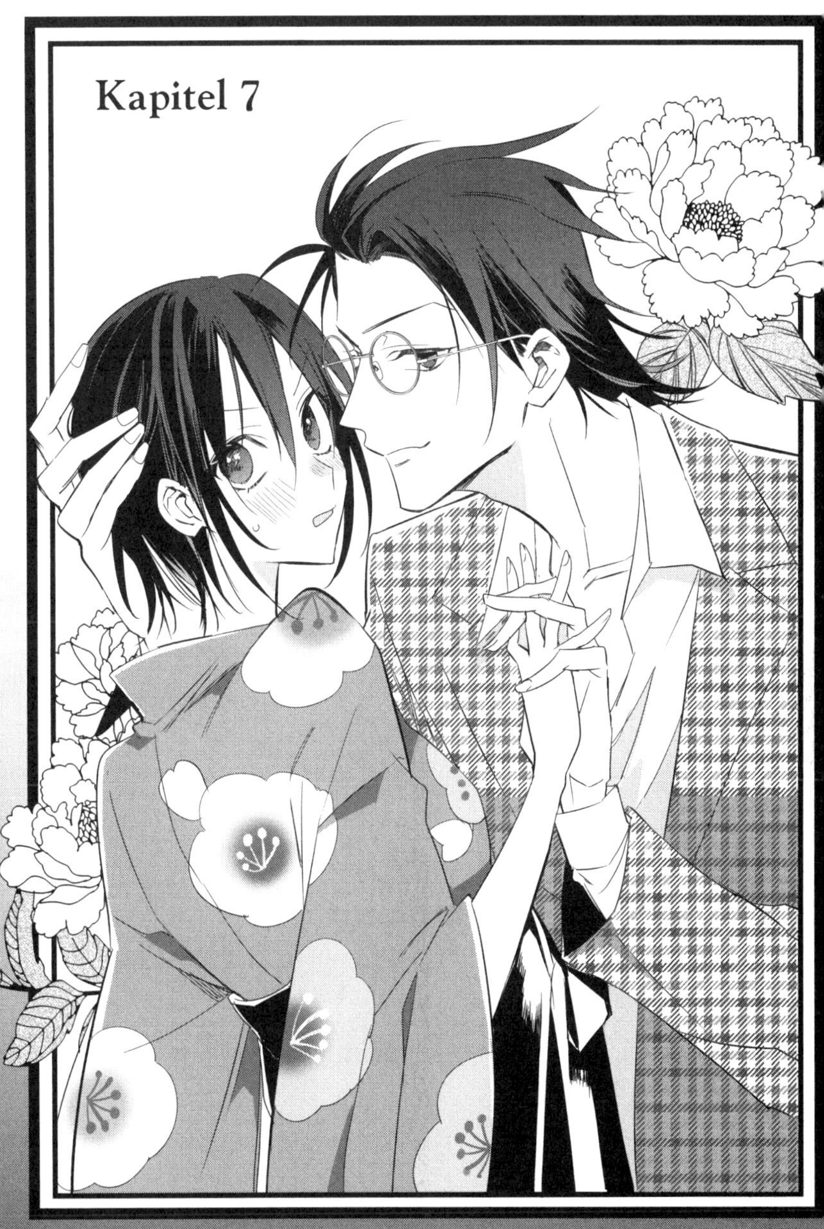
Kapitel 7

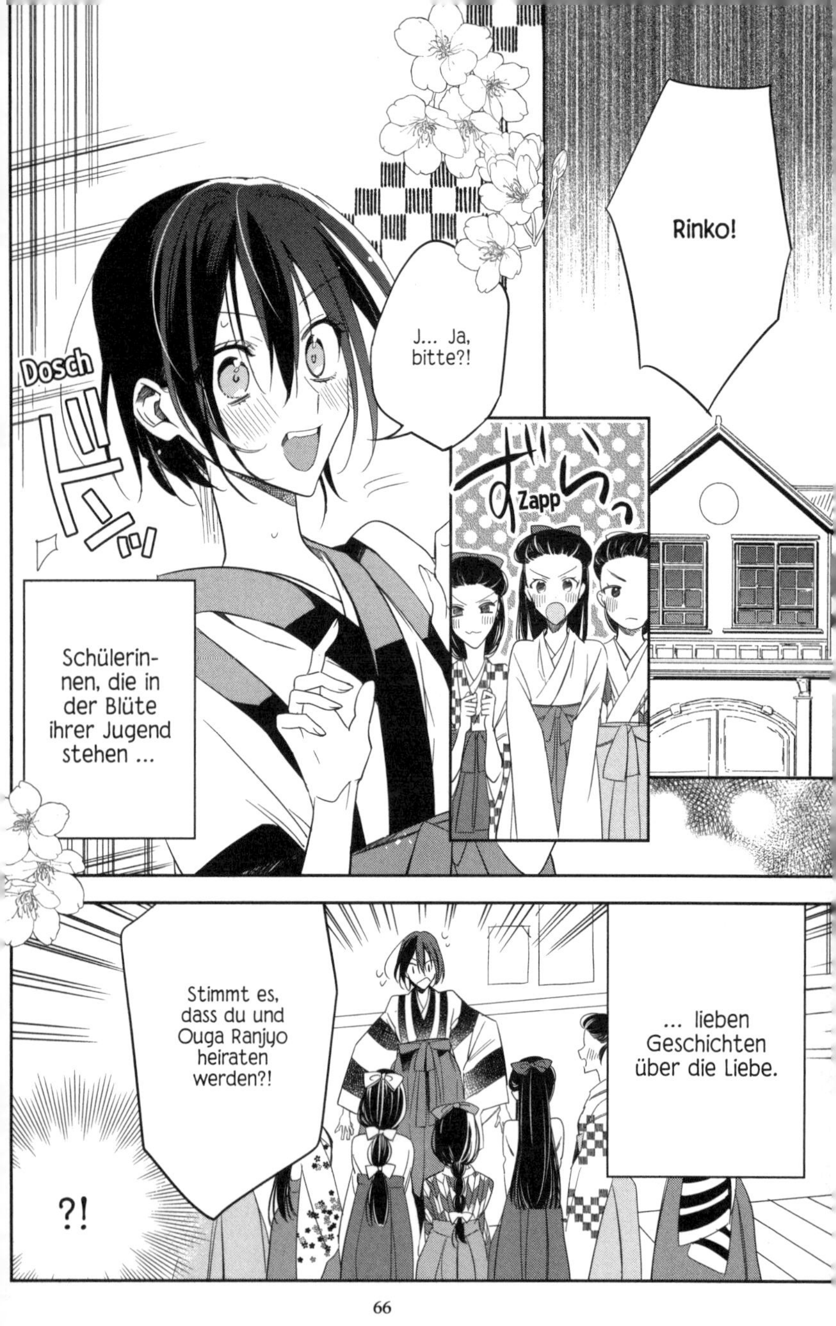
Rinko!
Zapp
J... Ja, bitte?!
Dosch
Schülerinnen, die in der Blüte ihrer Jugend stehen ...
... lieben Geschichten über die Liebe.
Stimmt es, dass du und Ouga Ranjyo heiraten werden?!
?!

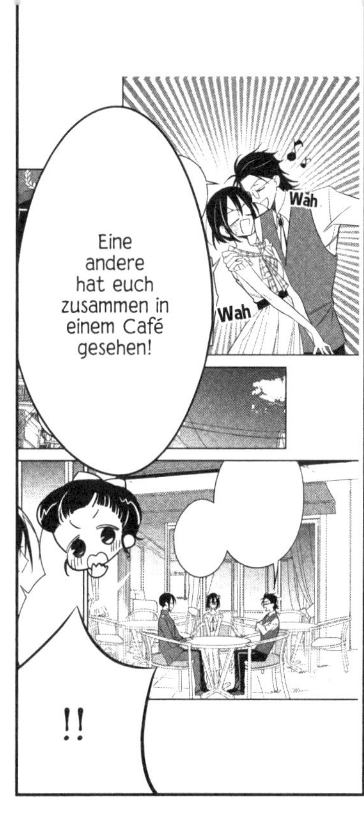
Eine andere hat euch zusammen in einem Café gesehen!
Wah
Wah
!!

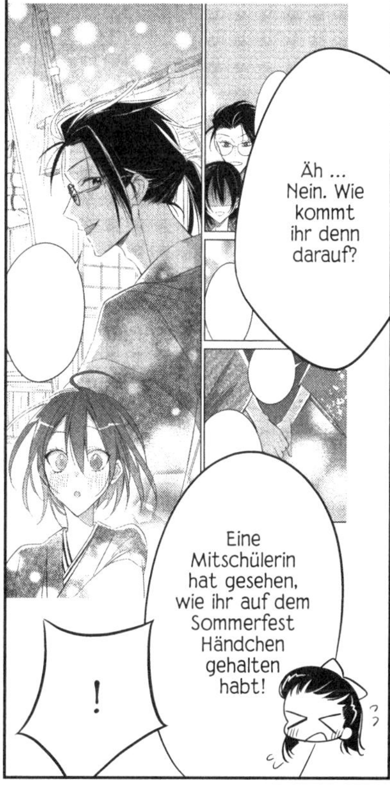
Äh ... Nein. Wie kommt ihr denn darauf?
Eine Mitschülerin hat gesehen, wie ihr auf dem Sommerfest Händchen gehalten habt!
!

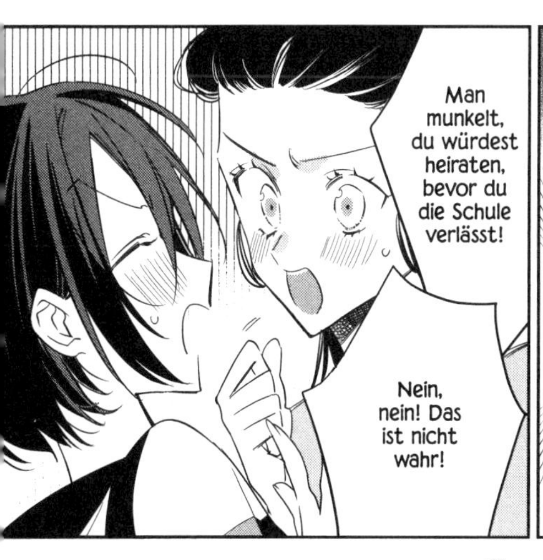
Man munkelt, du würdest heiraten, bevor du die Schule verlässt!
Nein, nein! Das ist nicht wahr!

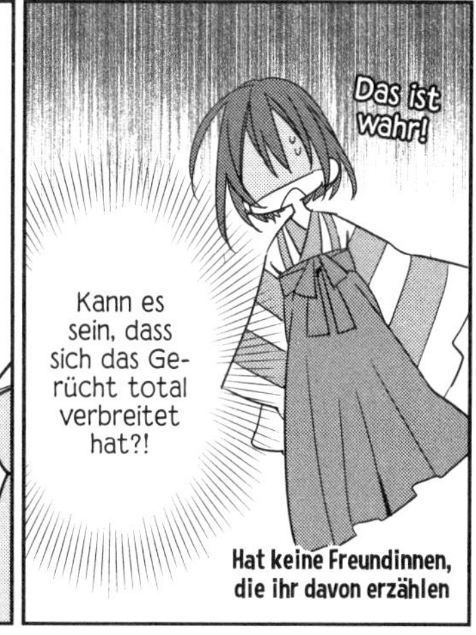
Das ist wahr!
Kann es sein, dass sich das Gerücht total verbreitet hat?!
Hat keine Freundinnen, die ihr davon erzählen

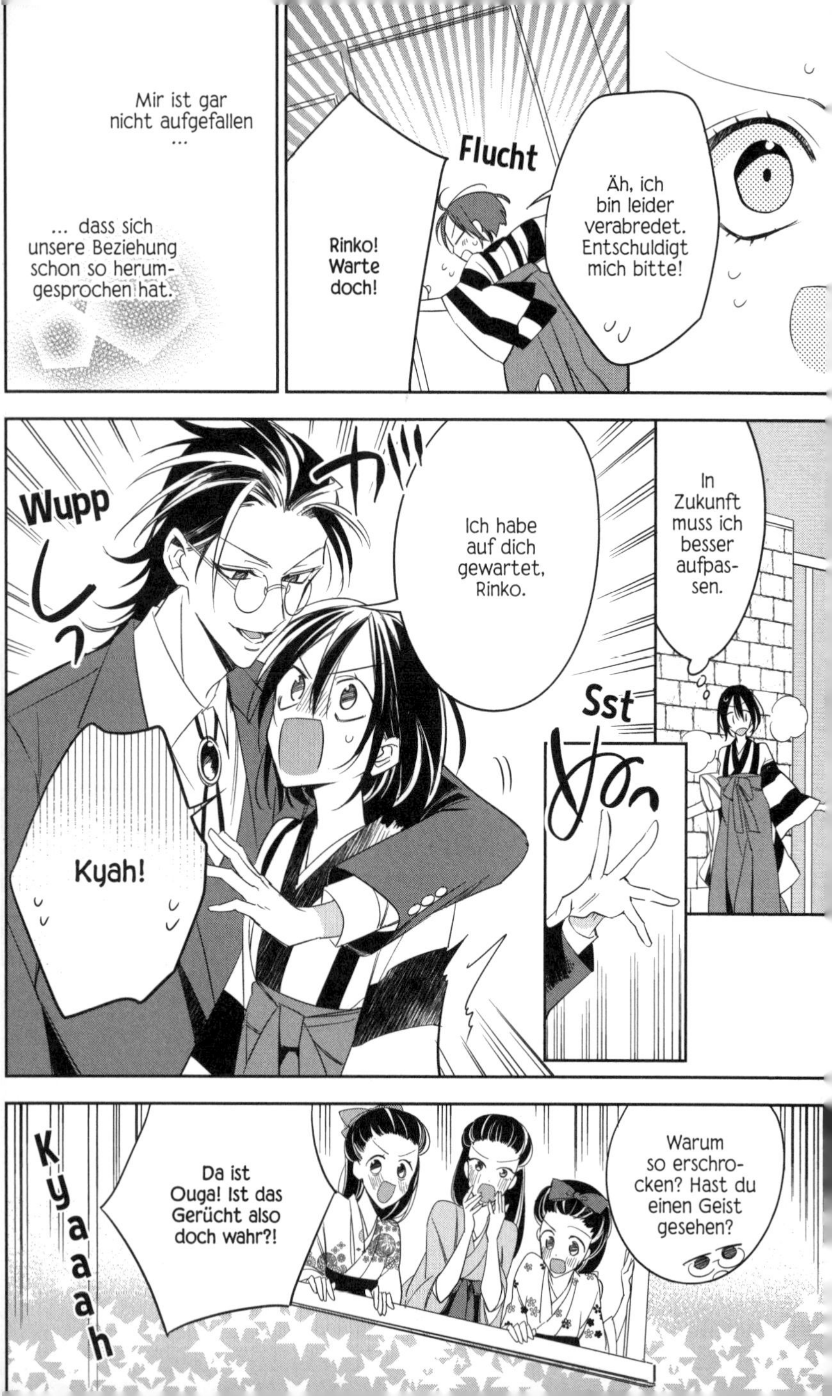

Äh, ich bin leider verabredet. Entschuldigt mich bitte!

Flucht

Rinko! Warte doch!

Mir ist gar nicht aufgefallen ...

... dass sich unsere Beziehung schon so herumgesprochen hat.

In Zukunft muss ich besser aufpassen.

Sst

Ich habe auf dich gewartet, Rinko.

Wupp

Kyah!

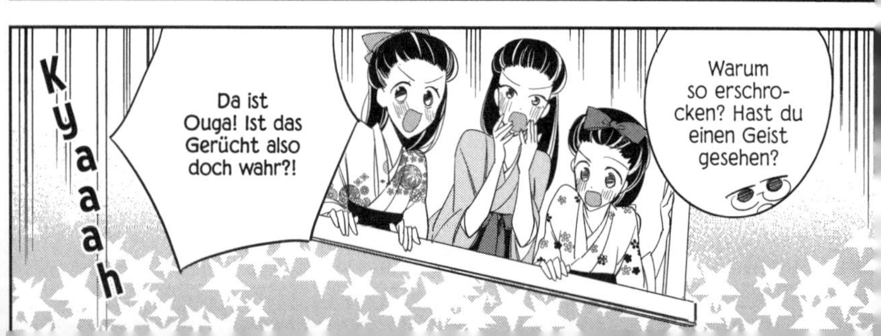

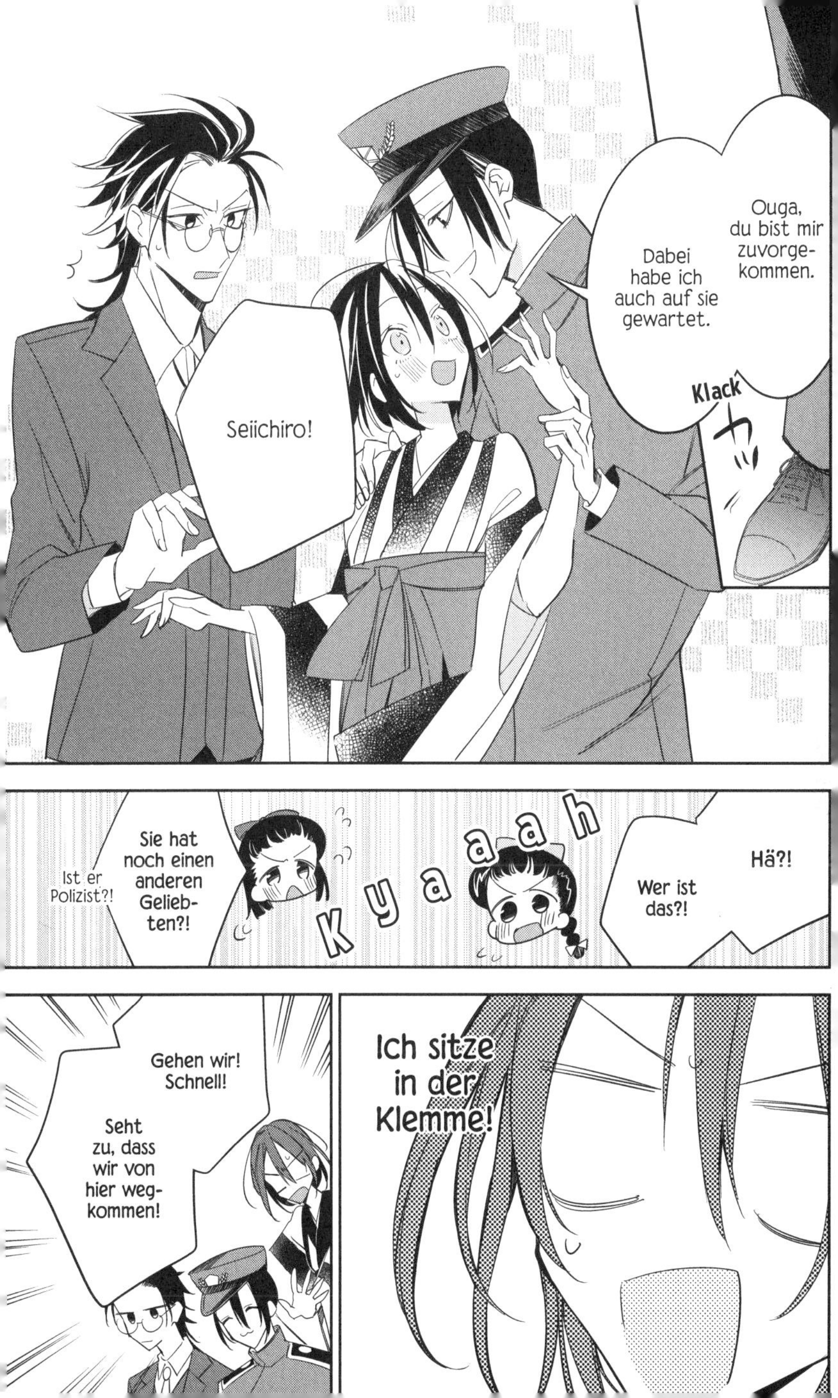

Ouga, du bist mir zuvorge-kommen.
Dabei habe ich auch auf sie gewartet.
Klack
Seiichiro!

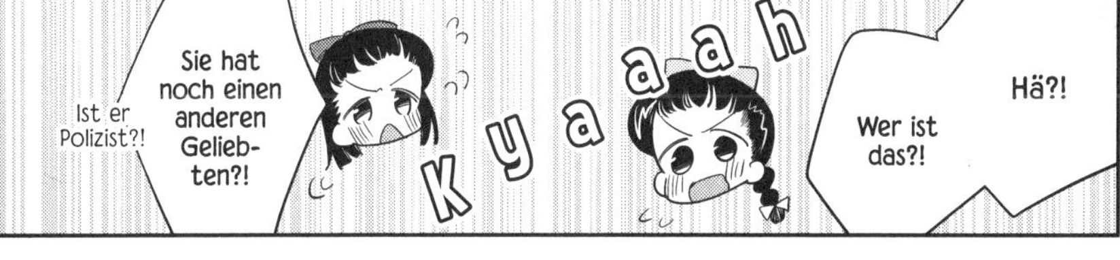

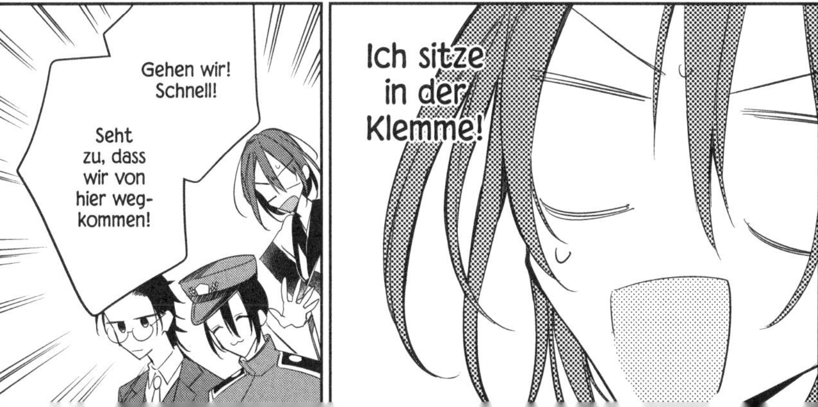

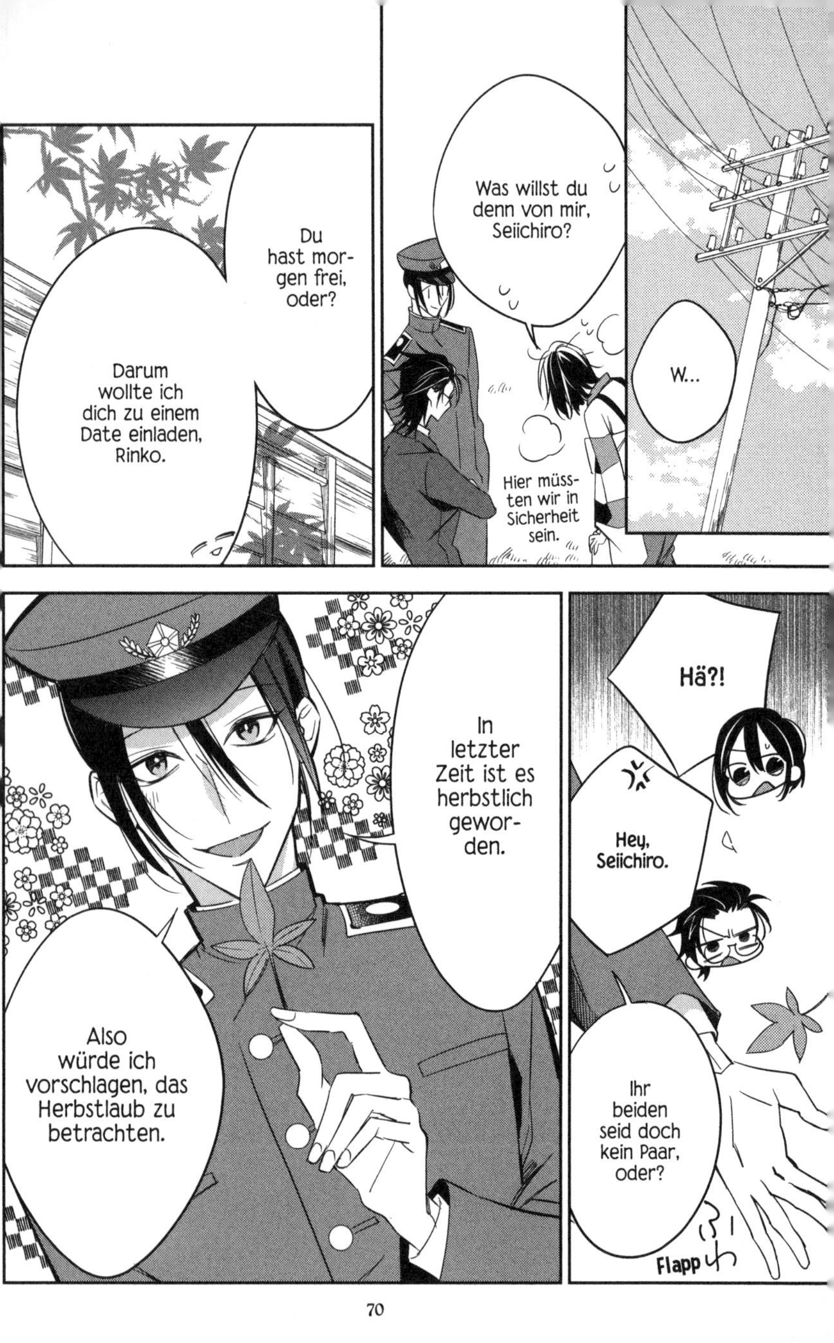

W...

Was willst du denn von mir, Seiichiro?

Hier müssten wir in Sicherheit sein.

Du hast morgen frei, oder?

Darum wollte ich dich zu einem Date einladen, Rinko.

Hä?!

Hey, Seiichiro.

Ihr beiden seid doch kein Paar, oder?

Flapp

In letzter Zeit ist es herbstlich geworden.

Also würde ich vorschlagen, das Herbstlaub zu betrachten.

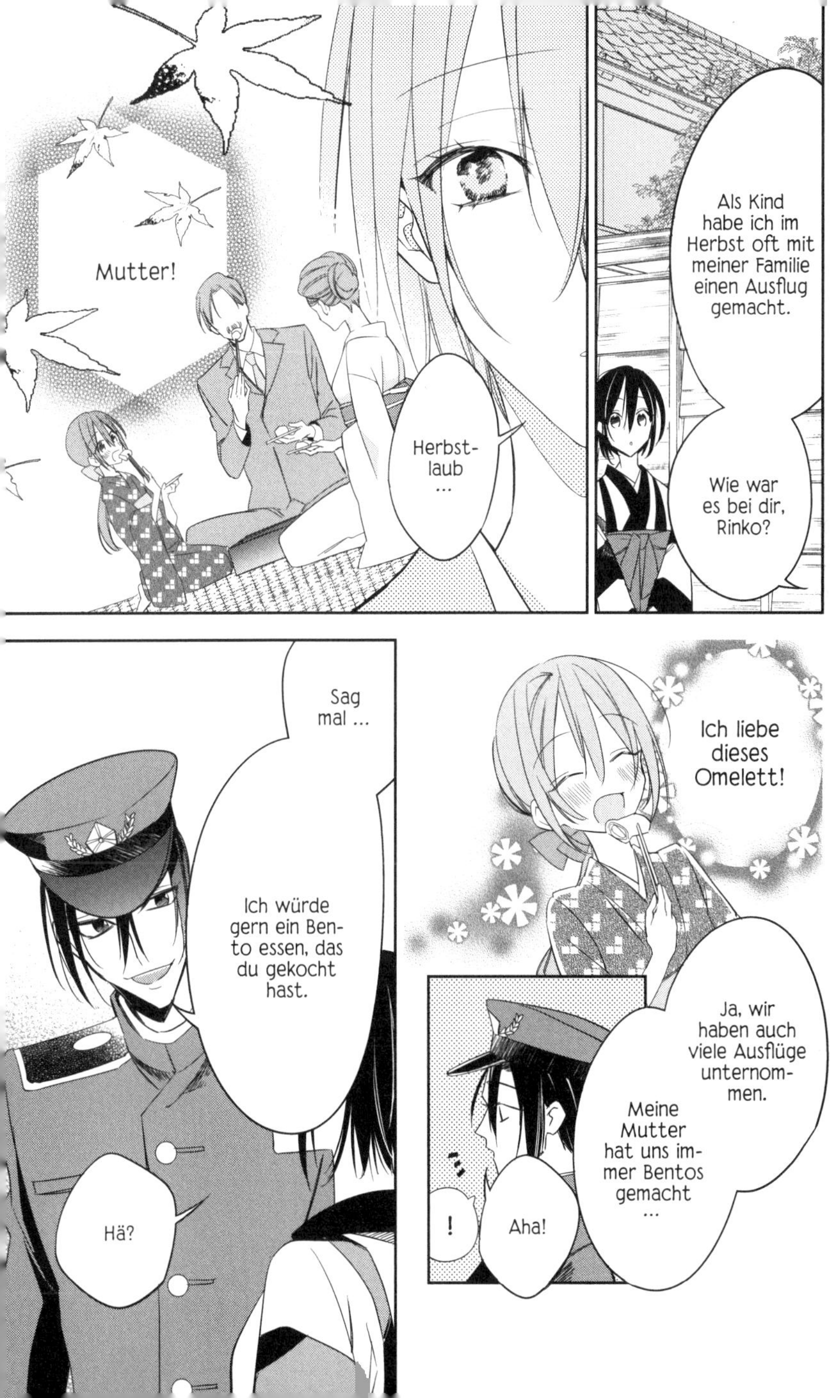

Als Kind habe ich im Herbst oft mit meiner Familie einen Ausflug gemacht.

Wie war es bei dir, Rinko?

Herbstlaub ...

Mutter!

Ich liebe dieses Omelett!

Ja, wir haben auch viele Ausflüge unternommen.

Meine Mutter hat uns immer Bentos gemacht ...

Aha!

!

Sag mal ...

Ich würde gern ein Bento essen, das du gekocht hast.

Hä?

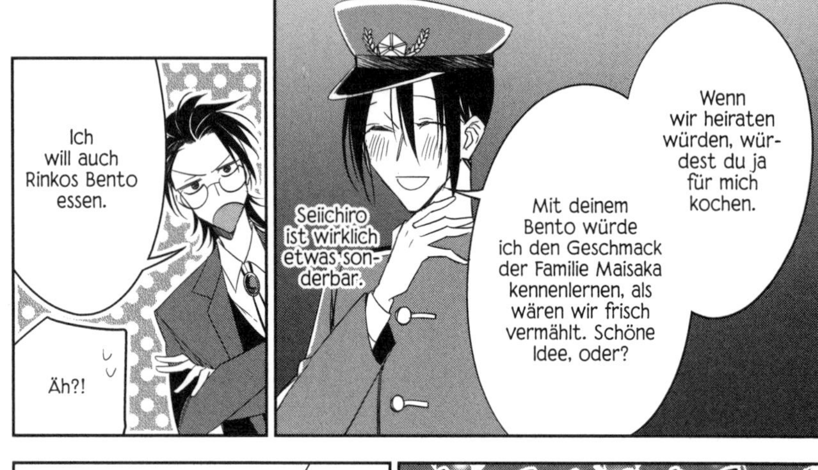

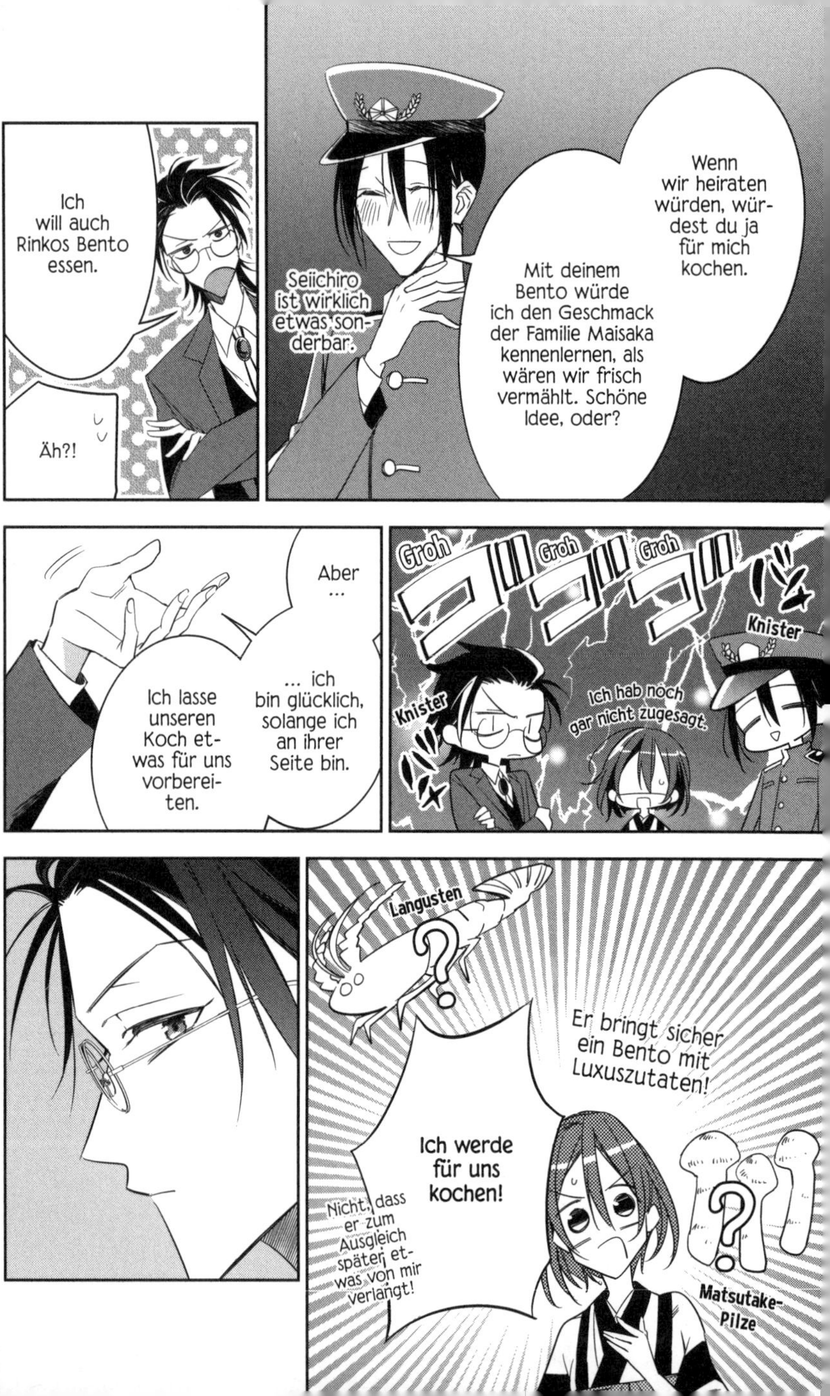

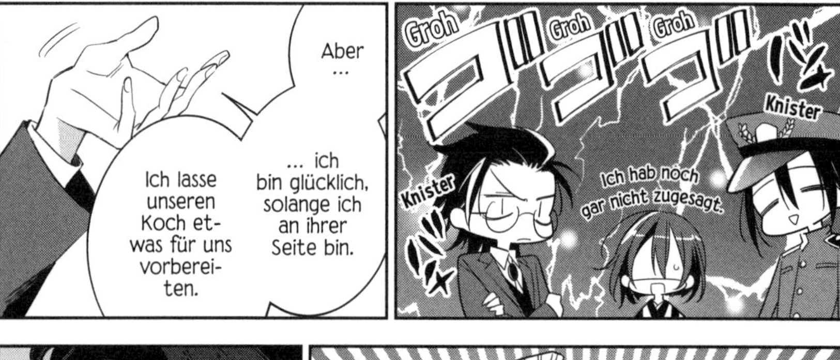

Er bringt sicher ein Bento mit Luxuszutaten!
Langusten
Matsutake-Pilze
Ich werde für uns kochen!
Nicht, dass er zum Ausgleich später etwas von mir verlangt!

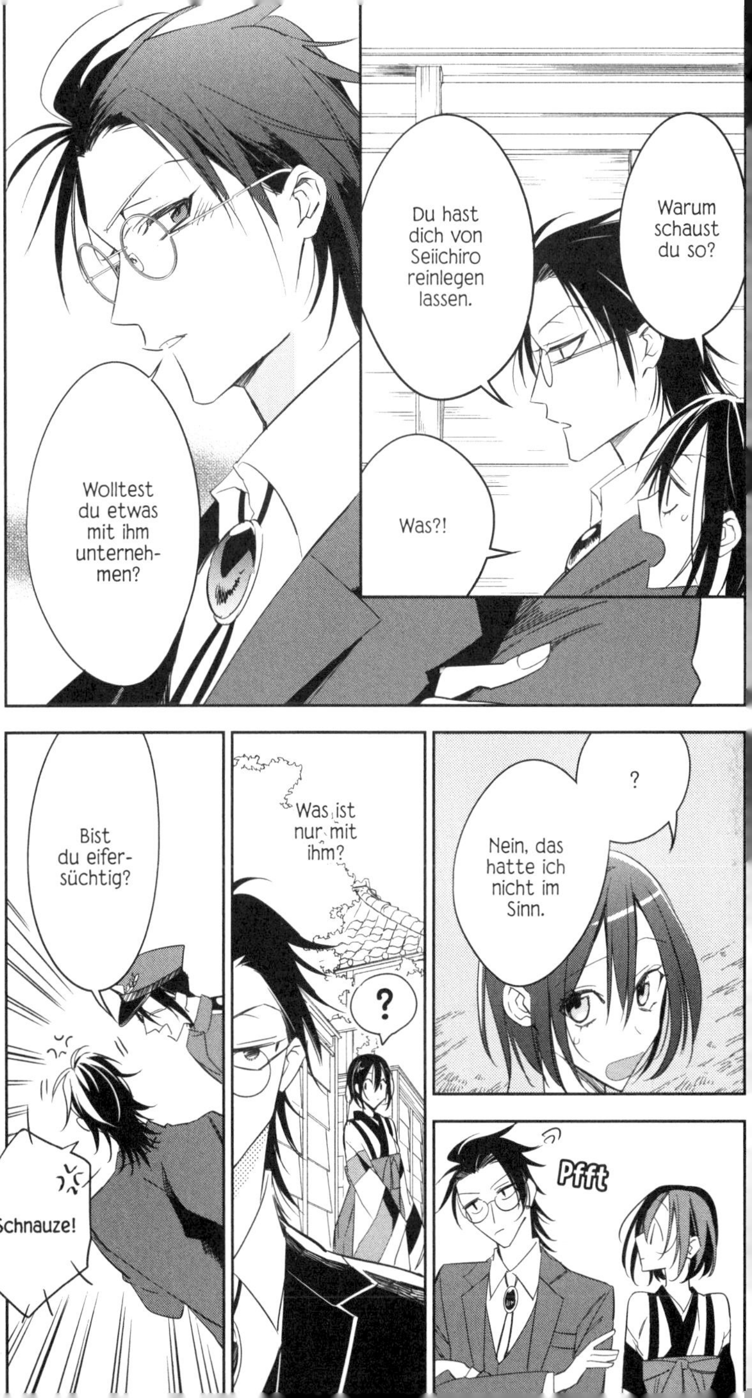

Warum schaust du so?

Du hast dich von Seiichiro reinlegen lassen.

Was?!

Wolltest du etwas mit ihm unterneh-men?

?

Nein, das hatte ich nicht im Sinn.

Pfft

Was ist nur mit ihm?

?

Bist du eifer-süchtig?

Schnauze!

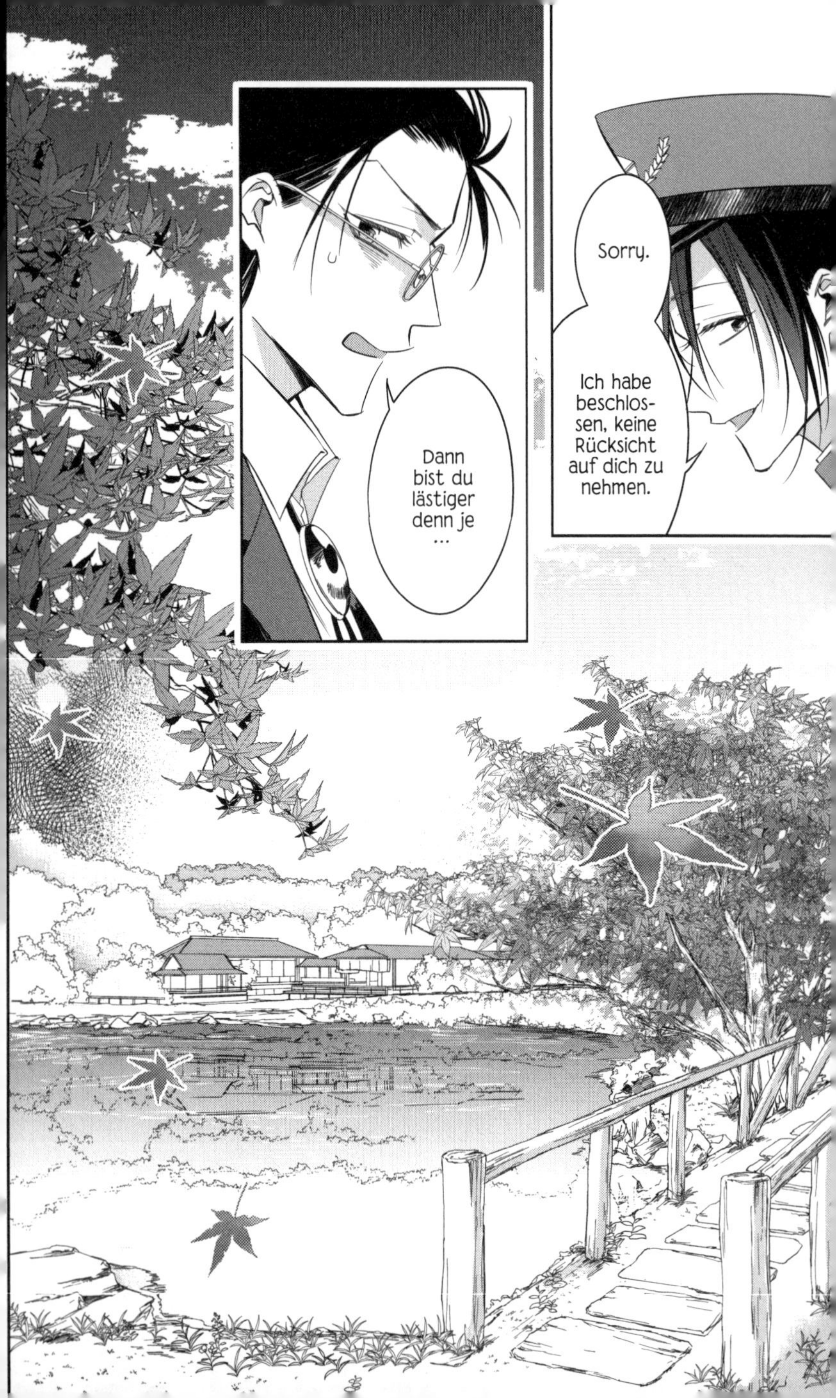
Sorry.
Ich habe beschlossen, keine Rücksicht auf dich zu nehmen.
Dann bist du lästiger denn je …

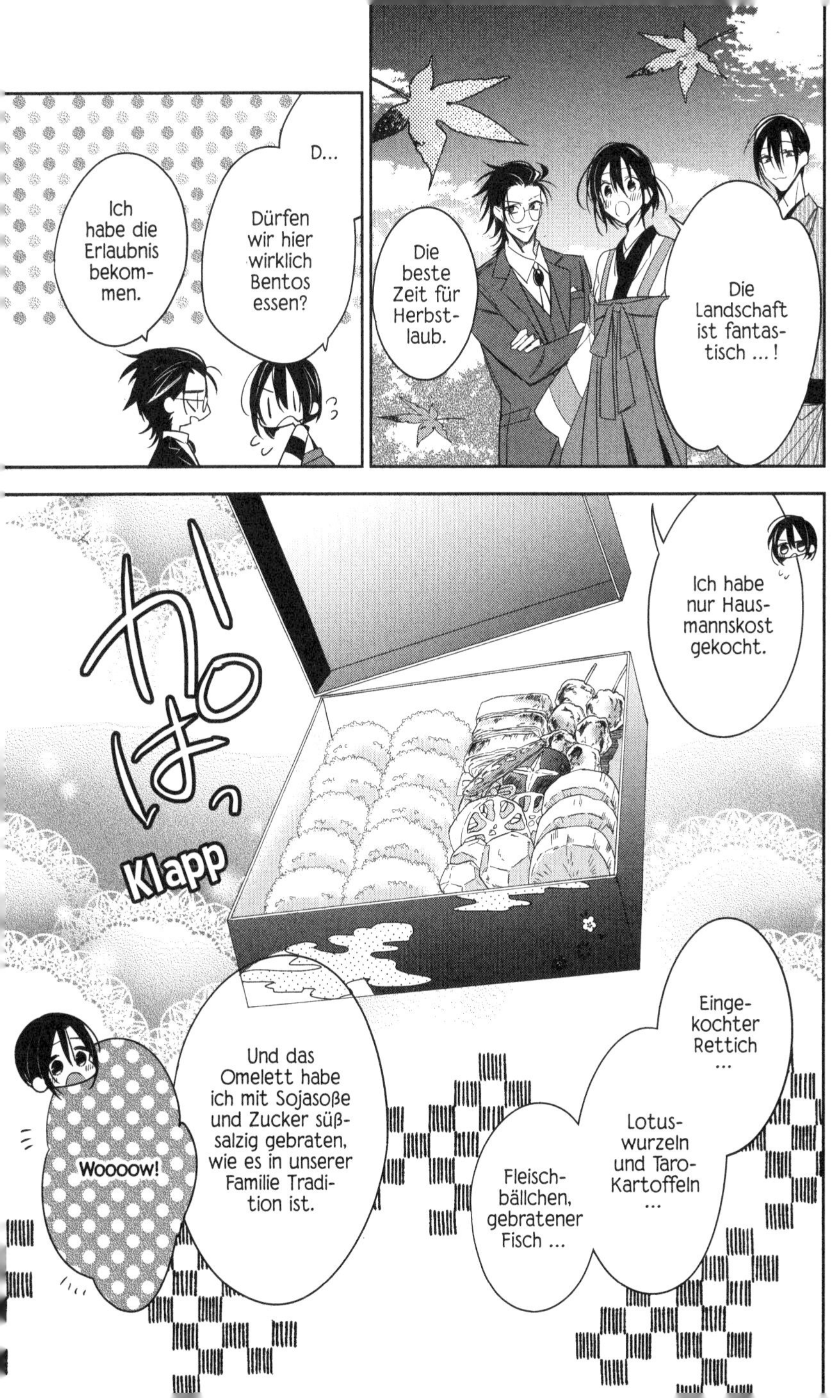

Die Landschaft ist fantastisch ...!

Die beste Zeit für Herbstlaub.

D...

Dürfen wir hier wirklich Bentos essen?

Ich habe die Erlaubnis bekommen.

Ich habe nur Hausmannskost gekocht.

かぱっ

Klapp

Eingekochter Rettich ...

Lotuswurzeln und Taro-Kartoffeln ...

Fleischbällchen, gebratener Fisch ...

Und das Omelett habe ich mit Sojasoße und Zucker süßsalzig gebraten, wie es in unserer Familie Tradition ist.

Woooow!

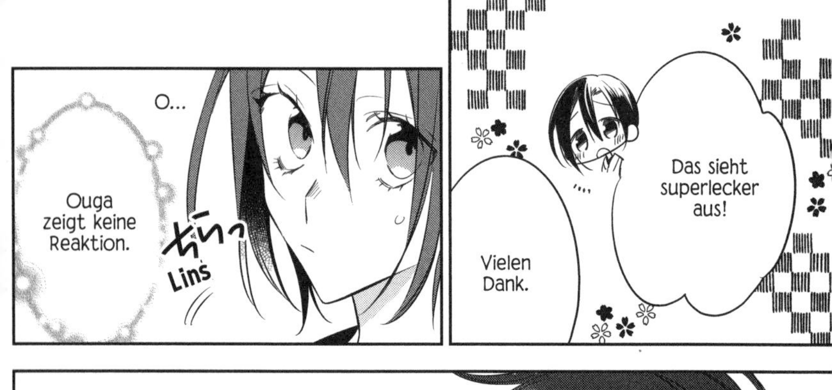

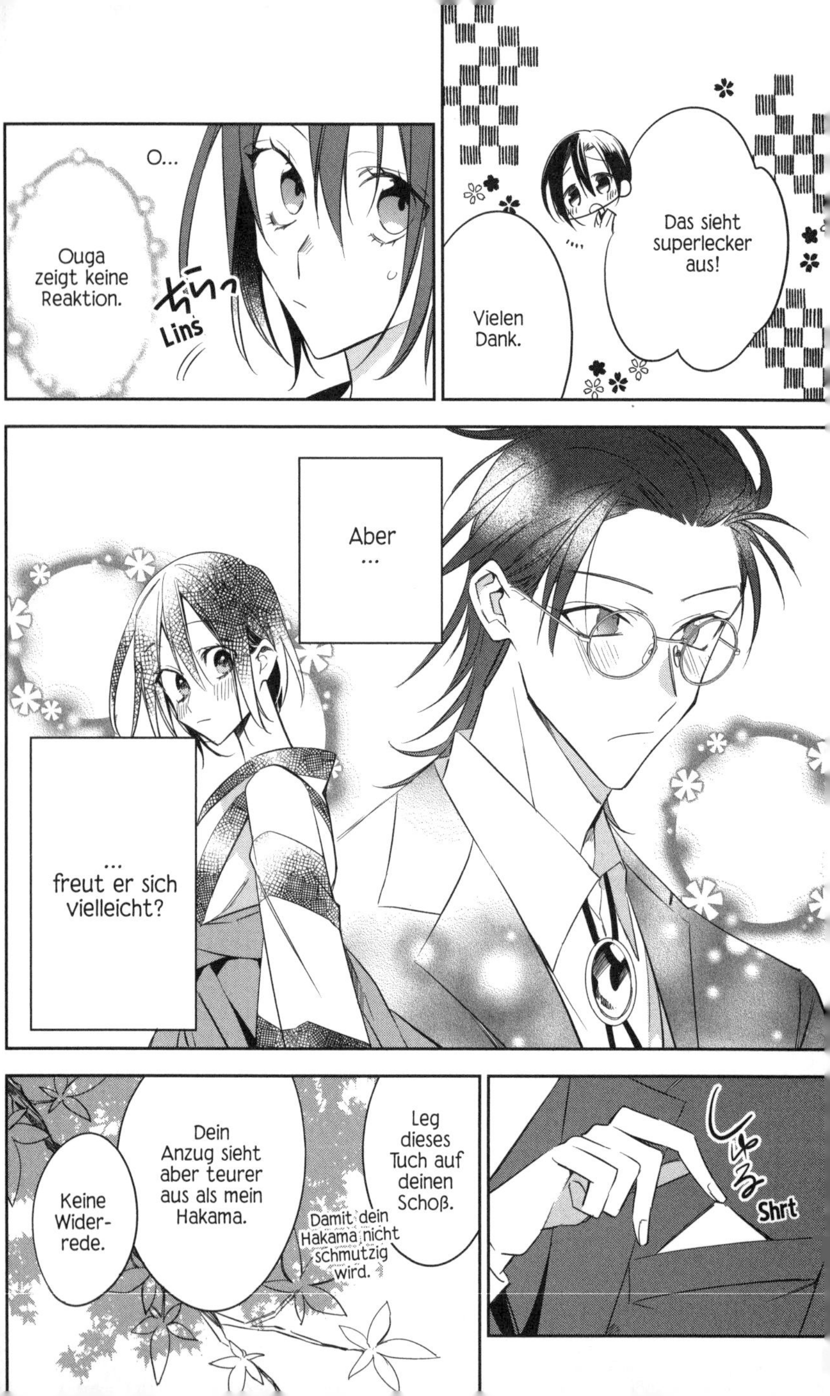

Aber ...

... freut er sich vielleicht?

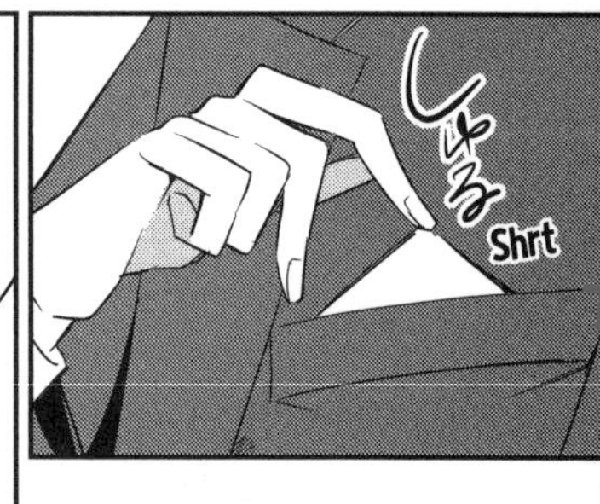

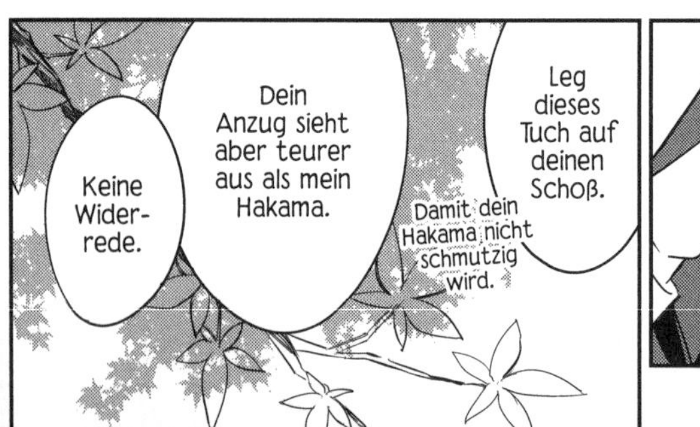

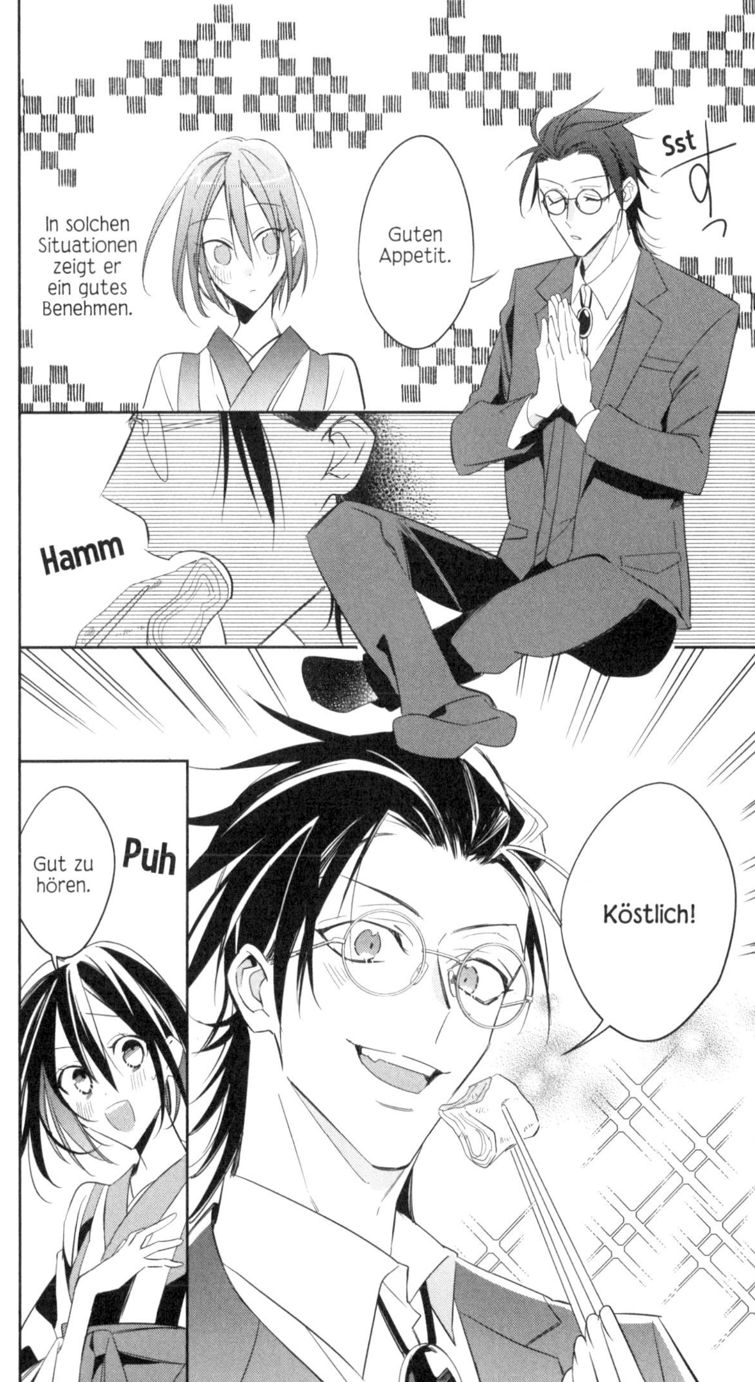

Sst
Guten Appetit.
In solchen Situationen zeigt er ein gutes Benehmen.
Hamm
Köstlich!
Puh
Gut zu hören.

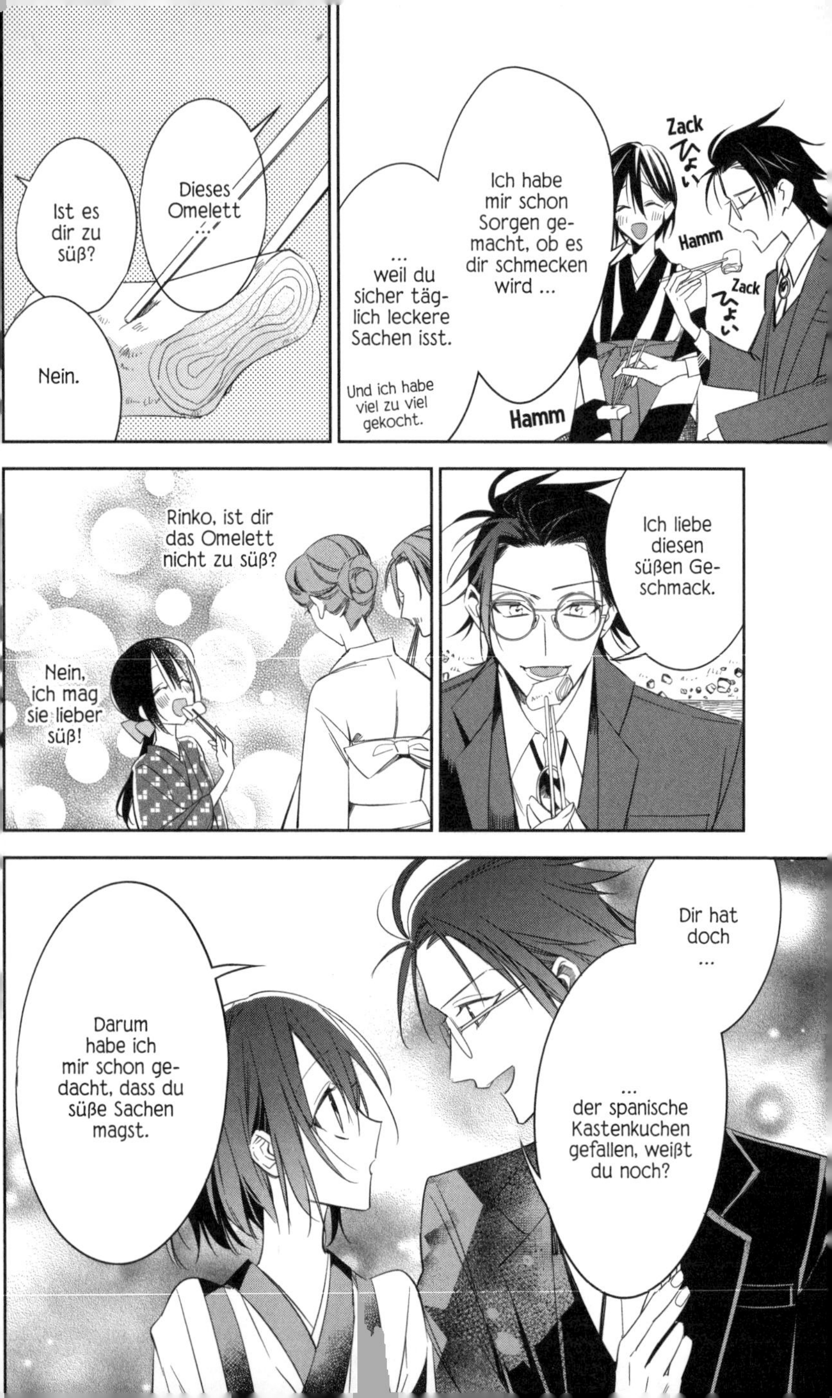

Zack ひょい
Ich habe mir schon Sorgen gemacht, ob es dir schmecken wird ...
Hamm
Zack ひょい
... weil du sicher täglich leckere Sachen isst.
Und ich habe viel zu viel gekocht.
Hamm
Dieses Omelett ...
Ist es dir zu süß?
Nein.

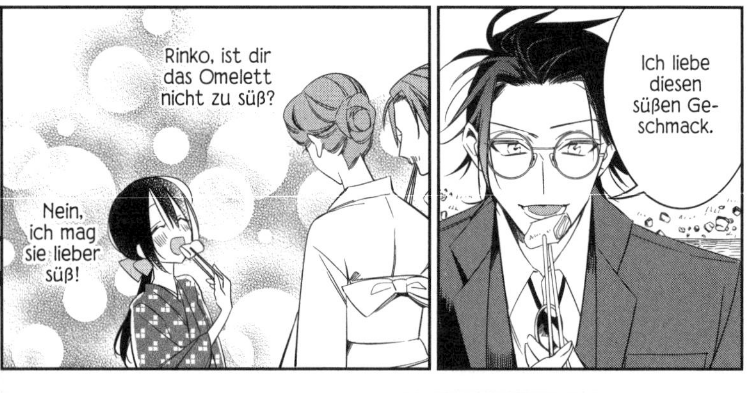

Dir hat doch ...
... der spanische Kastenkuchen gefallen, weißt du noch?
Darum habe ich mir schon gedacht, dass du süße Sachen magst.

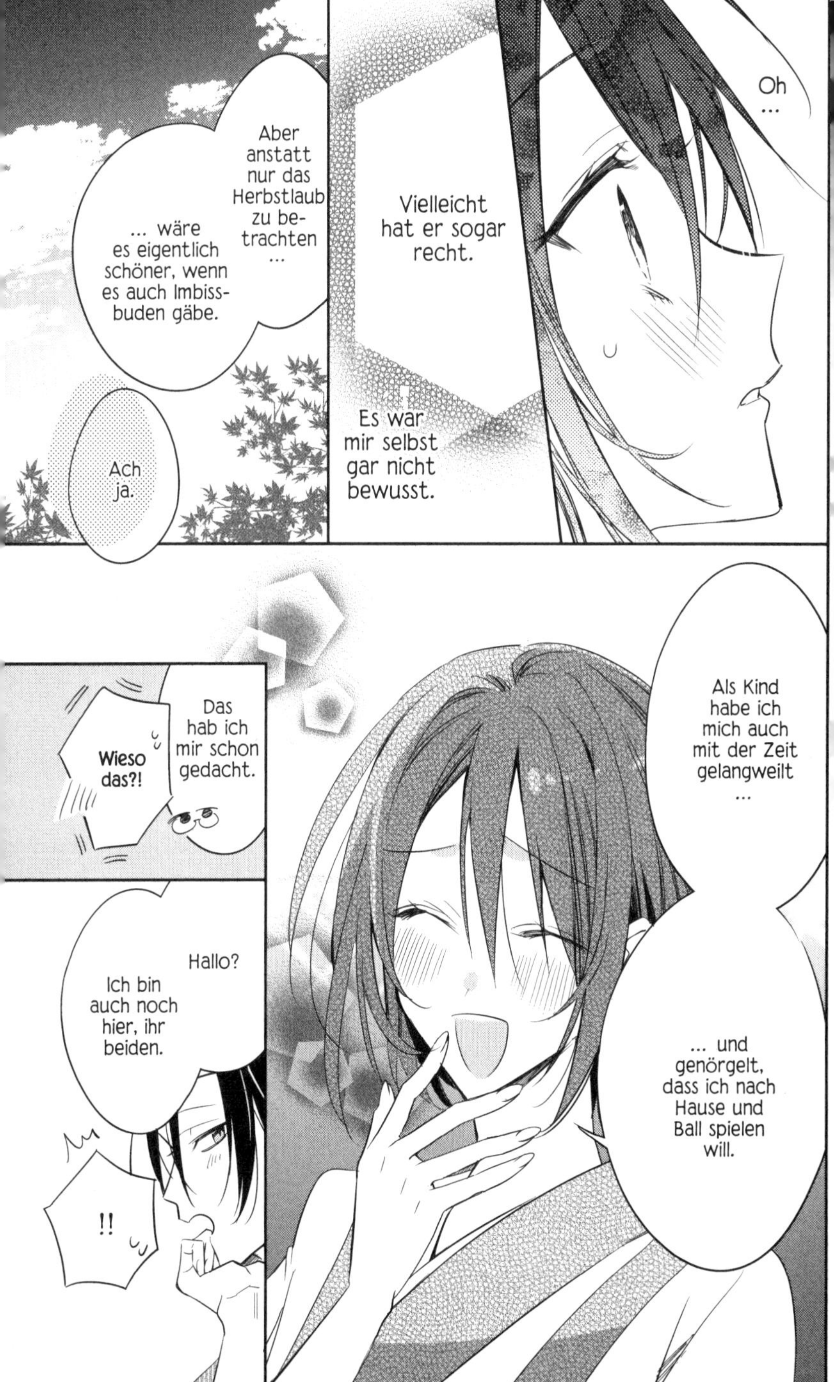
Oh ...
Vielleicht hat er sogar recht.
Es war mir selbst gar nicht bewusst.
Aber anstatt nur das Herbstlaub zu betrachten ...
... wäre es eigentlich schöner, wenn es auch Imbissbuden gäbe.
Ach ja.
Als Kind habe ich mich auch mit der Zeit gelangweilt ...
... und genörgelt, dass ich nach Hause und Ball spielen will.
Das hab ich mir schon gedacht.
Wieso das?!
Hallo?
Ich bin auch noch hier, ihr beiden.
!!

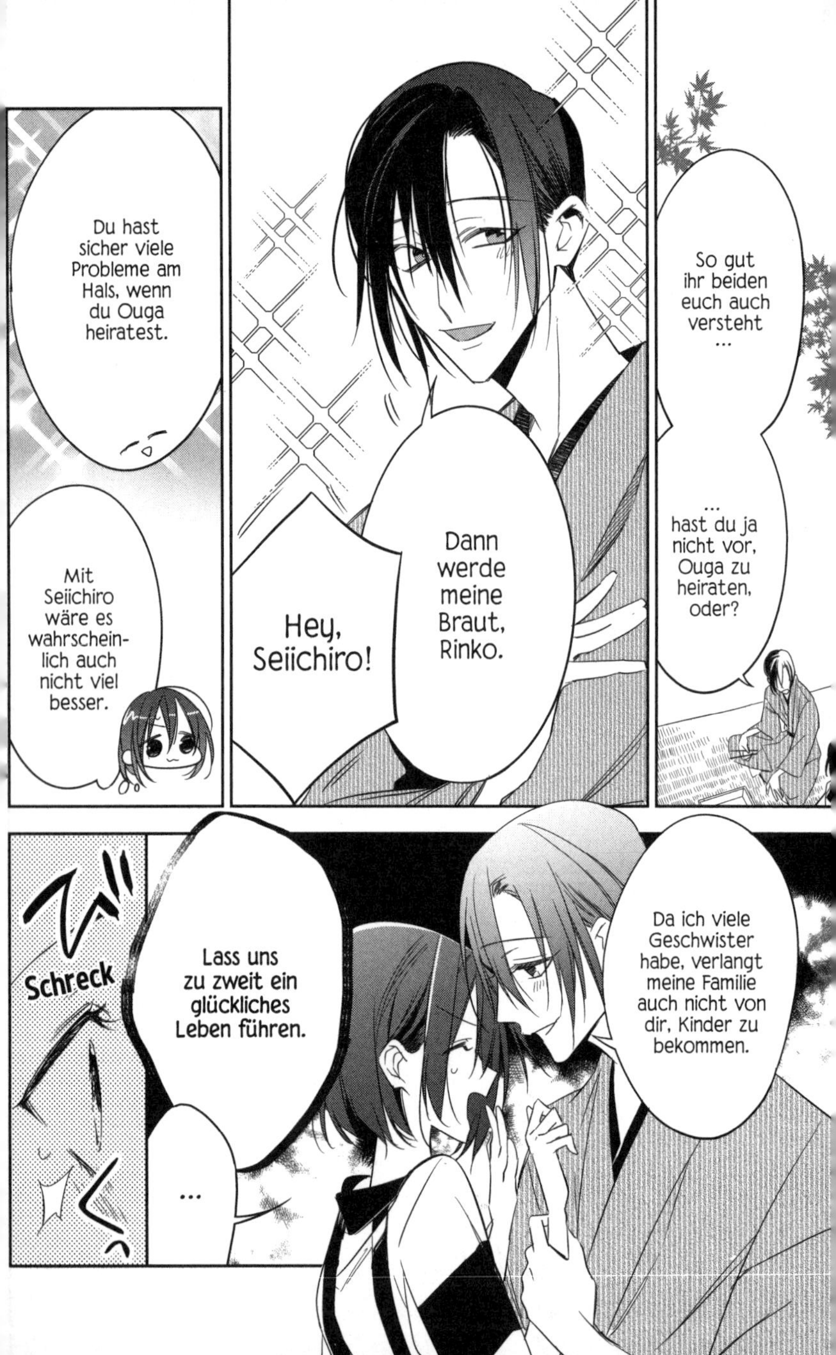
So gut ihr beiden euch auch versteht ...
... hast du ja nicht vor, Ouga zu heiraten, oder?
Dann werde meine Braut, Rinko.
Hey, Seiichiro!
Du hast sicher viele Probleme am Hals, wenn du Ouga heiratest.
Mit Seiichiro wäre es wahrschein-lich auch nicht viel besser.
Da ich viele Geschwister habe, verlangt meine Familie auch nicht von dir, Kinder zu bekommen.
Lass uns zu zweit ein glückliches Leben führen.
Schreck
...

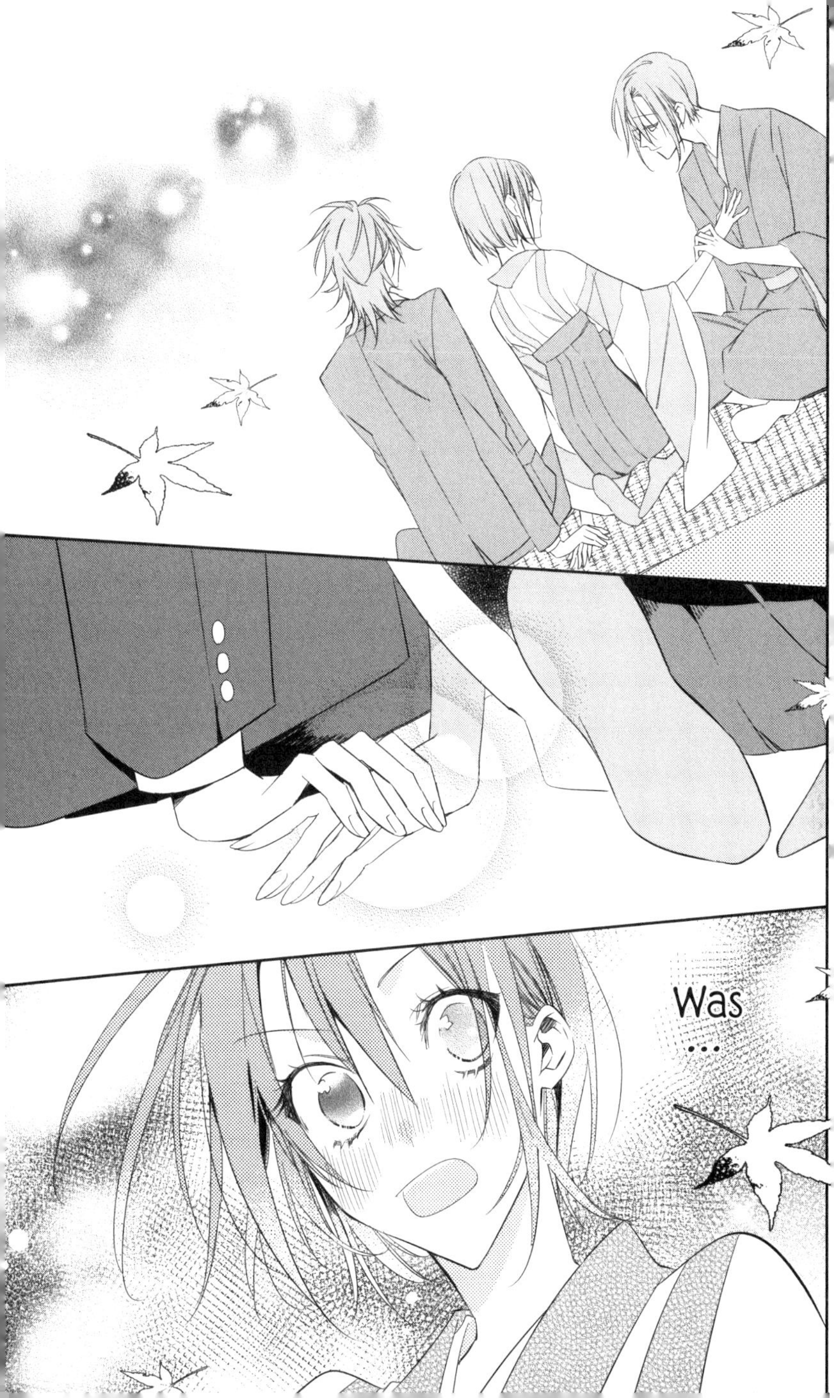
Was
...

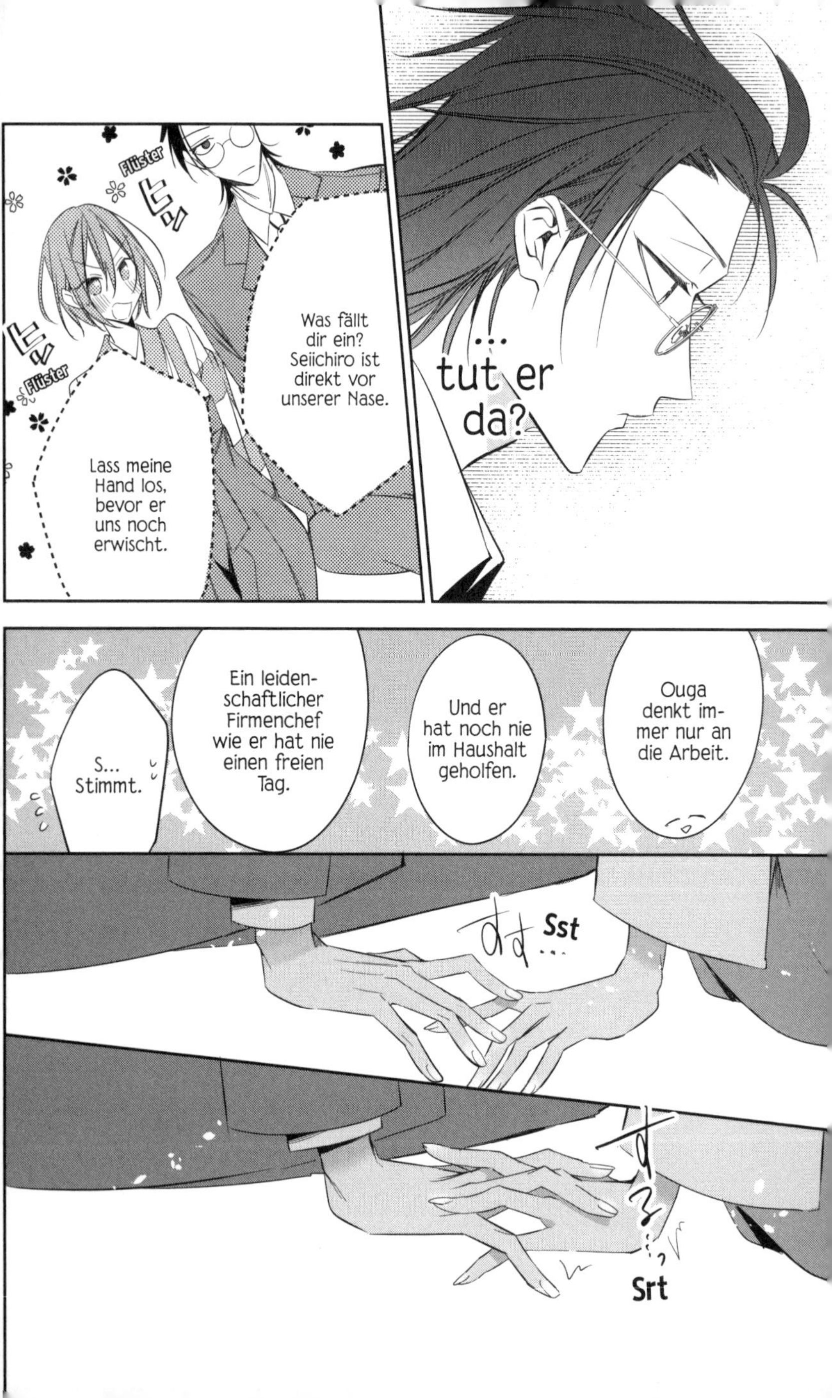

... tut er da?

Flüster

Was fällt dir ein? Seiichiro ist direkt vor unserer Nase.

Flüster

Lass meine Hand los, bevor er uns noch erwischt.

Ouga denkt immer nur an die Arbeit.

Und er hat noch nie im Haushalt geholfen.

Ein leidenschaftlicher Firmenchef wie er hat nie einen freien Tag.

S... Stimmt.

Sst ...

Srt

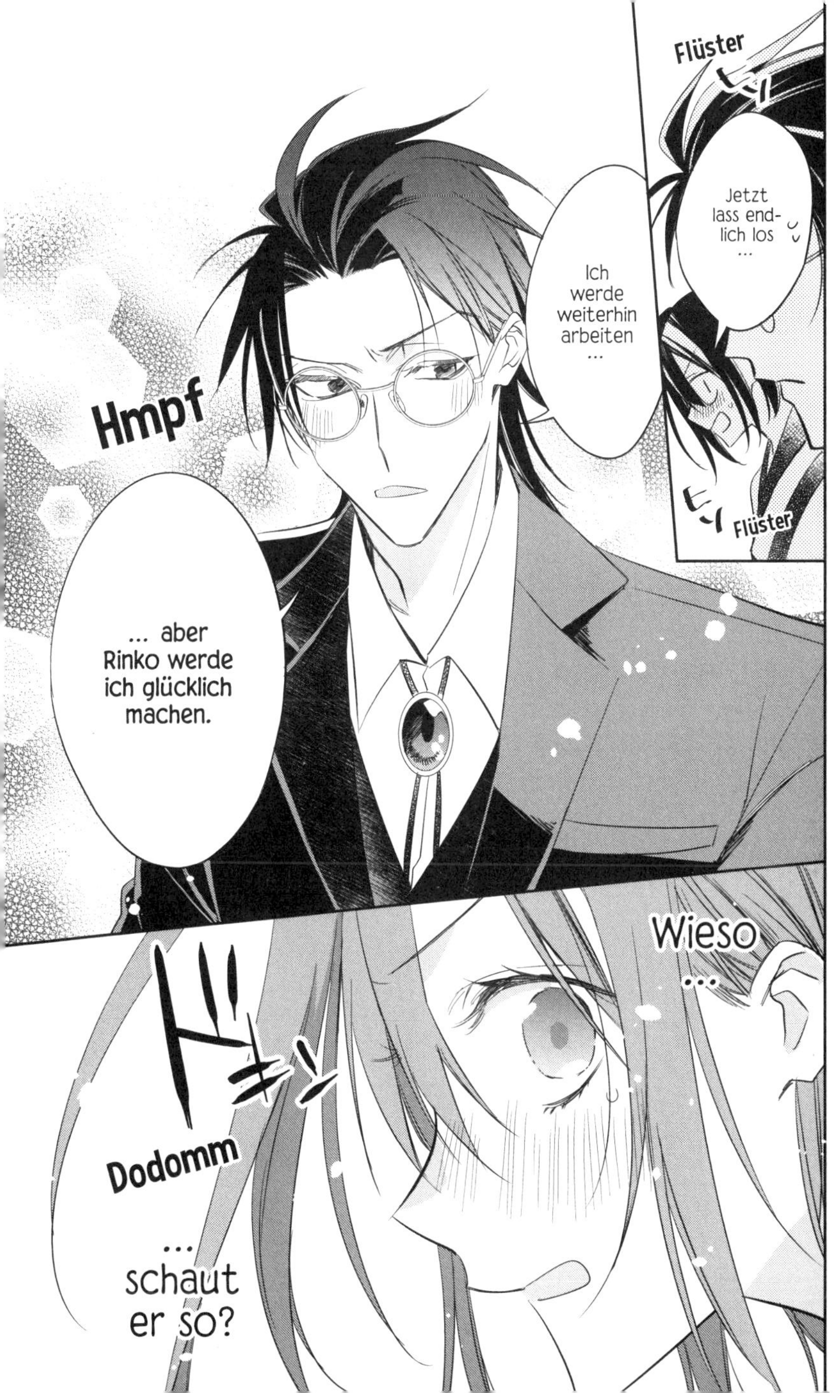
Flüster
Jetzt lass endlich los ...
Flüster
Ich werde weiterhin arbeiten ...
Hmpf
... aber Rinko werde ich glücklich machen.
Wieso ...
Dodomm
... schaut er so?

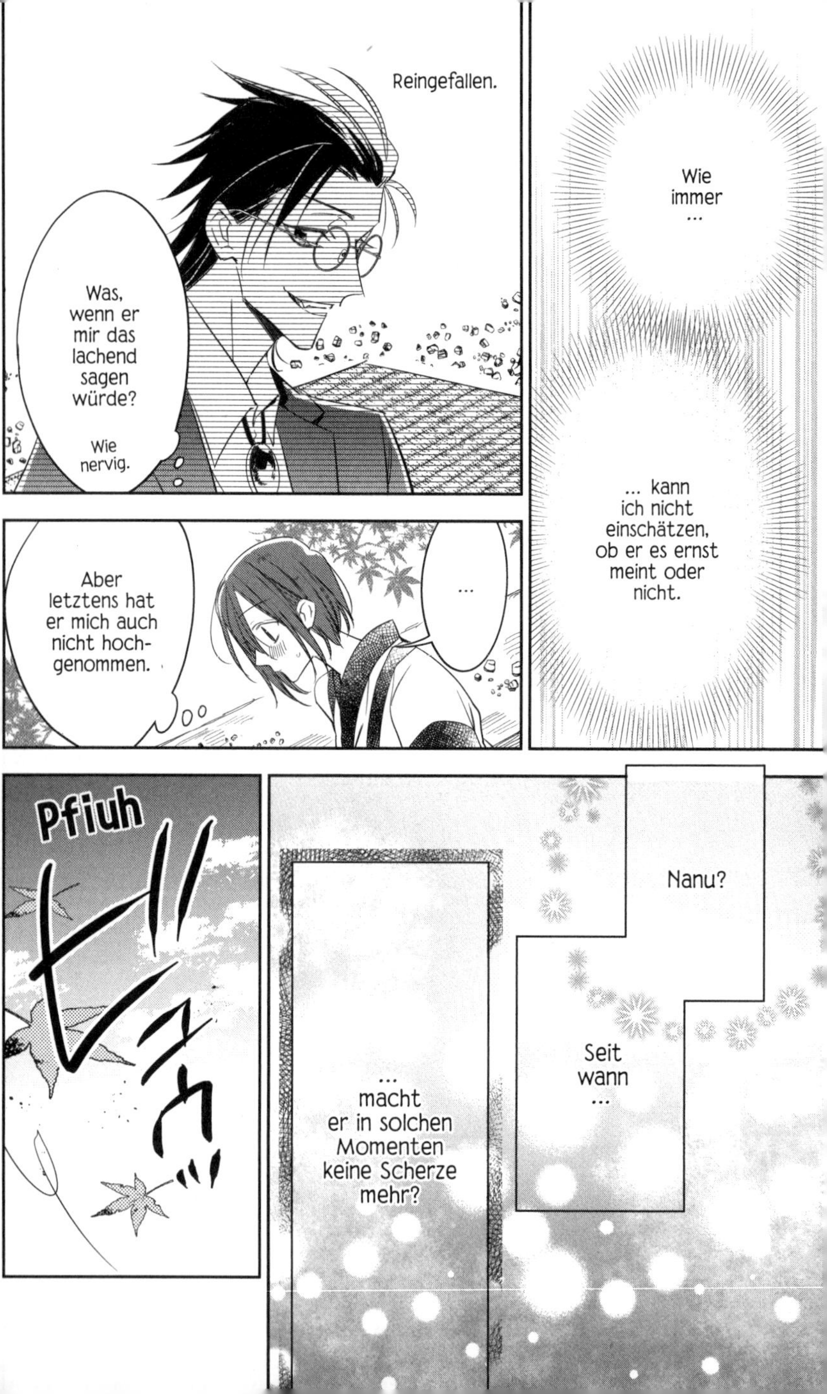

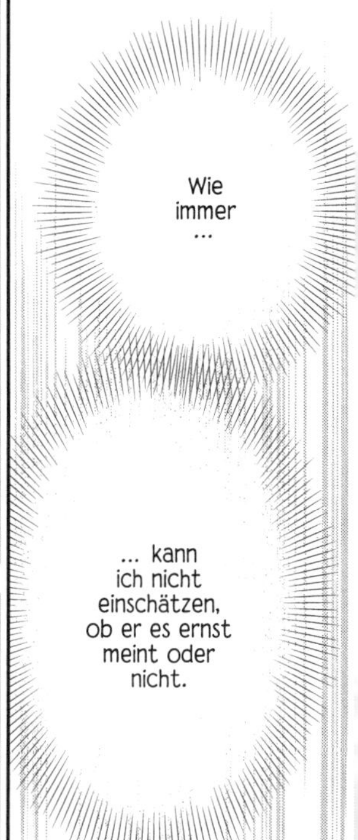

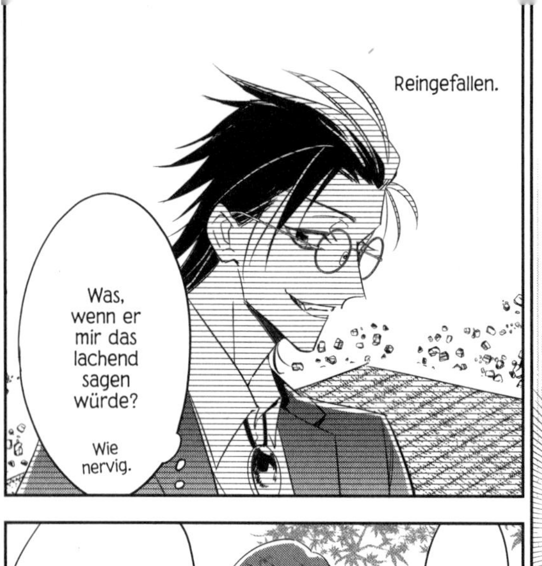

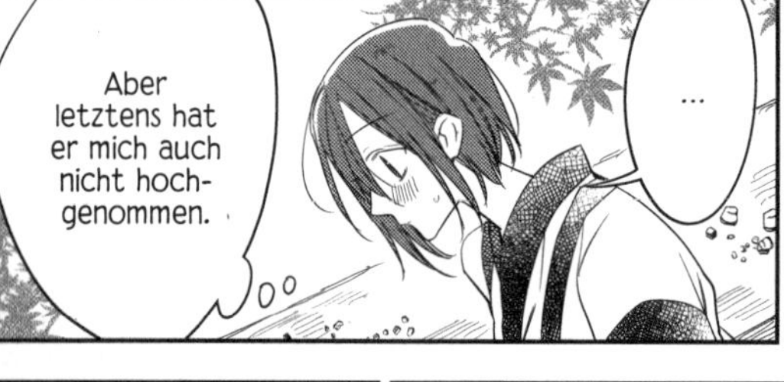

Nanu?

Seit wann ...

... macht er in solchen Momenten keine Scherze mehr?

Pfiuh

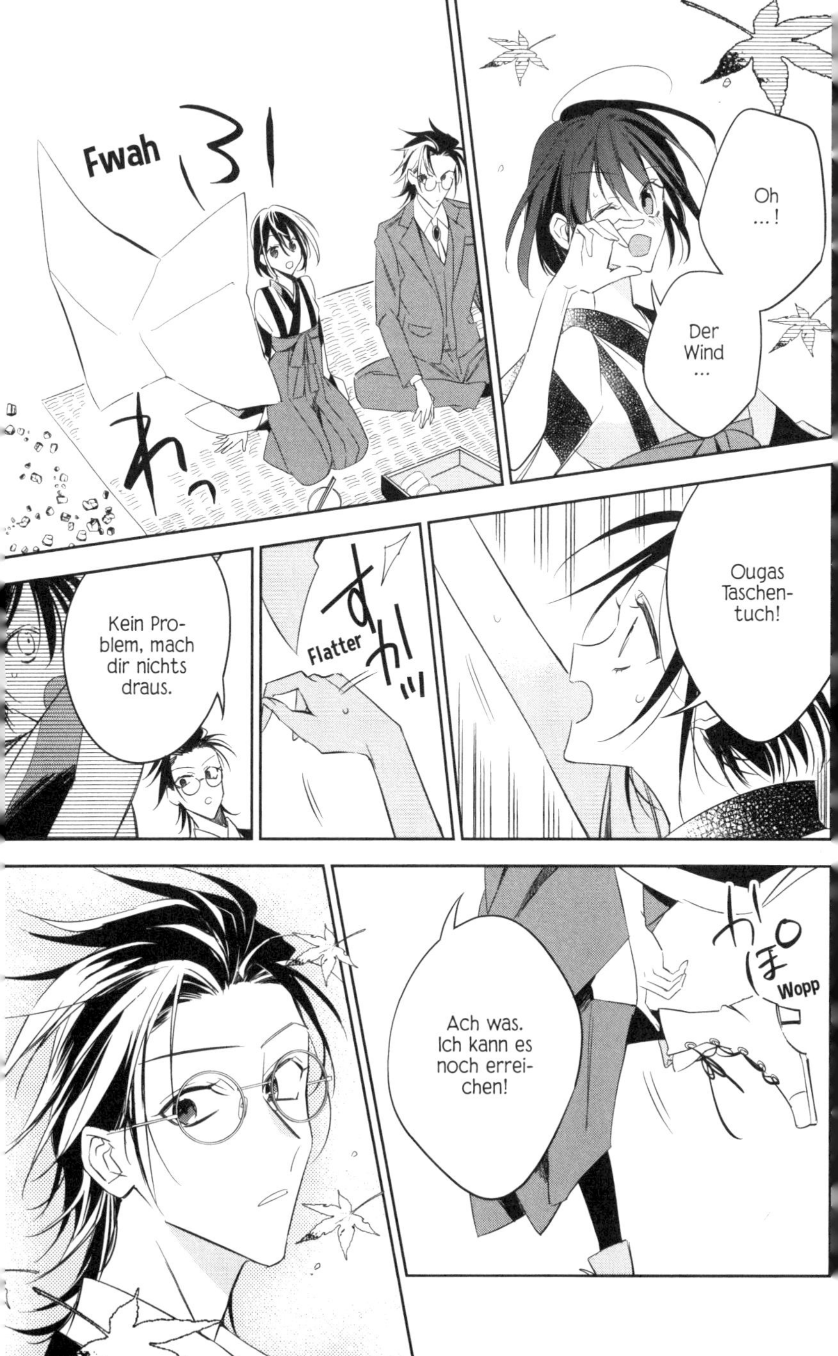
Oh …!
Der Wind …
Fwah
Ougas Taschen-tuch!
Flatter
Kein Pro-blem, mach dir nichts draus.
Wopp
Ach was. Ich kann es noch errei-chen!

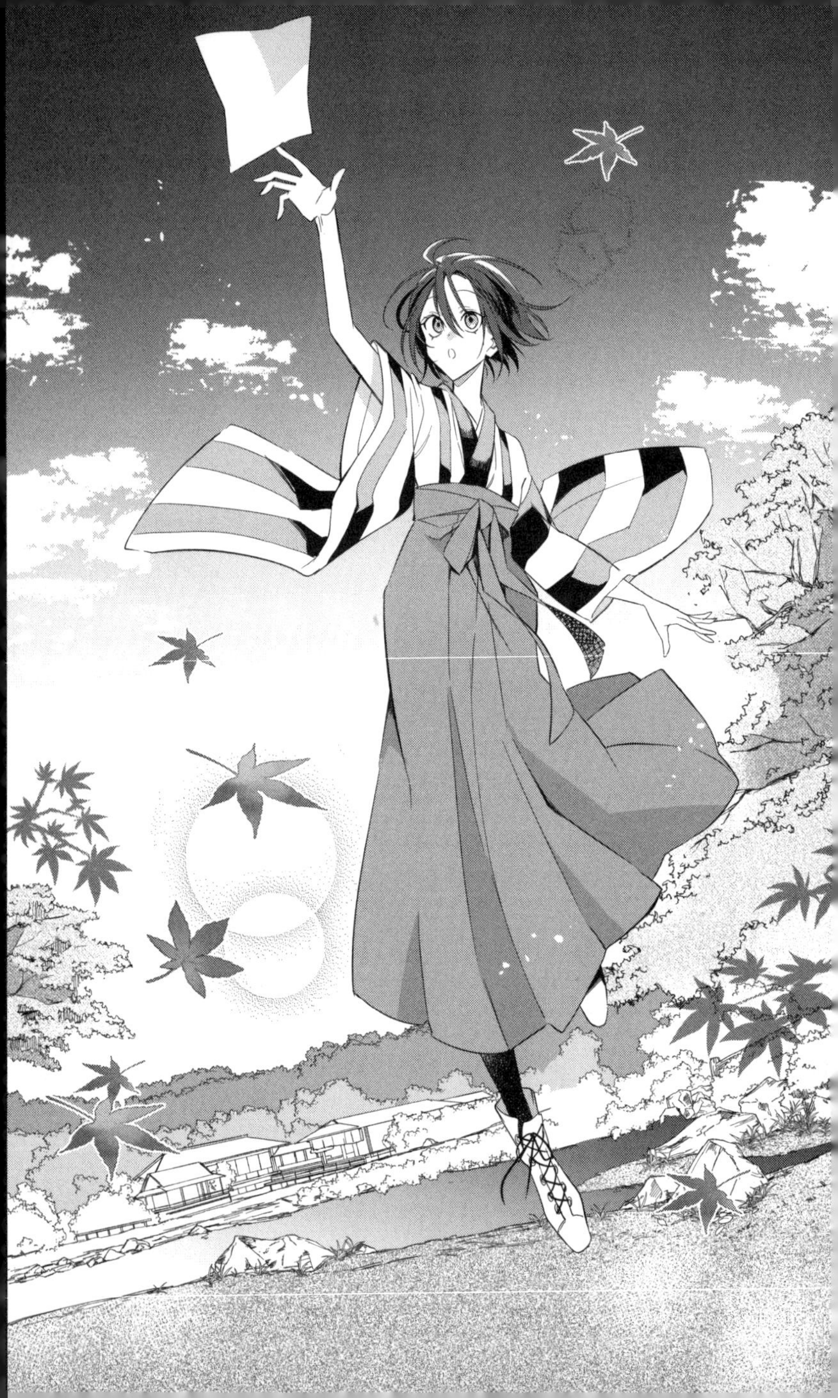

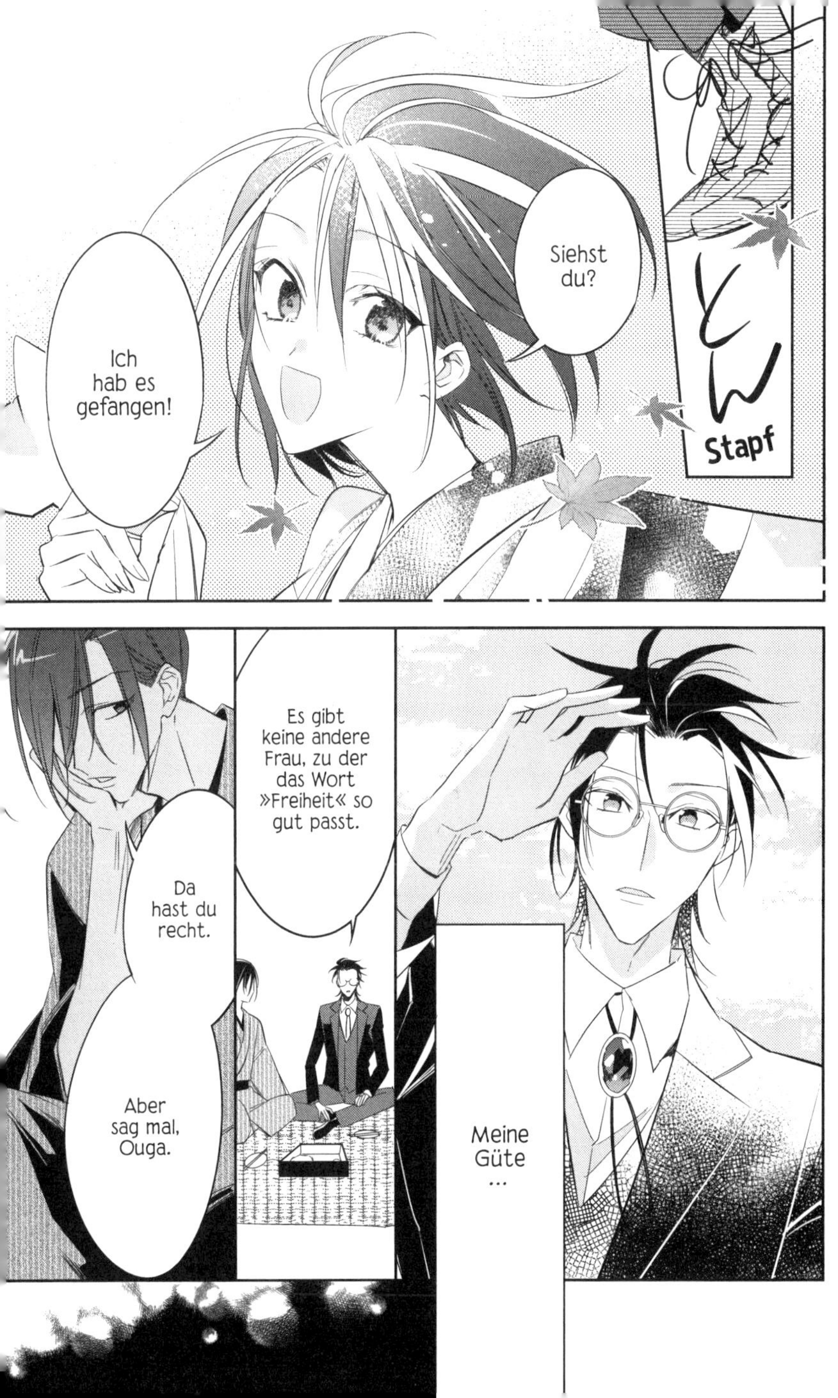

とん
Stapf

Siehst du?

Ich hab es gefangen!

Meine Güte ...

Es gibt keine andere Frau, zu der das Wort »Freiheit« so gut passt.

Da hast du recht.

Aber sag mal, Ouga.

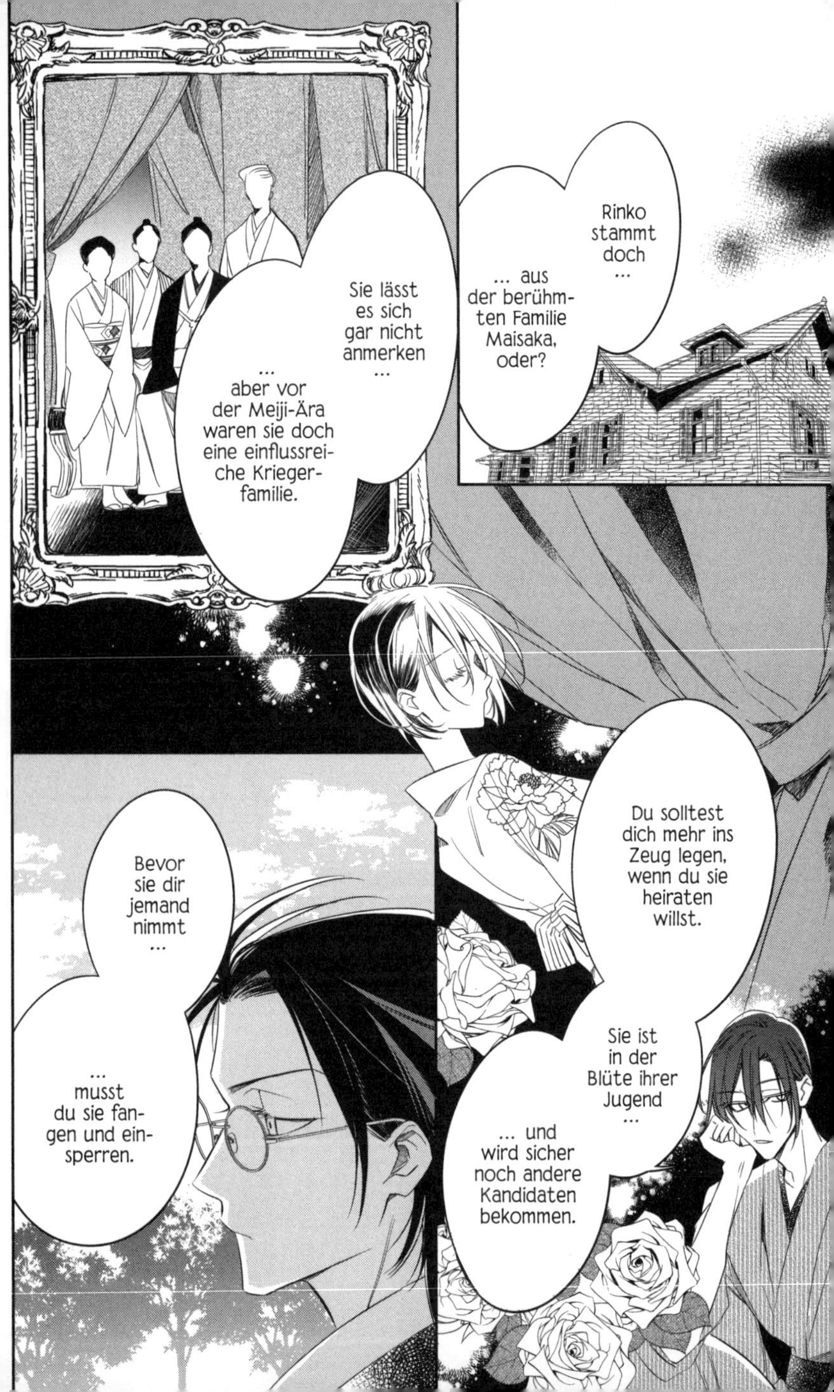
Rinko stammt doch …
… aus der berühmten Familie Maisaka, oder?
Sie lässt es sich gar nicht anmerken …
… aber vor der Meiji-Ära waren sie doch eine einflussreiche Kriegerfamilie.
Du solltest dich mehr ins Zeug legen, wenn du sie heiraten willst.
Sie ist in der Blüte ihrer Jugend …
… und wird sicher noch andere Kandidaten bekommen.
Bevor sie dir jemand nimmt …
… musst du sie fangen und einsperren.

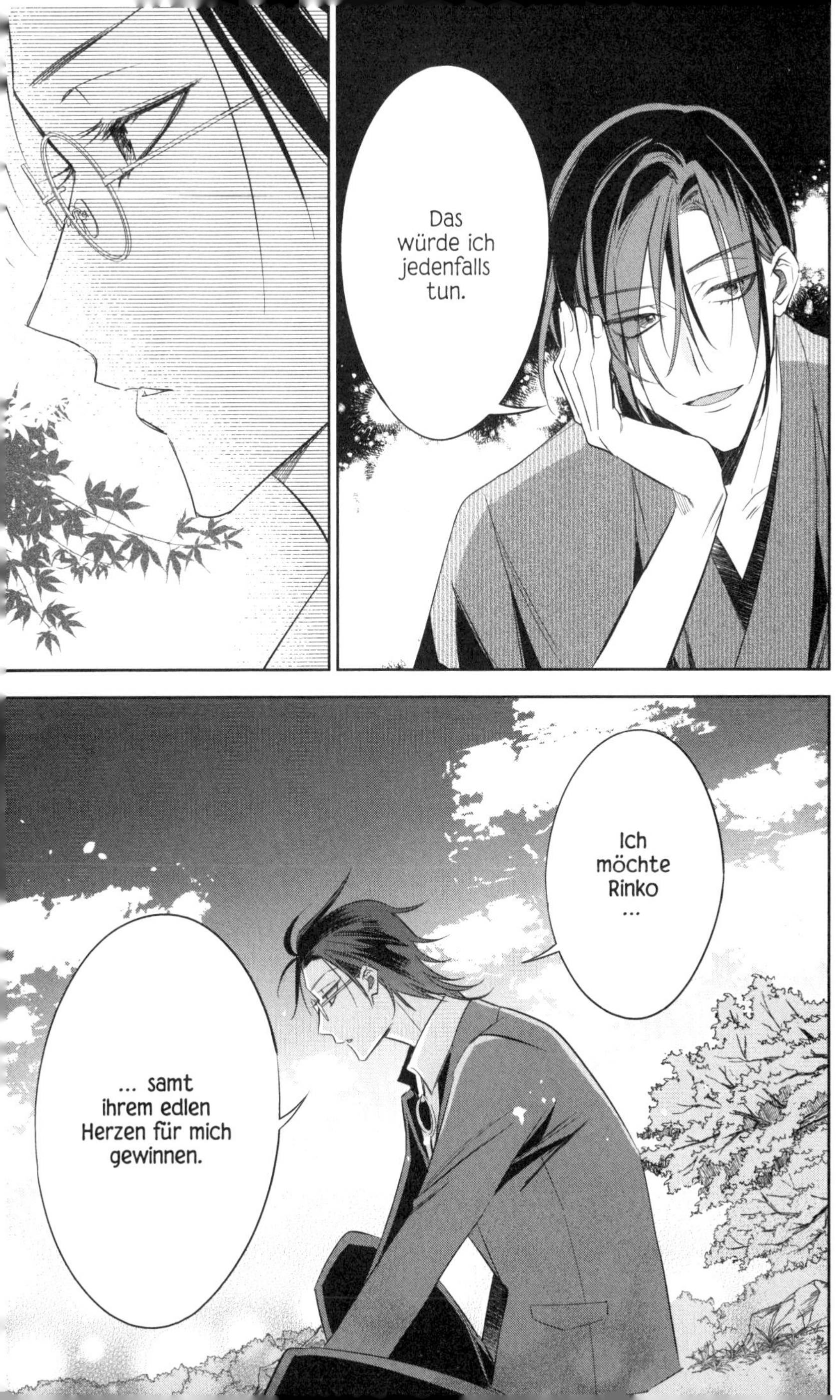

Das würde ich jedenfalls tun.
Ich möchte Rinko ...
... samt ihrem edlen Herzen für mich gewinnen.

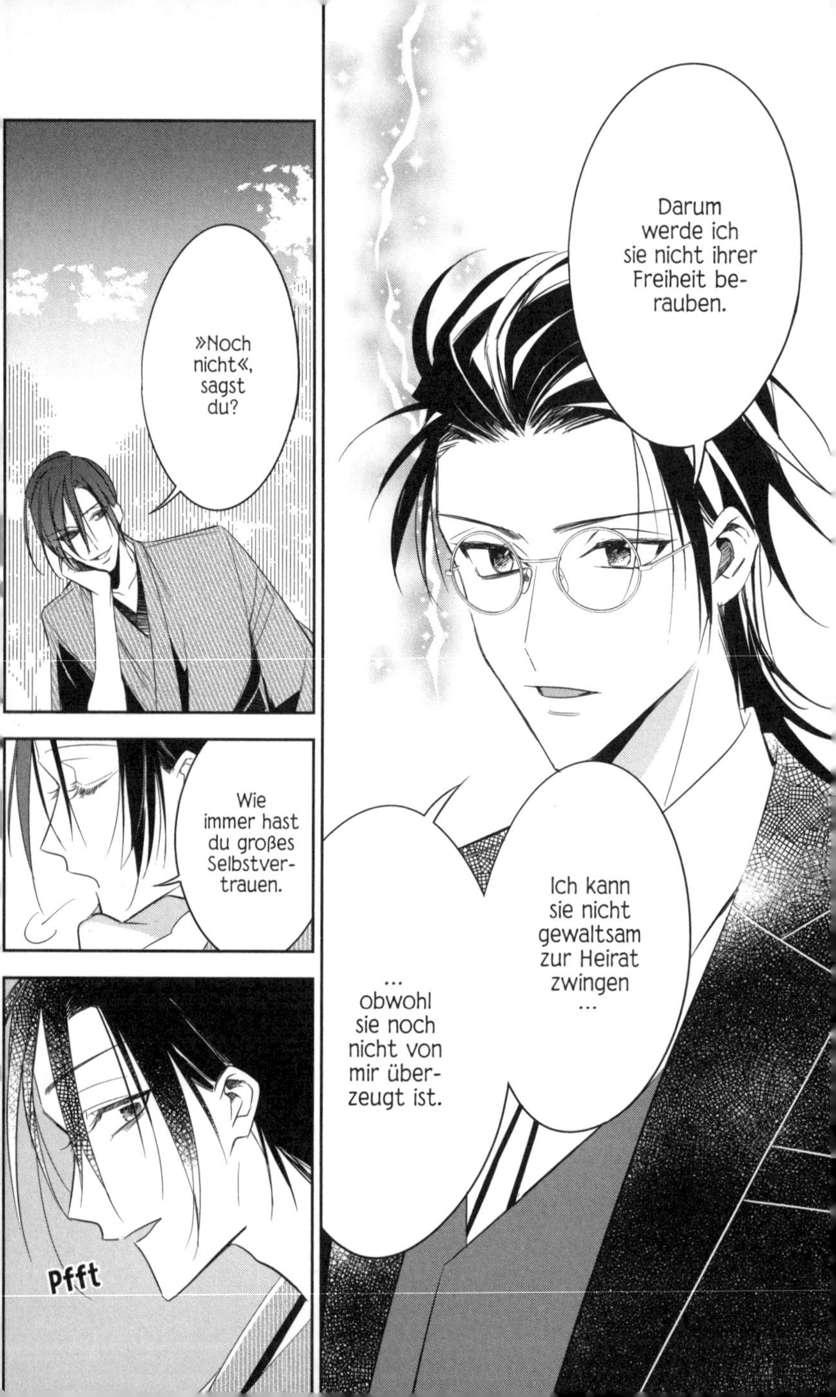

Darum werde ich sie nicht ihrer Freiheit berauben.
Ich kann sie nicht gewaltsam zur Heirat zwingen …
… obwohl sie noch nicht von mir überzeugt ist.

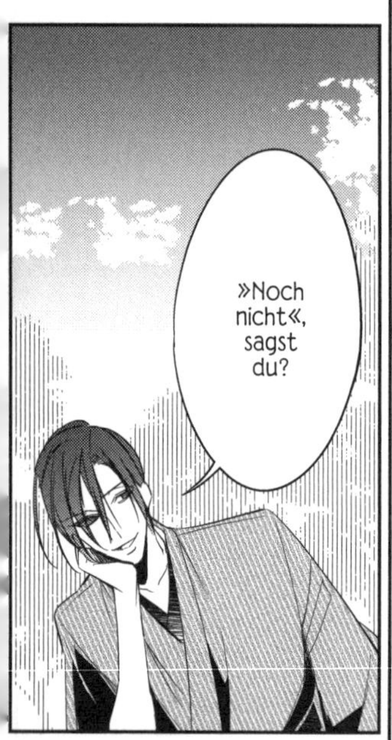

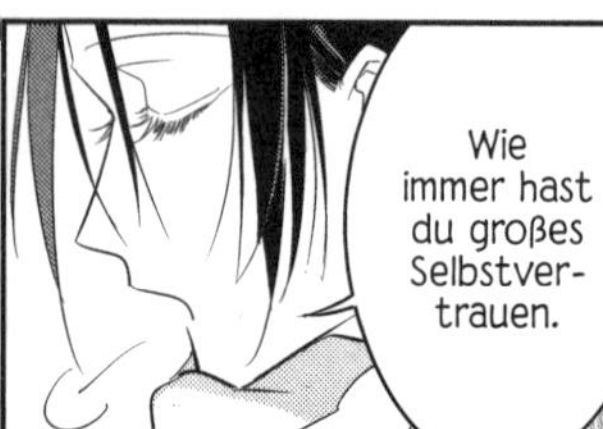

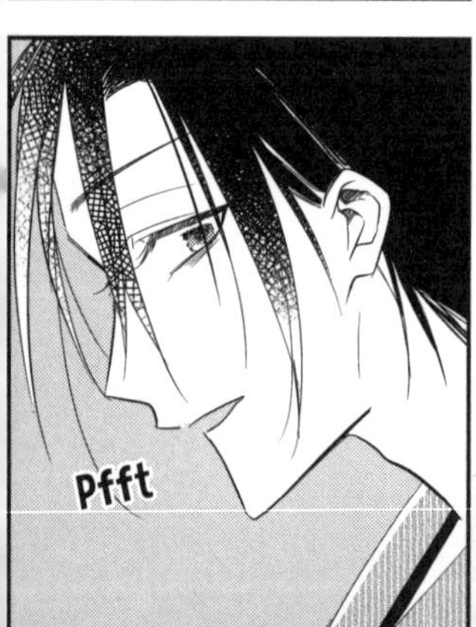

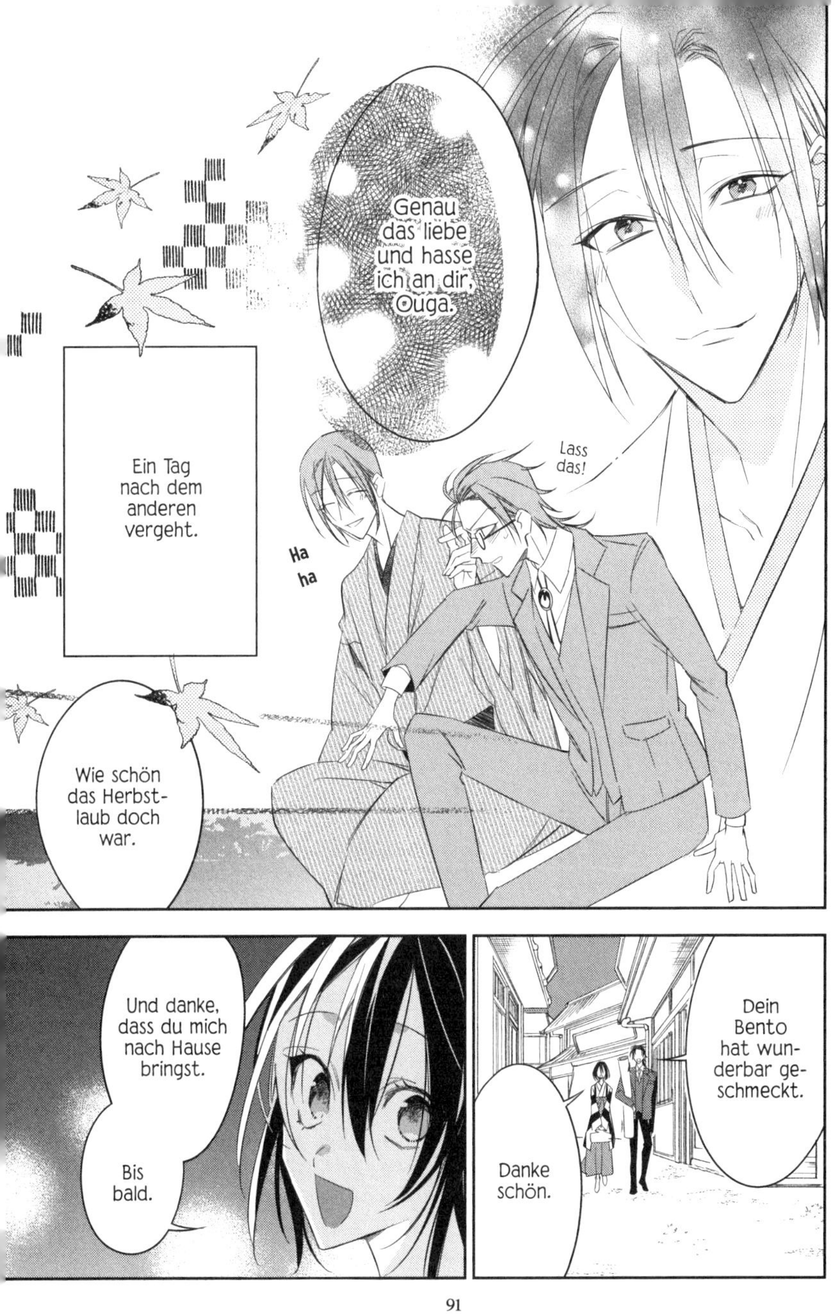

Genau das liebe und hasse ich an dir, Ouga.

Lass das!

Ha ha

Ein Tag nach dem anderen vergeht.

Wie schön das Herbstlaub doch war.

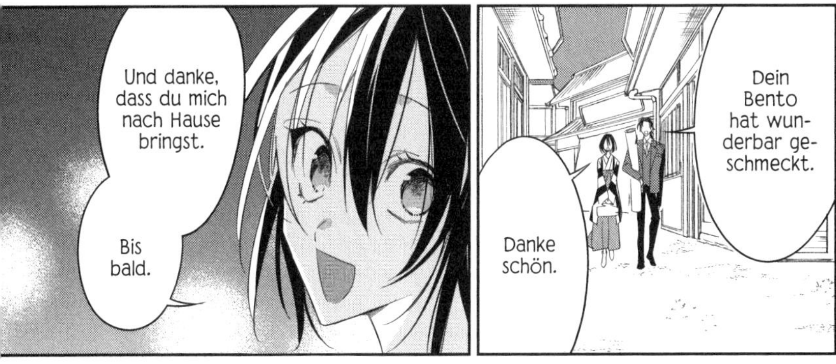

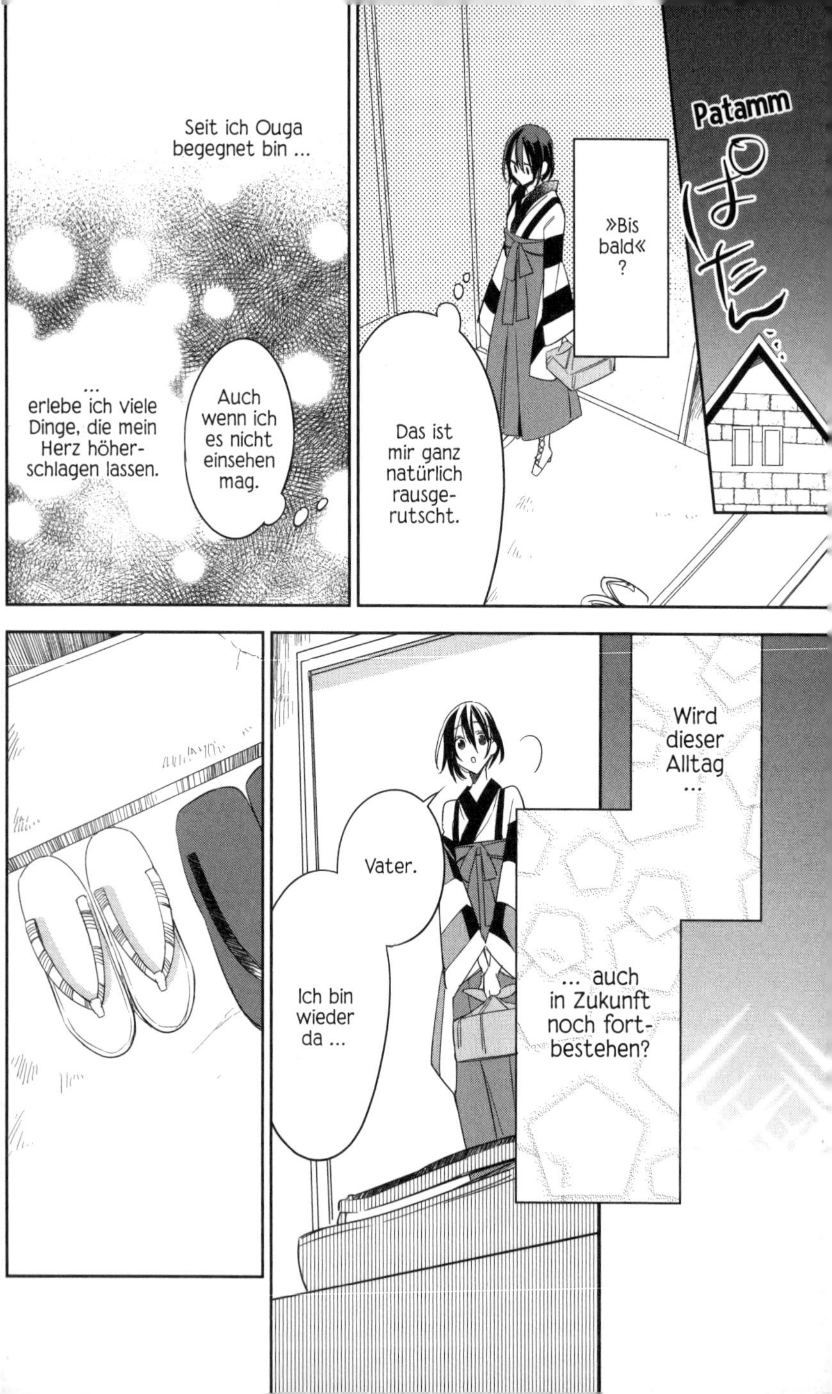

Patamm

»Bis bald« ?

Das ist mir ganz natürlich rausgerutscht.

Seit ich Ouga begegnet bin ...

... erlebe ich viele Dinge, die mein Herz höherschlagen lassen.

Auch wenn ich es nicht einsehen mag.

Wird dieser Alltag ...

... auch in Zukunft noch fortbestehen?

Vater.

Ich bin wieder da ...

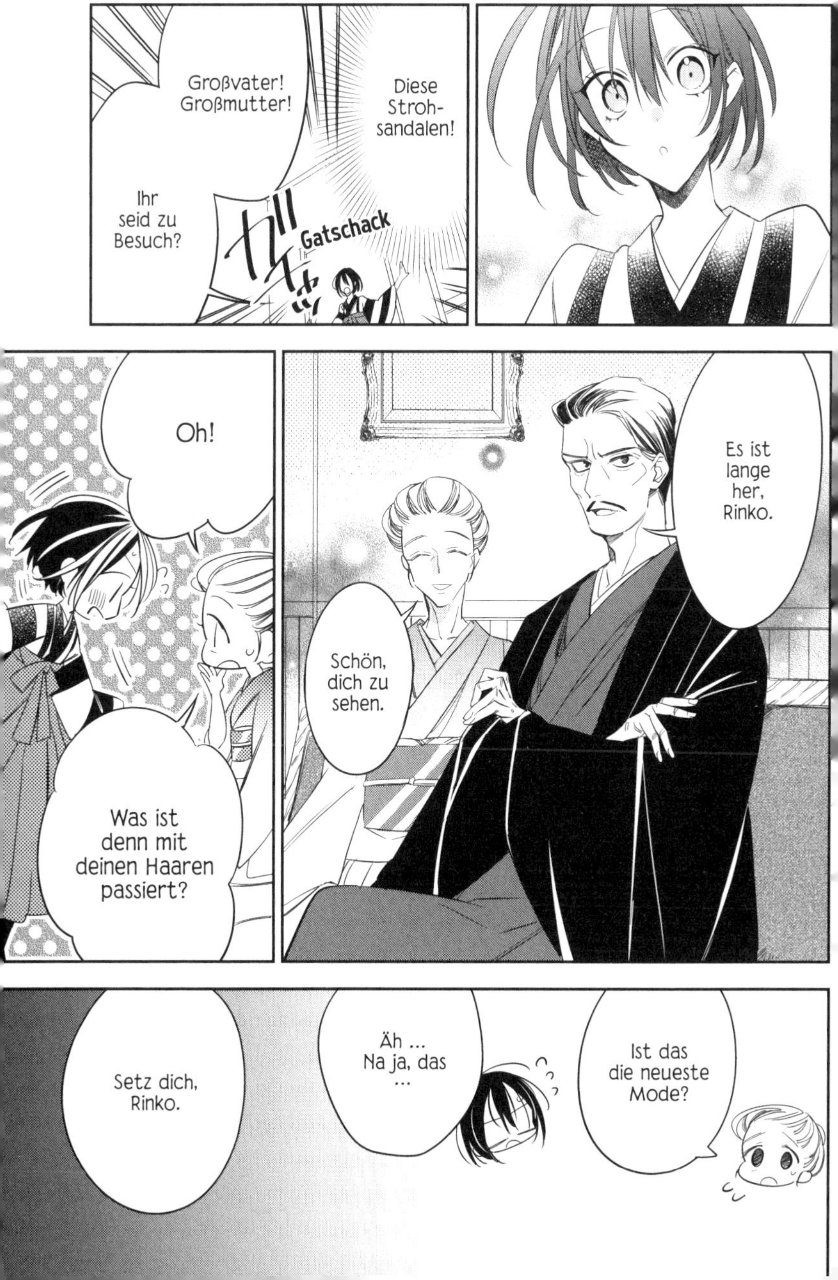

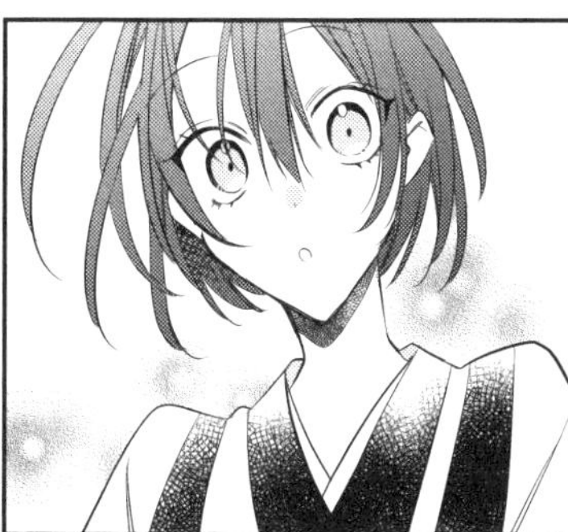

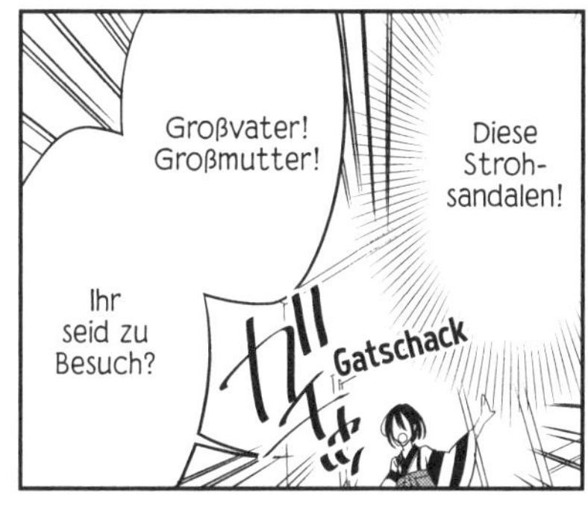

Es ist lange her, Rinko.

Schön, dich zu sehen.

Oh!

Was ist denn mit deinen Haaren passiert?

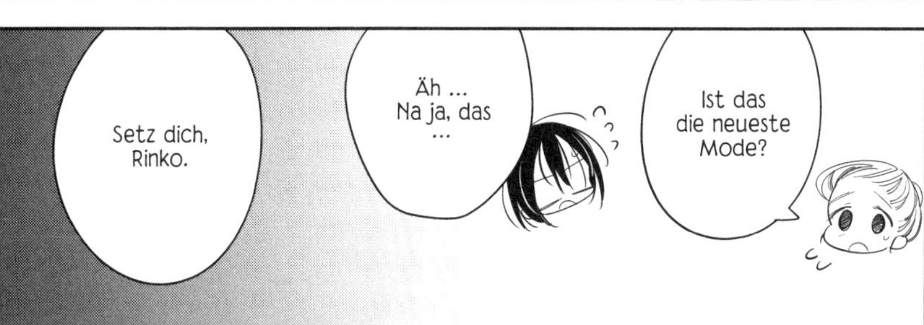

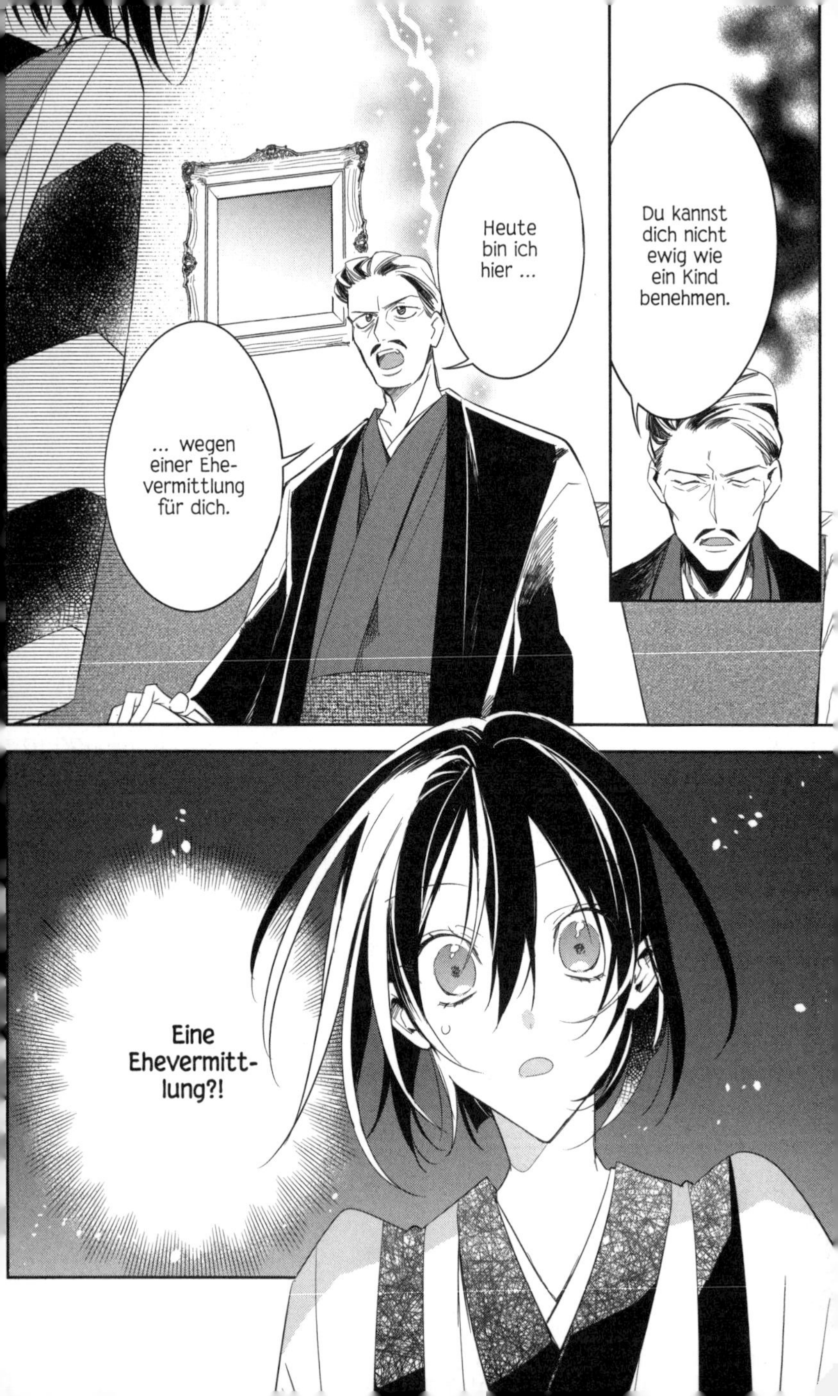
Du kannst dich nicht ewig wie ein Kind benehmen.
Heute bin ich hier ...
... wegen einer Ehevermittlung für dich.
Eine Ehevermittlung?!

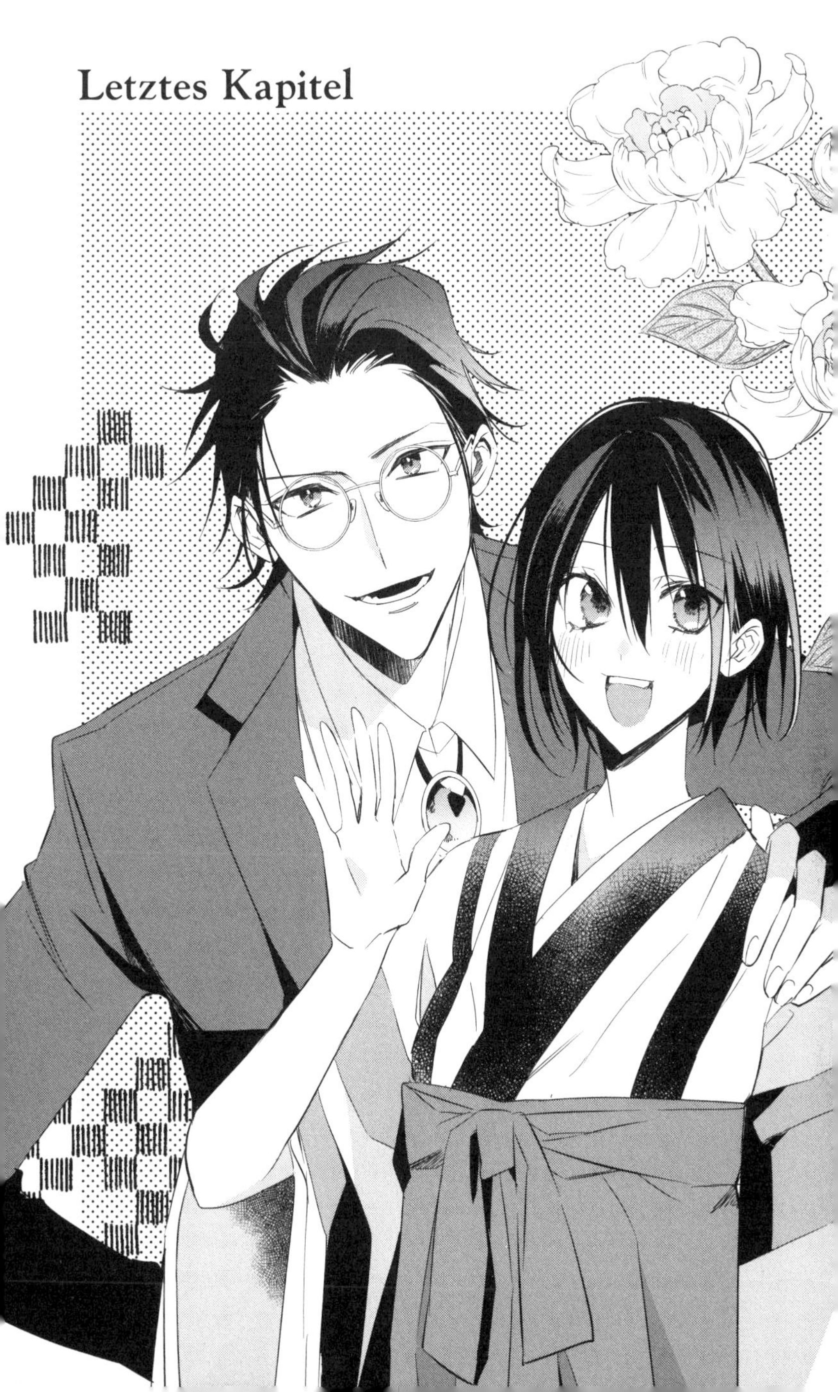
Letztes Kapitel

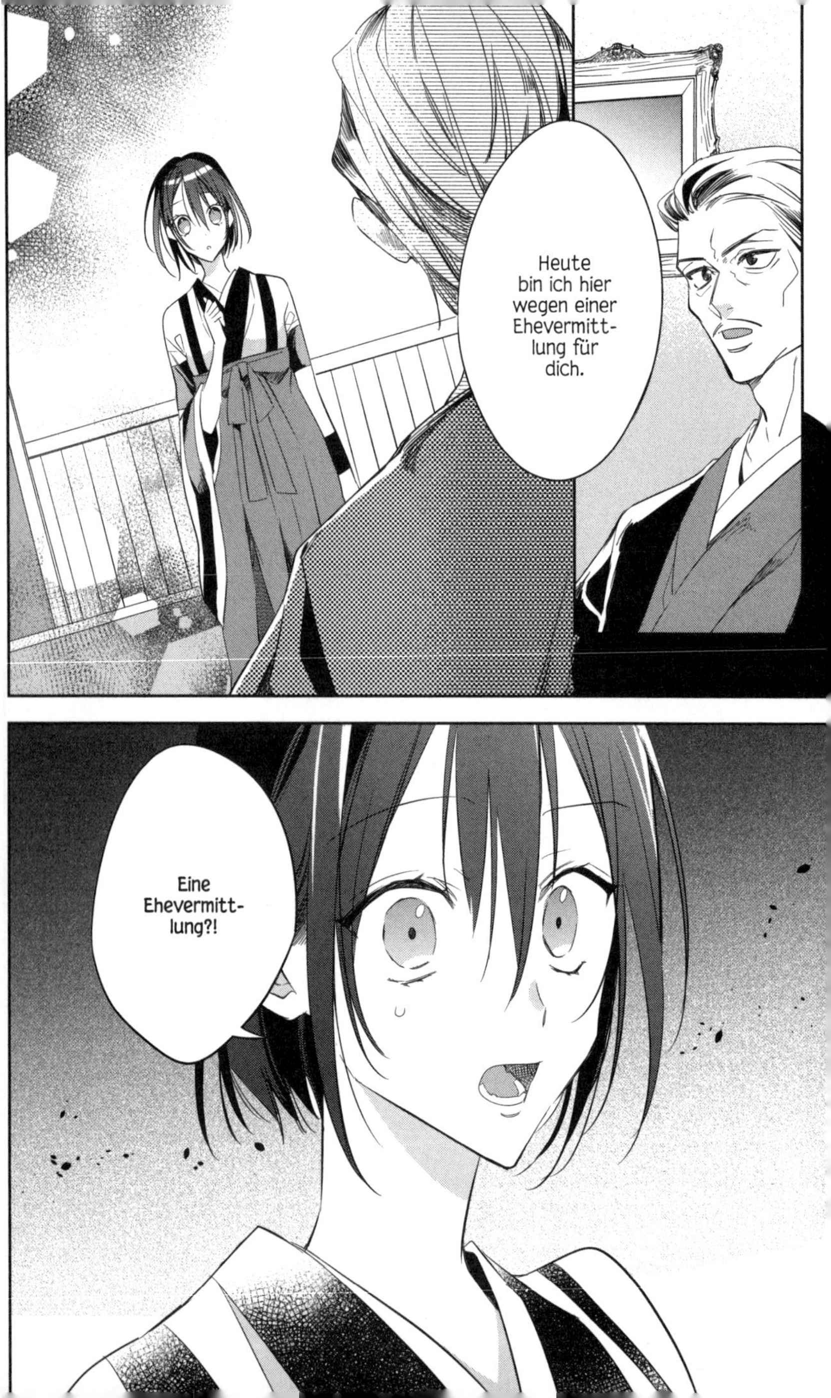

Heute bin ich hier wegen einer Ehevermittlung für dich.

Eine Ehevermittlung?!

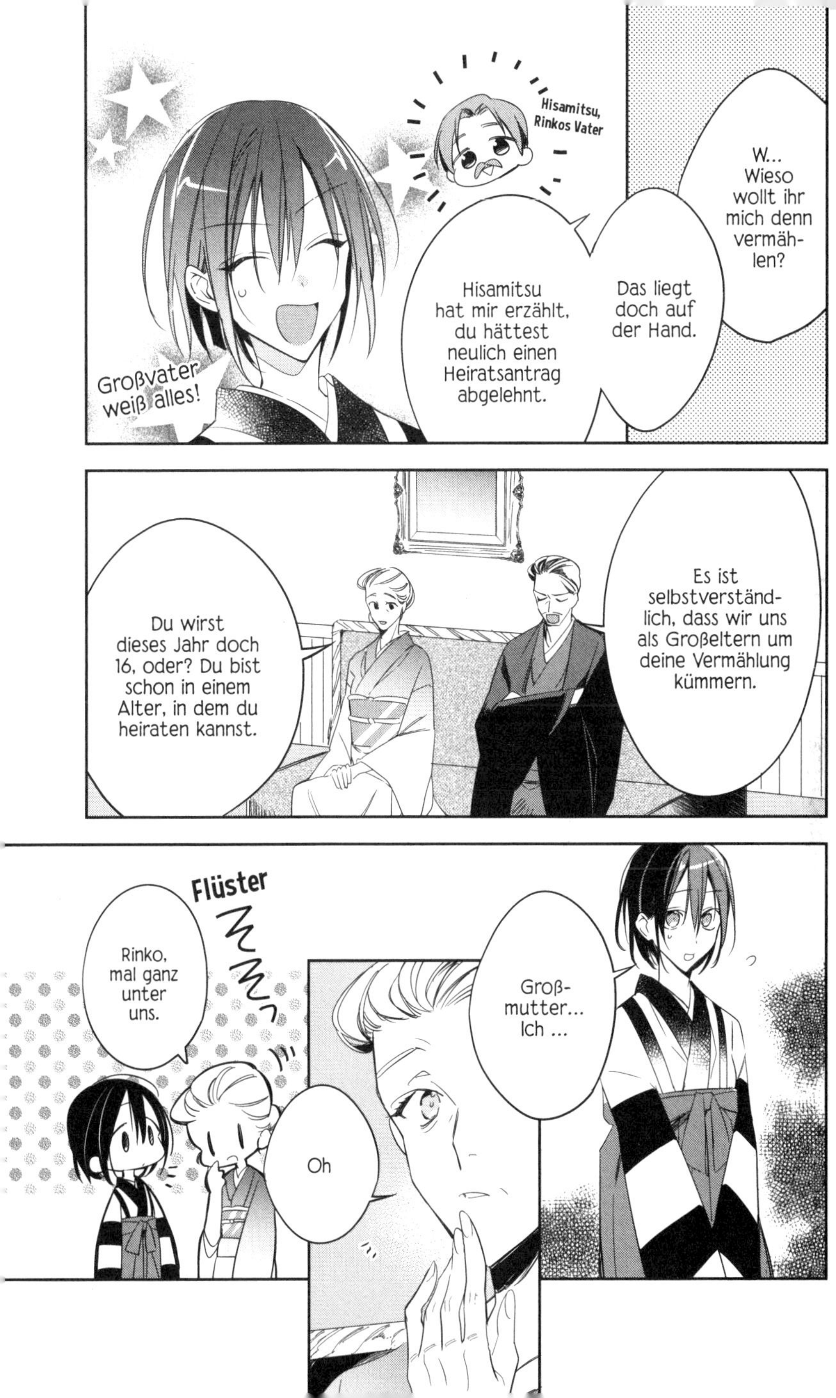

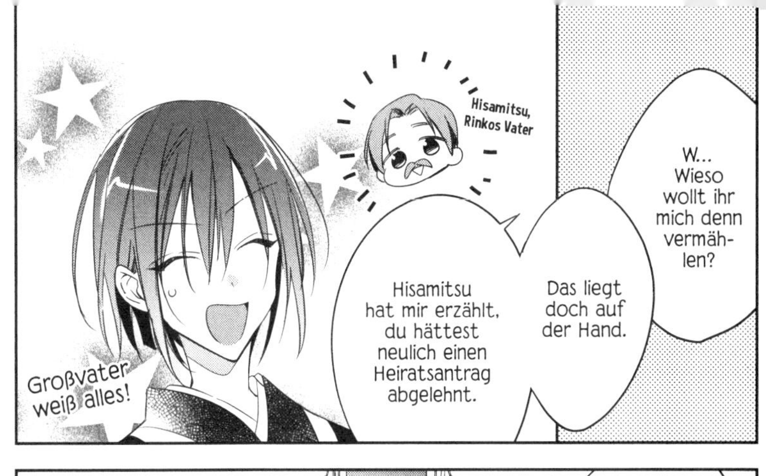

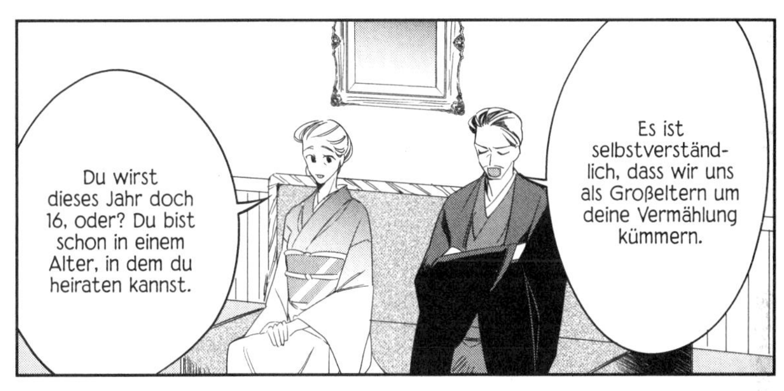

Großmutter... Ich ...

Oh

Flüster

Rinko, mal ganz unter uns.

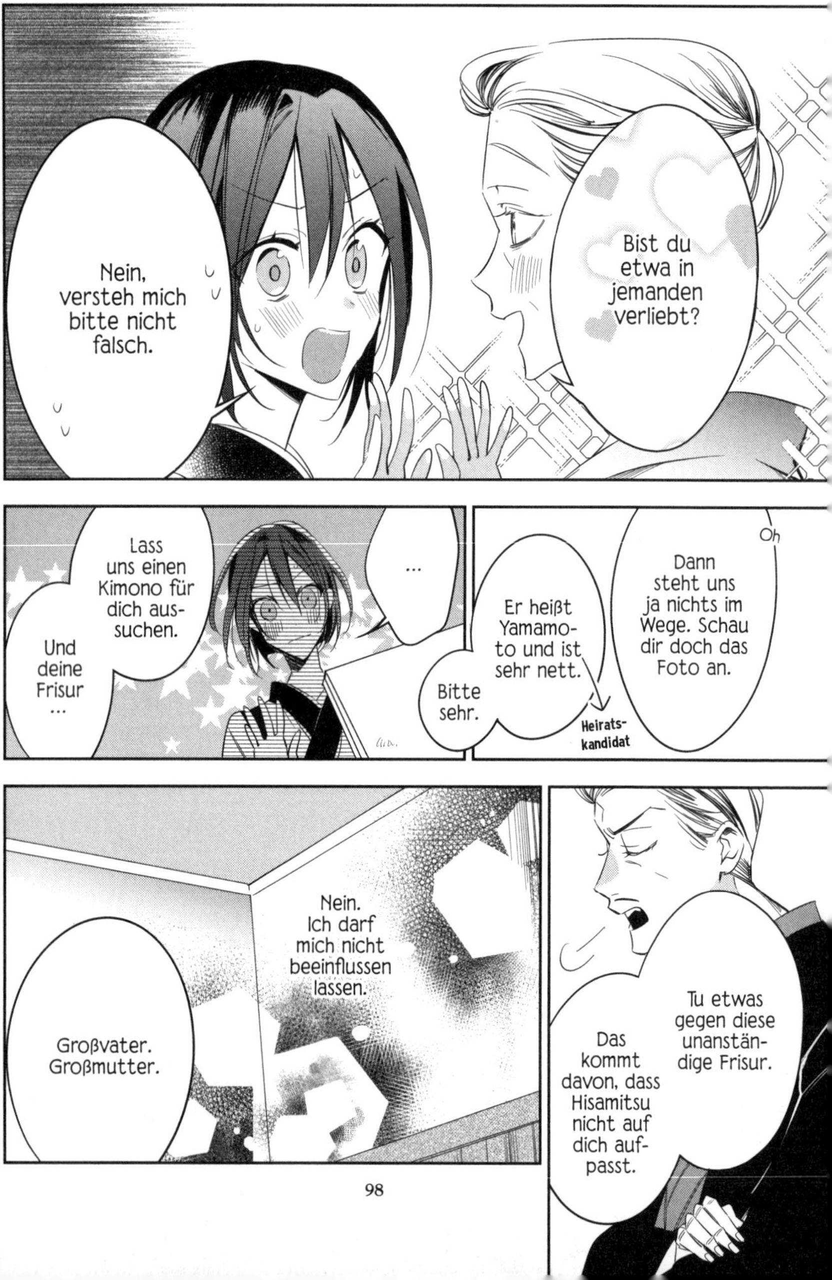

Bist du etwa in jemanden verliebt?

Nein, versteh mich bitte nicht falsch.

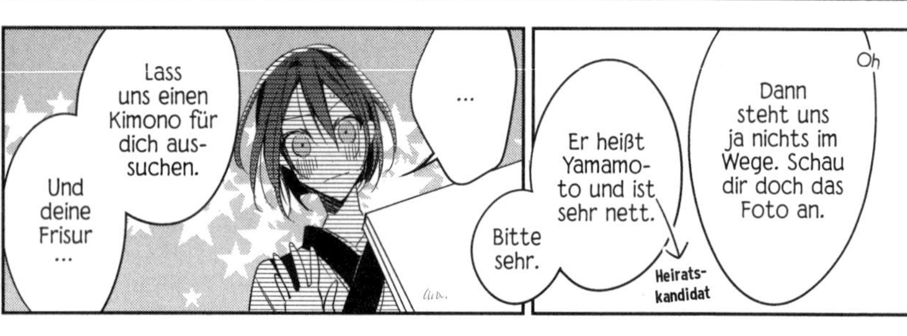

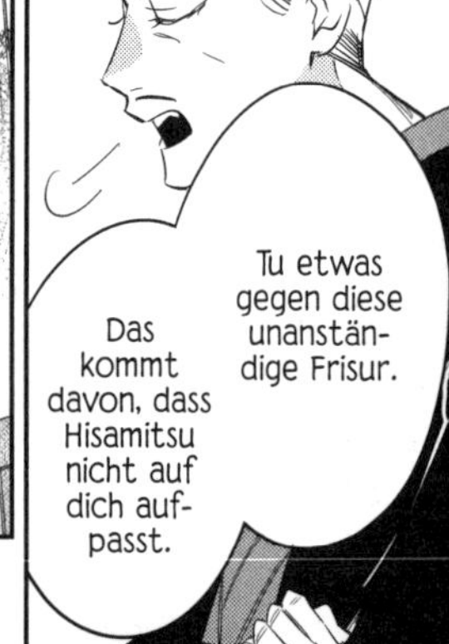

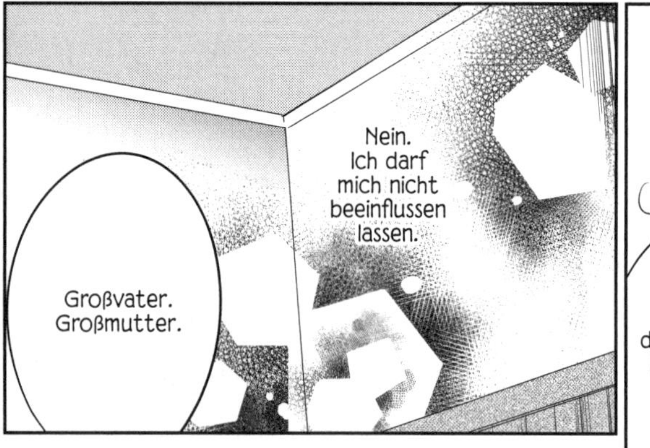

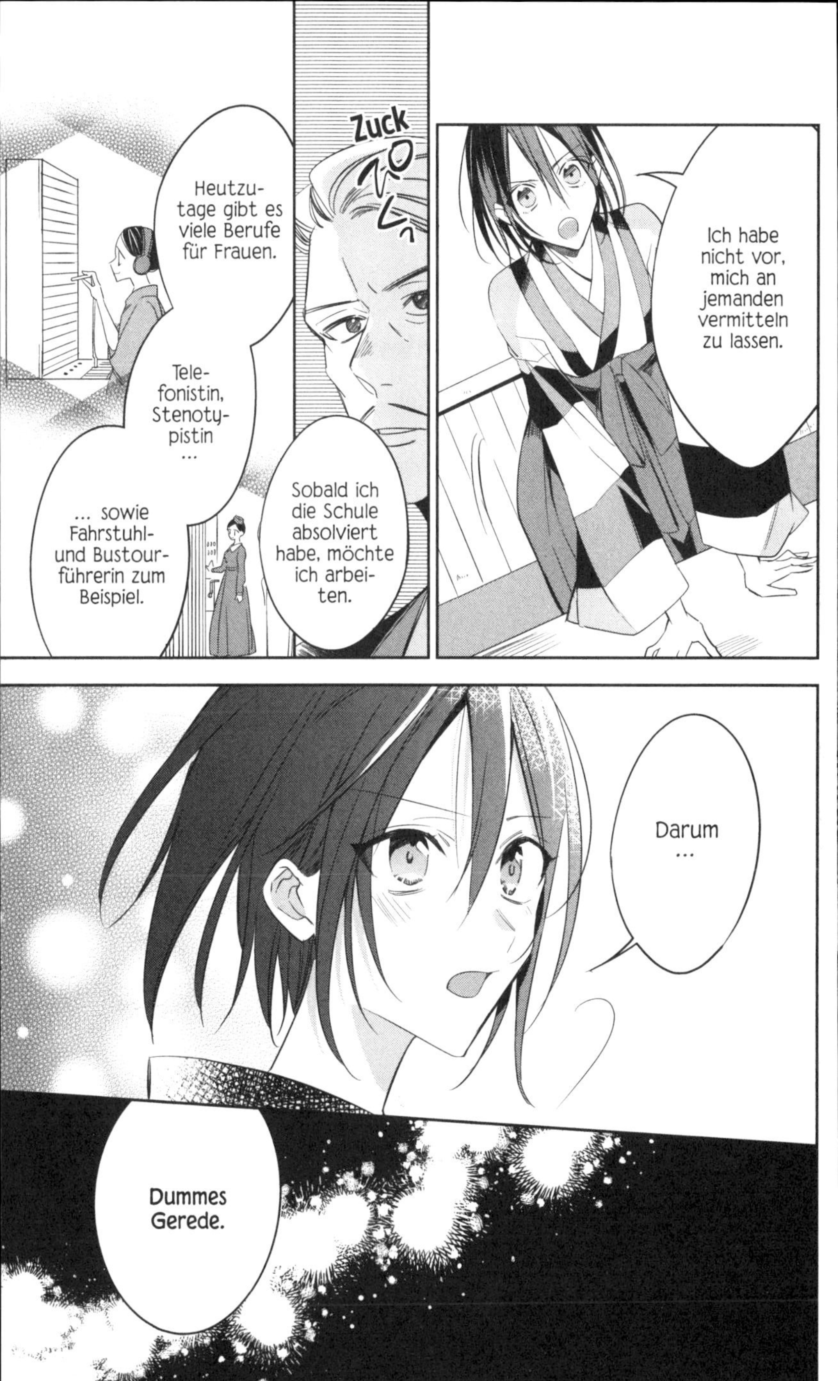

Ich habe nicht vor, mich an jemanden vermitteln zu lassen.

Zuck

Sobald ich die Schule absolviert habe, möchte ich arbeiten.

Heutzutage gibt es viele Berufe für Frauen.

Telefonistin, Stenotypistin ...

... sowie Fahrstuhl- und Bustourführerin zum Beispiel.

Darum ...

Dummes Gerede.

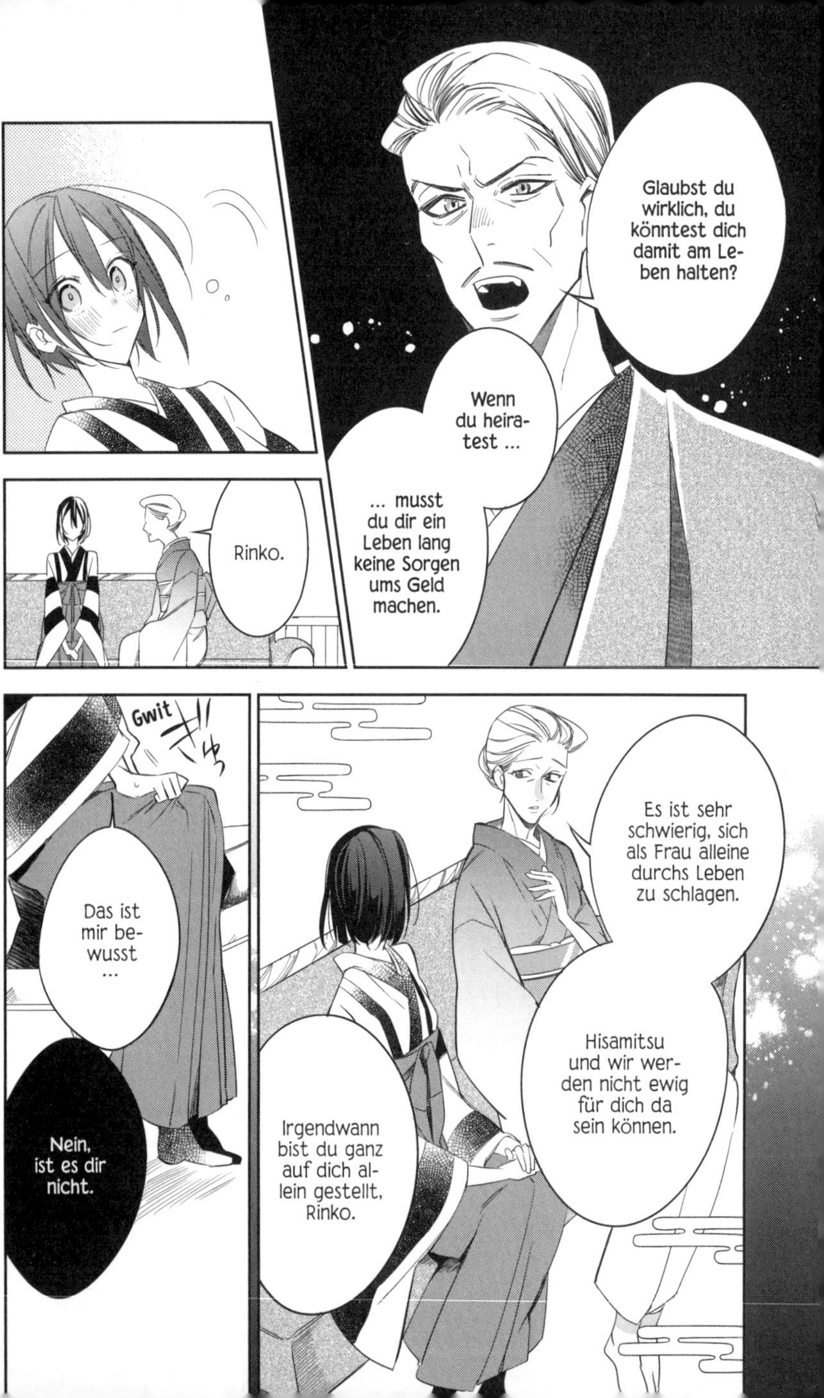

Glaubst du wirklich, du könntest dich damit am Leben halten?

Wenn du heiratest ...

... musst du dir ein Leben lang keine Sorgen ums Geld machen.

Rinko.

Es ist sehr schwierig, sich als Frau alleine durchs Leben zu schlagen.

Hisamitsu und wir werden nicht ewig für dich da sein können.

Irgendwann bist du ganz auf dich allein gestellt, Rinko.

Gwit

Das ist mir bewusst ...

Nein, ist es dir nicht.

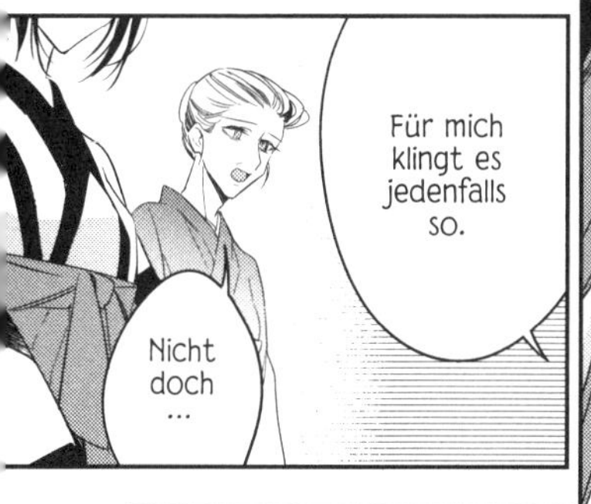
Für mich klingt es jedenfalls so.
Nicht doch ...
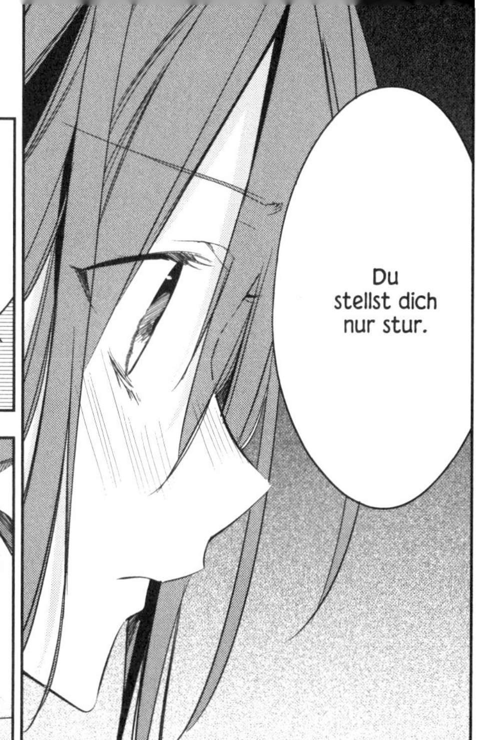
Du stellst dich nur stur.
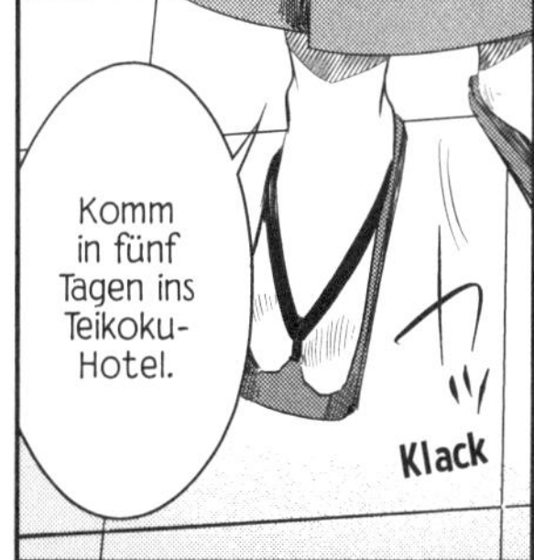
Komm in fünf Tagen ins Teikoku-Hotel.
Klack
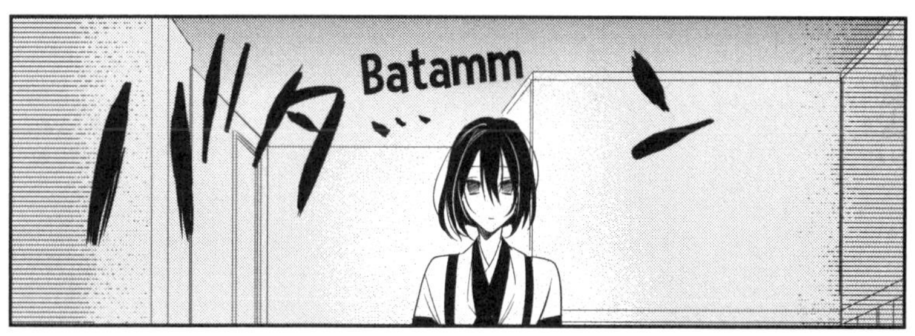
Batamm
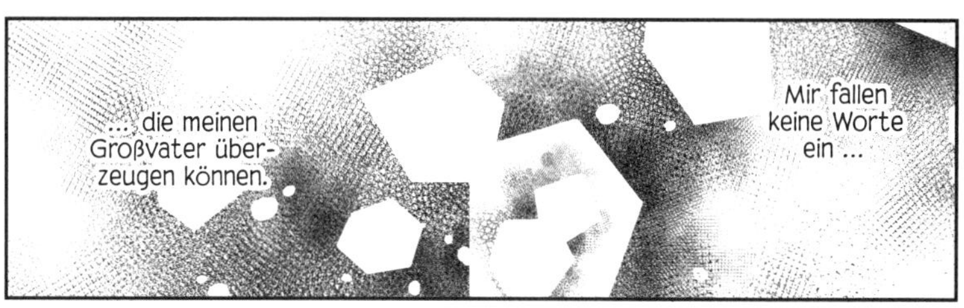
Mir fallen keine Worte ein ...
... die meinen Großvater über-zeugen können.

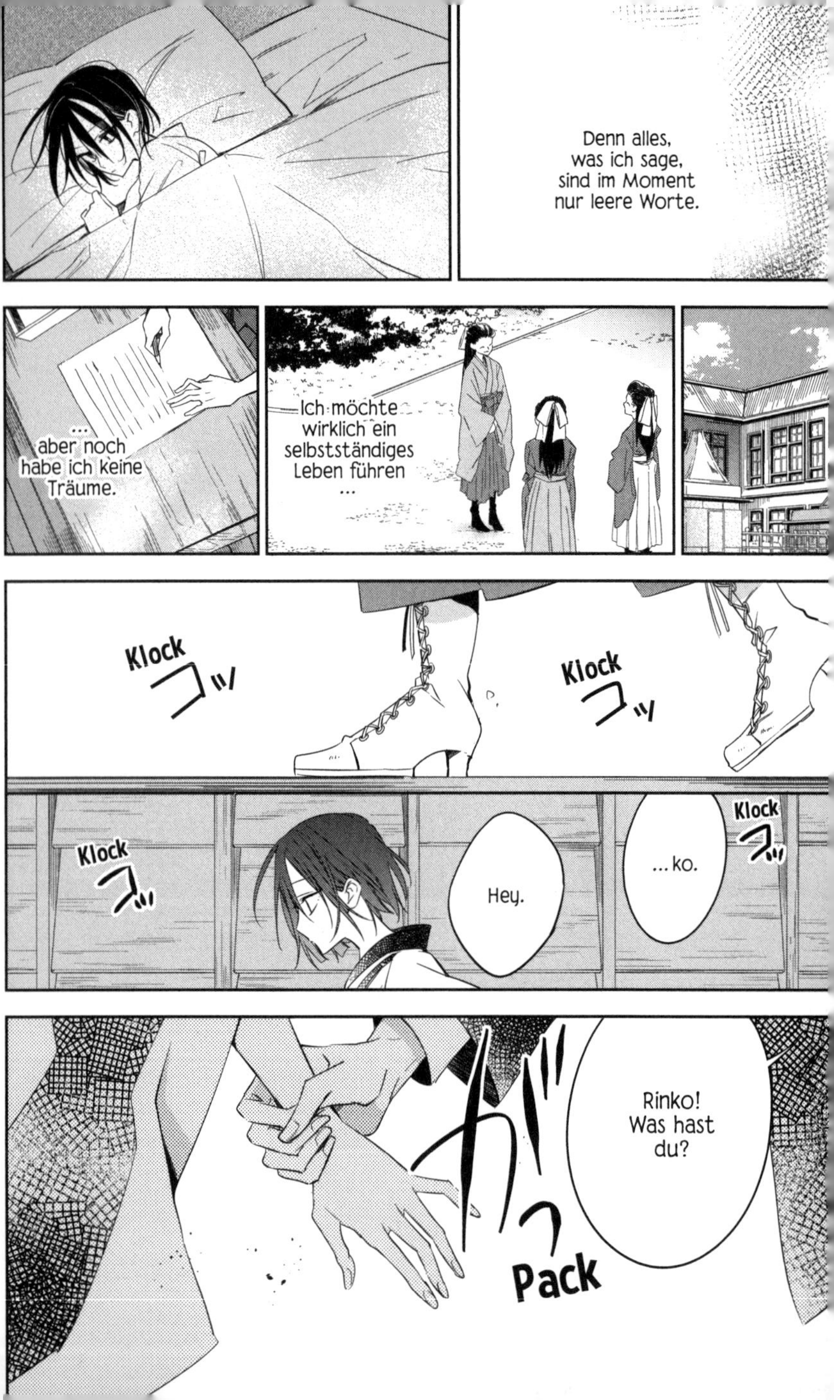

Denn alles, was ich sage, sind im Moment nur leere Worte.

Ich möchte wirklich ein selbstständiges Leben führen ...

... aber noch habe ich keine Träume.

Klock

Klock

Klock

...ko.

Hey.

Klock

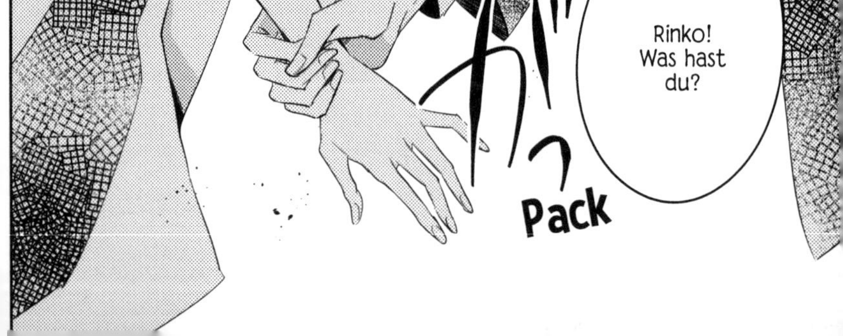

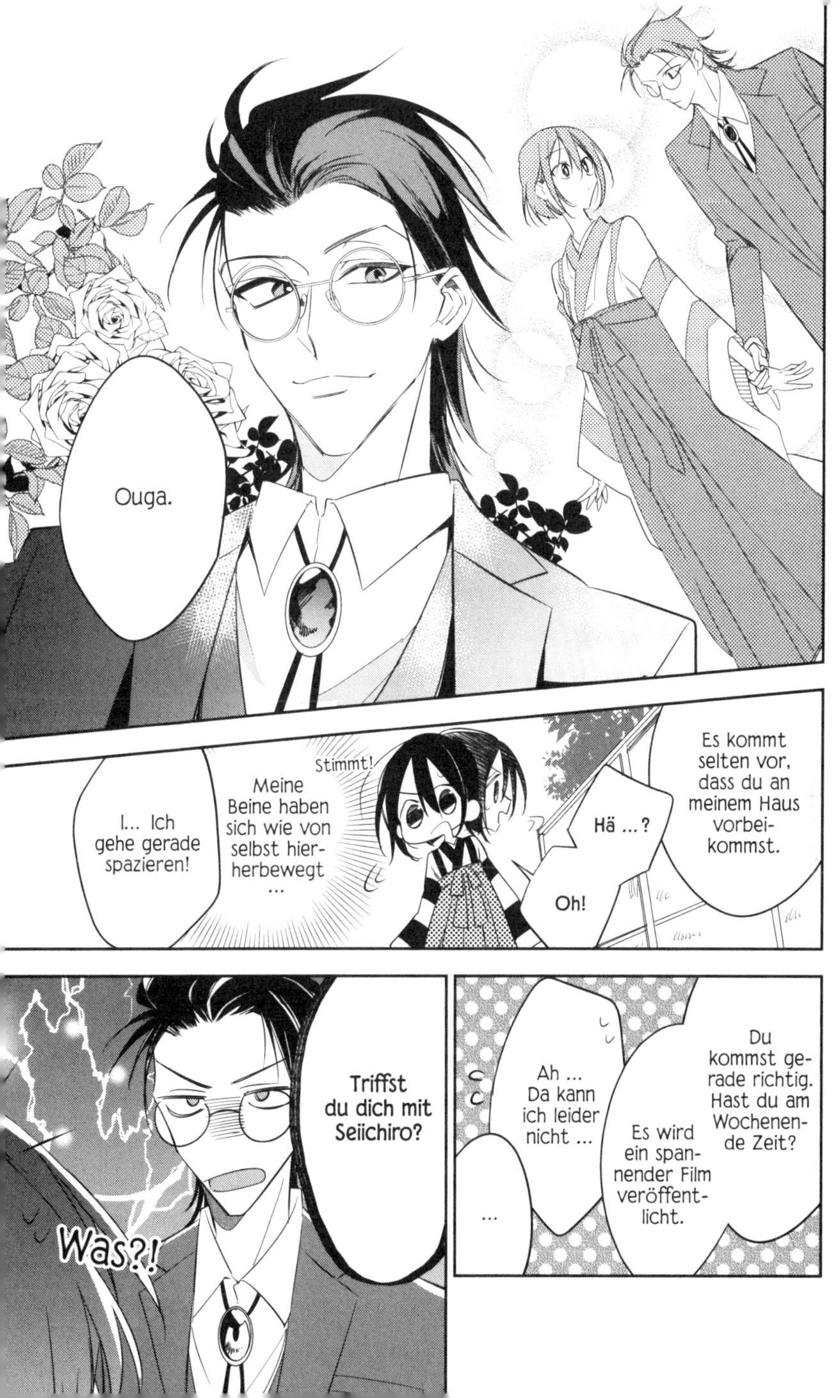

Ouga.

Es kommt selten vor, dass du an meinem Haus vorbeikommst.
Hä ...?
Oh!
Stimmt!
Meine Beine haben sich wie von selbst hierherbewegt ...
I... Ich gehe gerade spazieren!

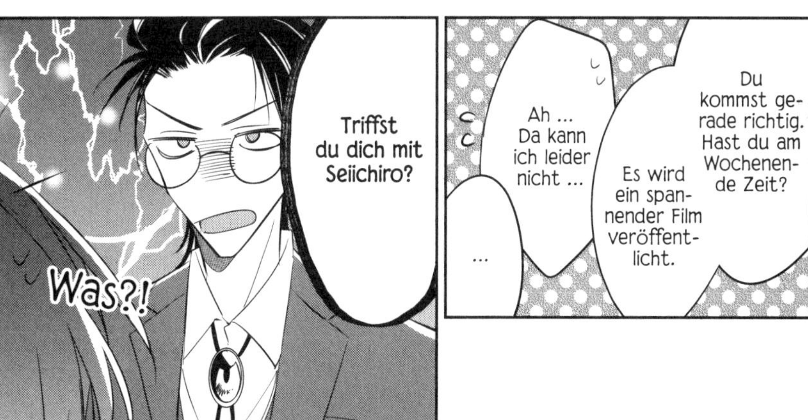

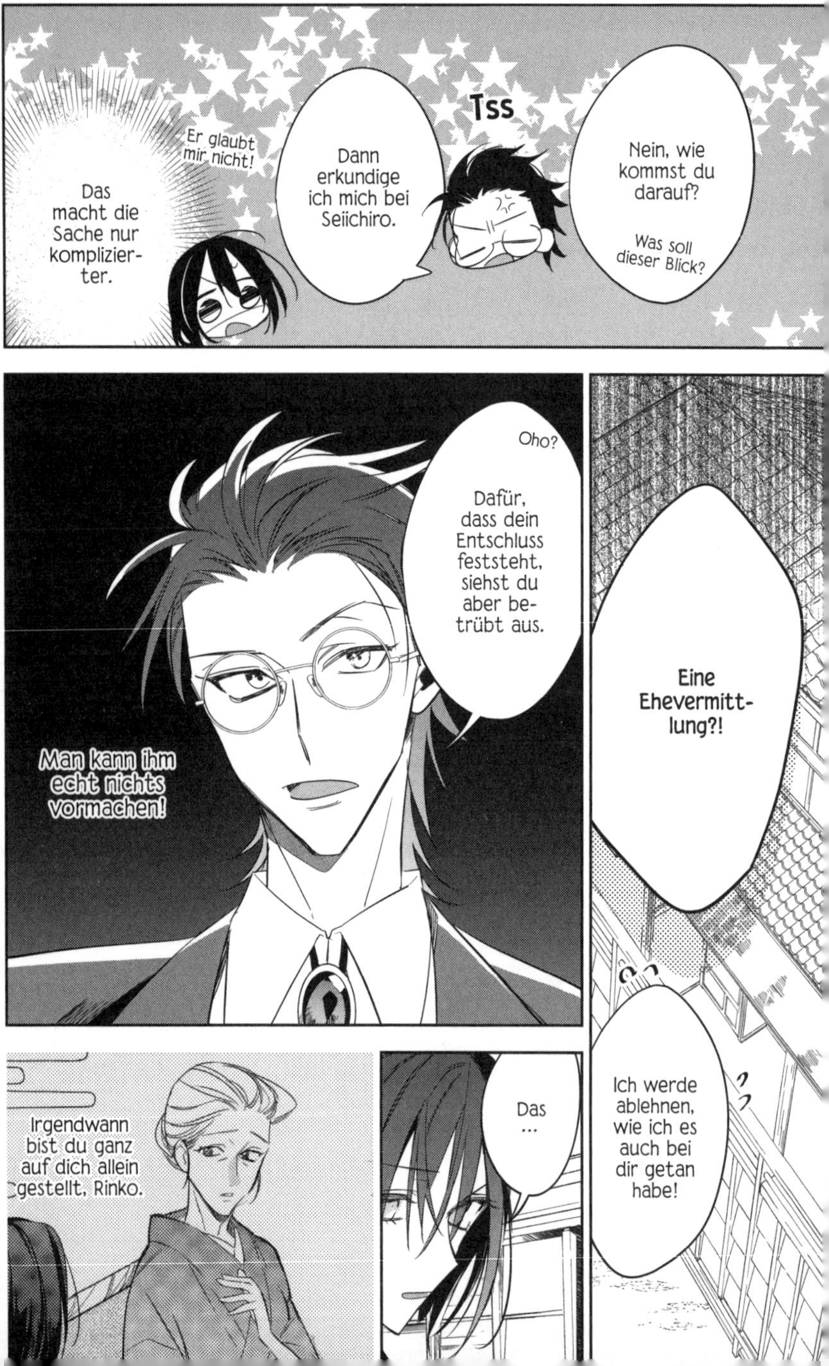

Nein, wie kommst du darauf?

Was soll dieser Blick?

Tss

Dann erkundige ich mich bei Seiichiro.

Er glaubt mir nicht!

Das macht die Sache nur komplizierter.

Eine Ehevermittlung?!

Ich werde ablehnen, wie ich es auch bei dir getan habe!

Oho?

Dafür, dass dein Entschluss feststeht, siehst du aber betrübt aus.

Man kann ihm echt nichts vormachen!

Das …

Irgendwann bist du ganz auf dich allein gestellt, Rinko.

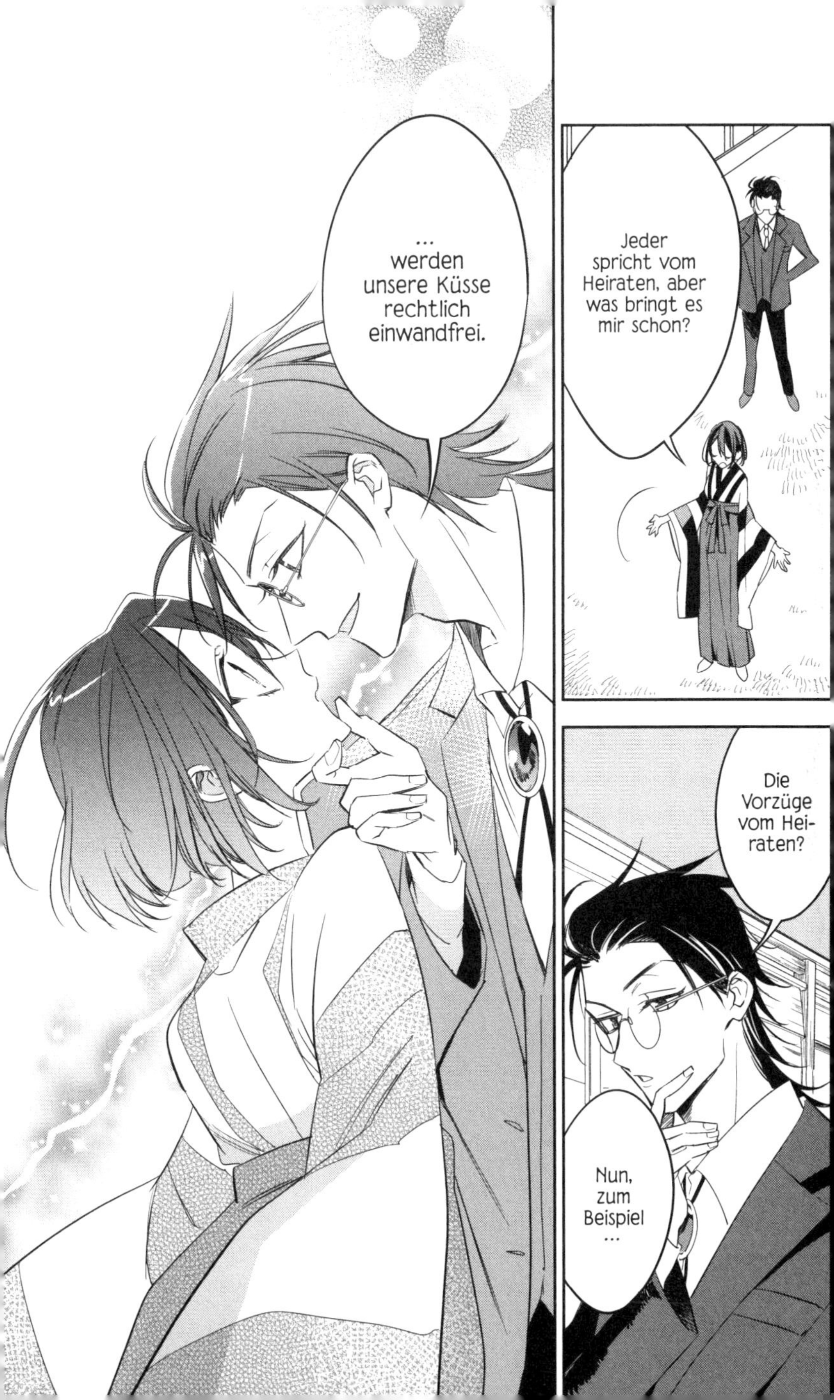
Jeder spricht vom Heiraten, aber was bringt es mir schon?
Die Vorzüge vom Heiraten?
Nun, zum Beispiel ...
... werden unsere Küsse rechtlich einwandfrei.

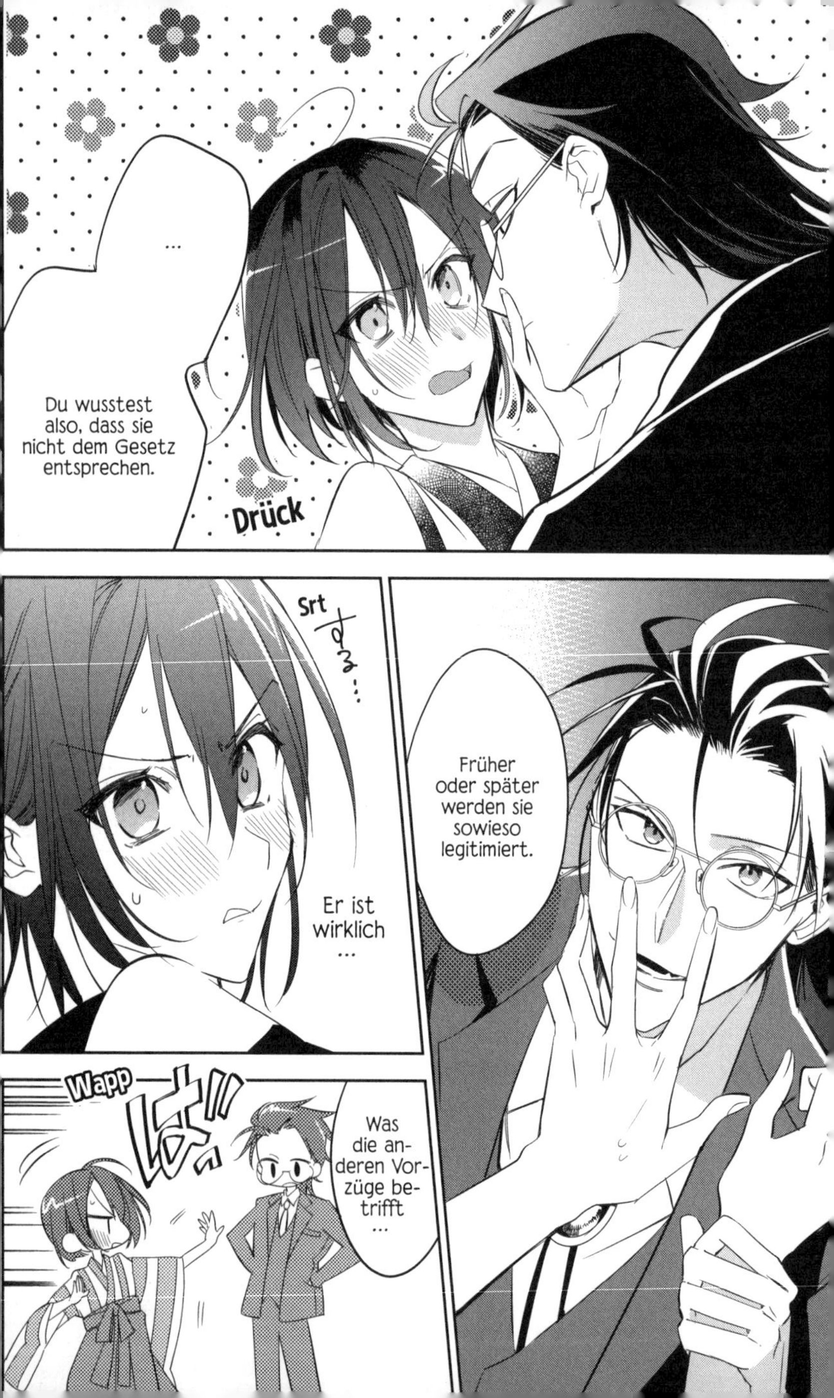

…

Du wusstest also, dass sie nicht dem Gesetz entsprechen.

Drück

Früher oder später werden sie sowieso legitimiert.

Srt

Er ist wirklich …

Was die anderen Vorzüge betrifft …

Wapp

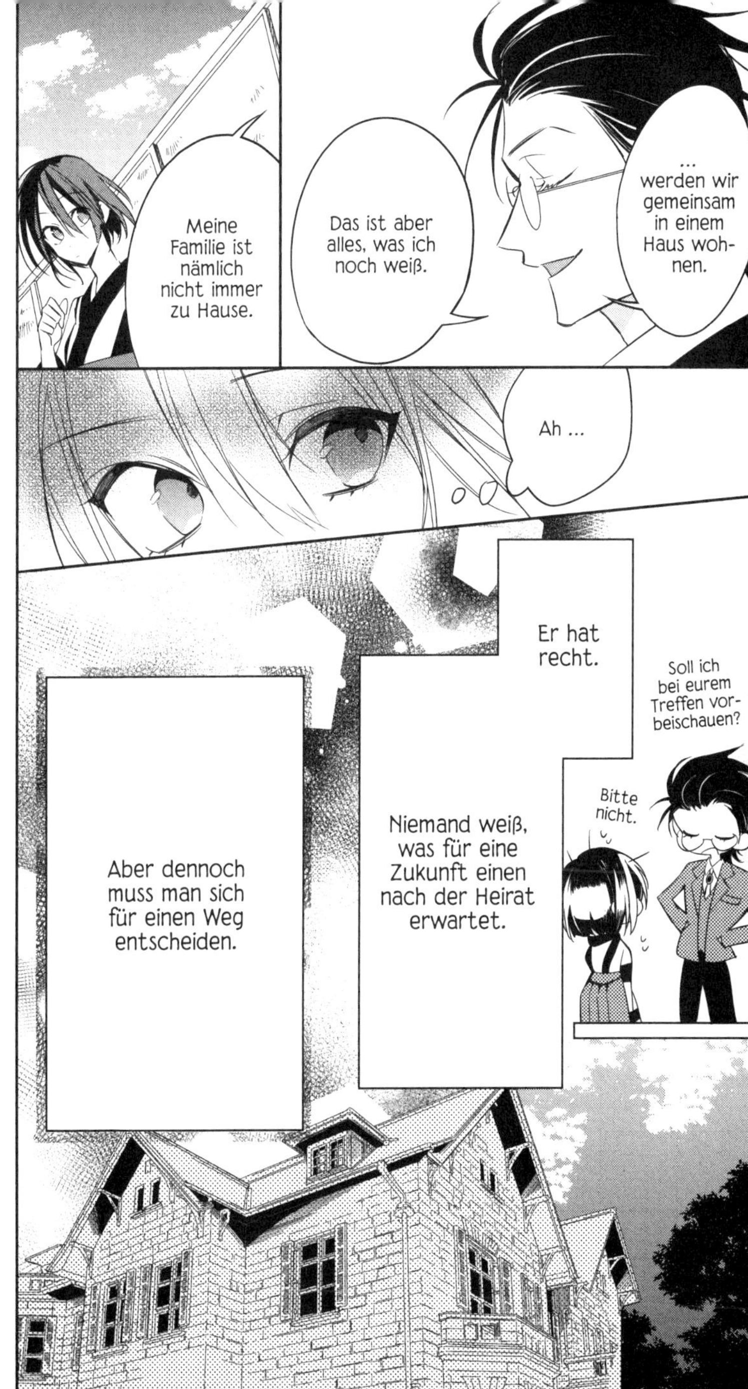

... werden wir gemeinsam in einem Haus wohnen.
Das ist aber alles, was ich noch weiß.
Meine Familie ist nämlich nicht immer zu Hause.
Ah ...
Er hat recht.
Niemand weiß, was für eine Zukunft einen nach der Heirat erwartet.
Soll ich bei eurem Treffen vorbeischauen?
Bitte nicht.
Aber dennoch muss man sich für einen Weg entscheiden.

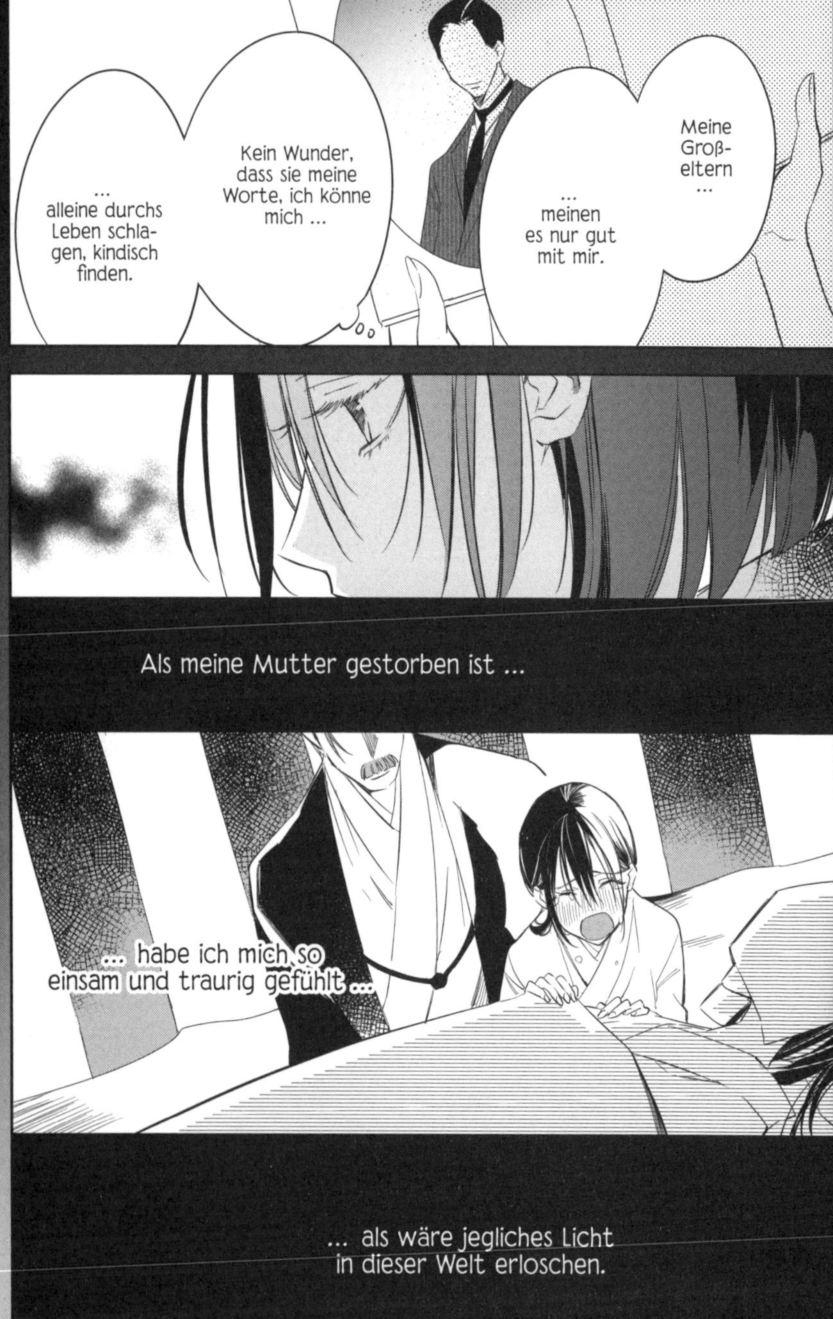

Meine Großeltern ...
... meinen es nur gut mit mir.
Kein Wunder, dass sie meine Worte, ich könne mich ...
... alleine durchs Leben schlagen, kindisch finden.
Als meine Mutter gestorben ist ...
... habe ich mich so einsam und traurig gefühlt ...
... als wäre jegliches Licht in dieser Welt erloschen.

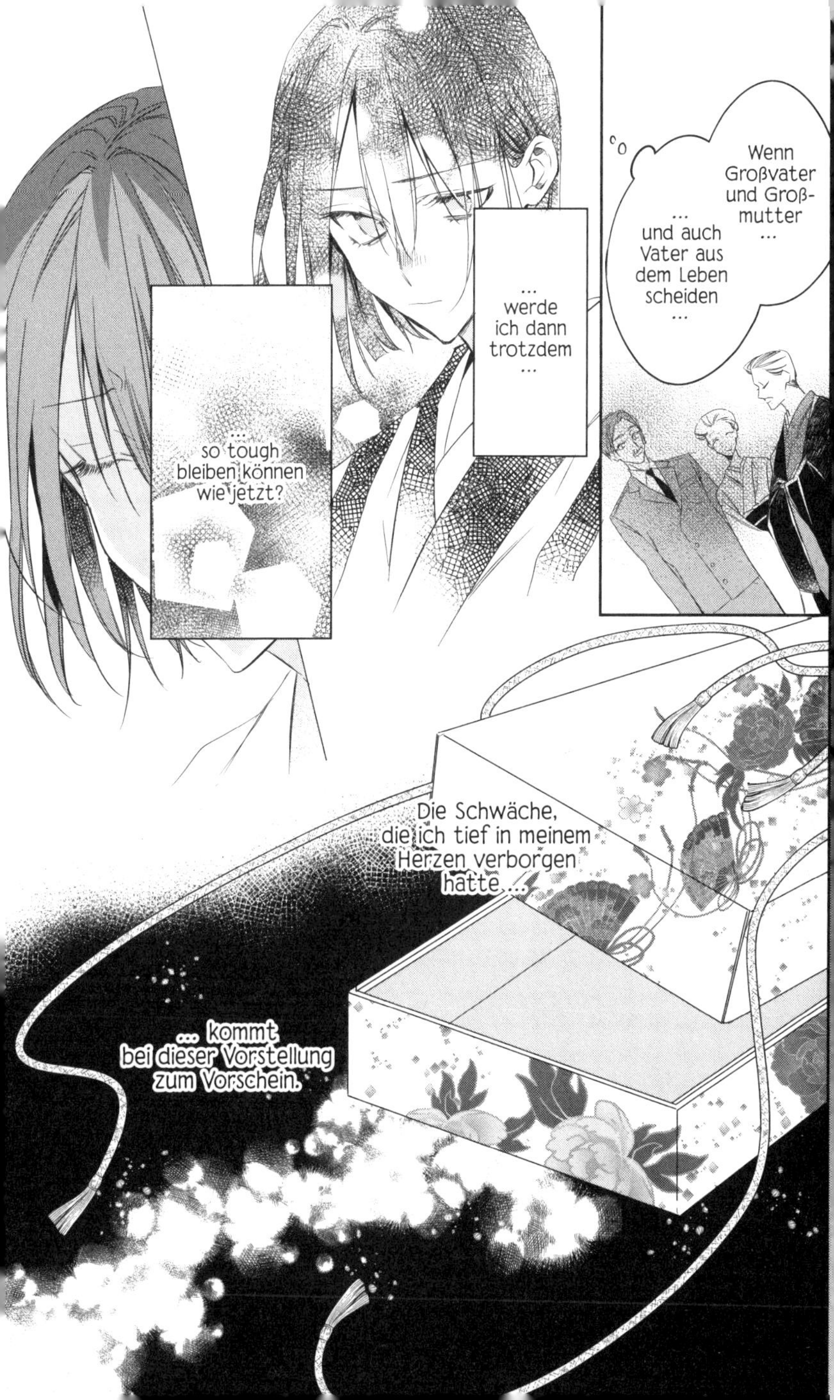
Wenn Großvater und Groß- mutter ...
... und auch Vater aus dem Leben scheiden ...
... werde ich dann trotzdem ...
... so tough bleiben können wie jetzt?
Die Schwäche, die ich tief in meinem Herzen verborgen hatte ...
... kommt bei dieser Vorstellung zum Vorschein.

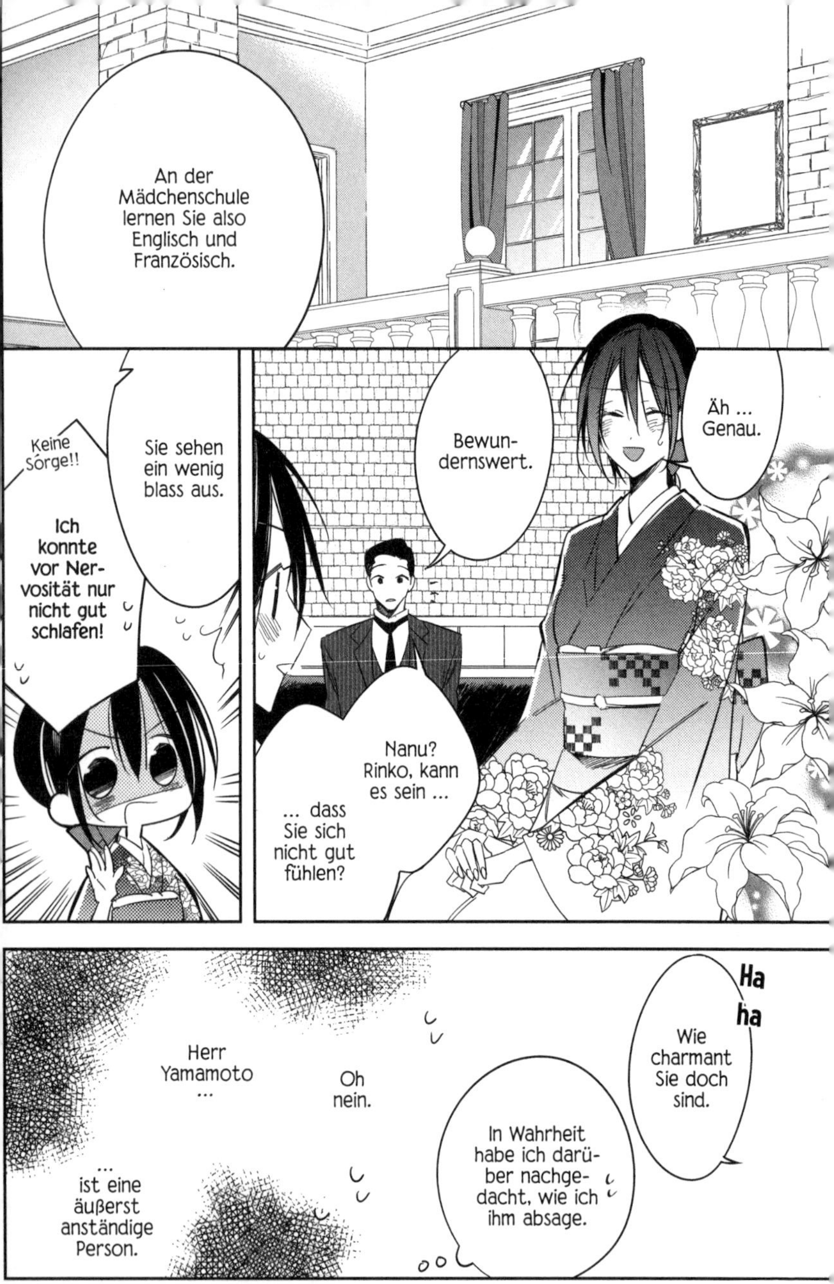

An der Mädchenschule lernen Sie also Englisch und Französisch.

Äh ... Genau.

Bewundernswert.

Nanu? Rinko, kann es sein ...

... dass Sie sich nicht gut fühlen?

Sie sehen ein wenig blass aus.

Keine Sorge!!

Ich konnte vor Nervosität nur nicht gut schlafen!

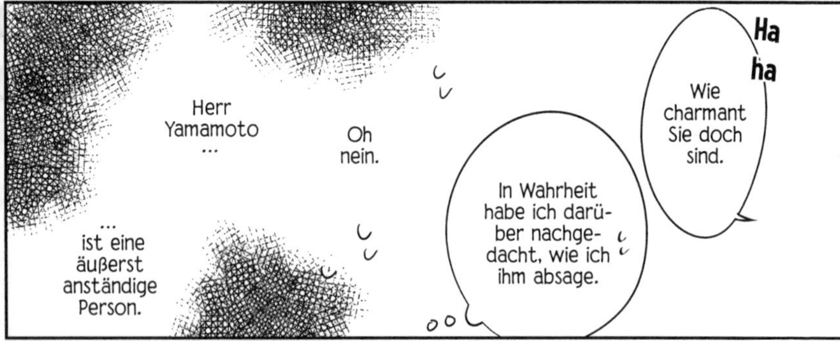

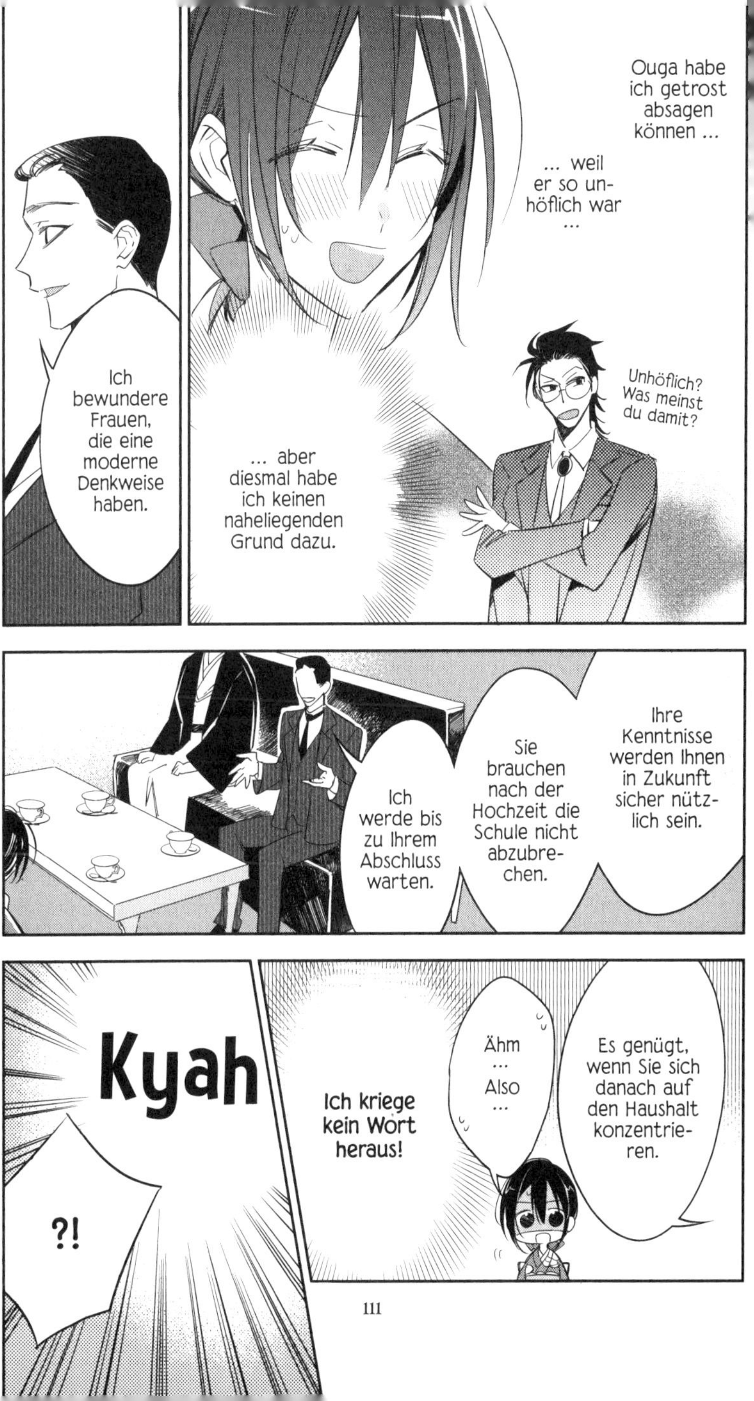

Ouga habe ich getrost absagen können ...
... weil er so unhöflich war ...
Unhöflich? Was meinst du damit?
... aber diesmal habe ich keinen naheliegenden Grund dazu.
Ich bewundere Frauen, die eine moderne Denkweise haben.

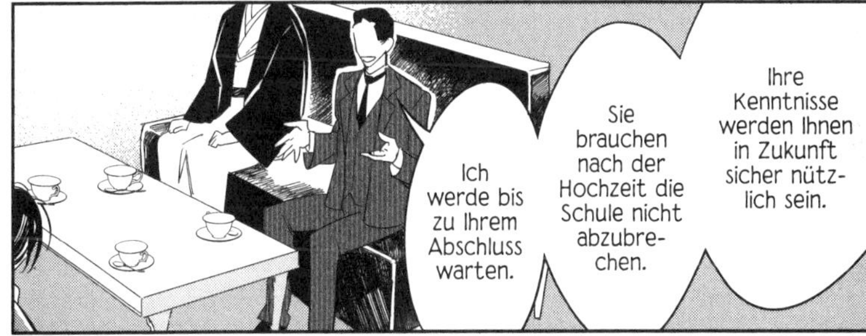
Ihre Kenntnisse werden Ihnen in Zukunft sicher nützlich sein.
Sie brauchen nach der Hochzeit die Schule nicht abzubrechen.
Ich werde bis zu Ihrem Abschluss warten.

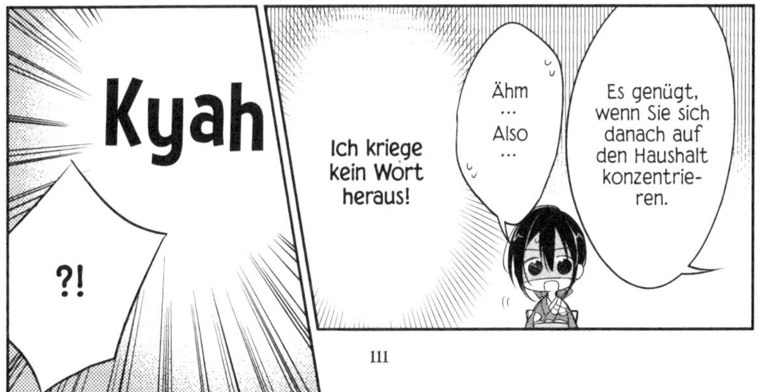
Es genügt, wenn Sie sich danach auf den Haushalt konzentrieren.
Ähm ... Also ...
Ich kriege kein Wort heraus!
Kyah
?!

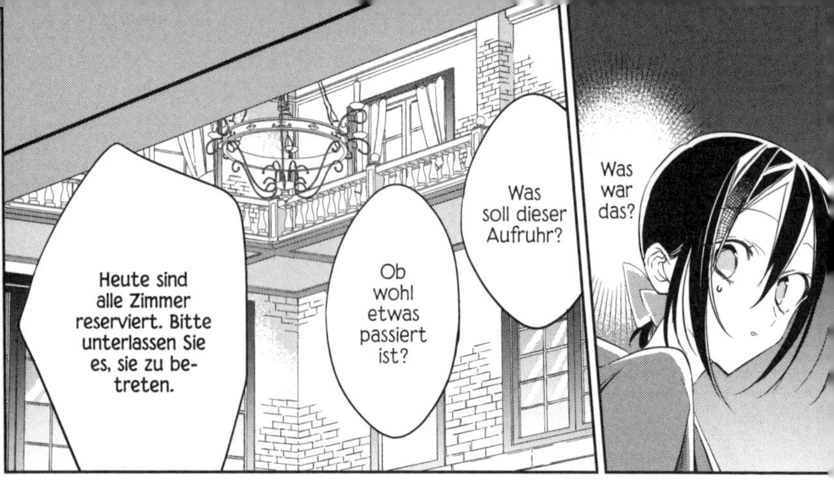
Was war das?
Was soll dieser Aufruhr?
Ob wohl etwas passiert ist?
Heute sind alle Zimmer reserviert. Bitte unterlassen Sie es, sie zu betreten.

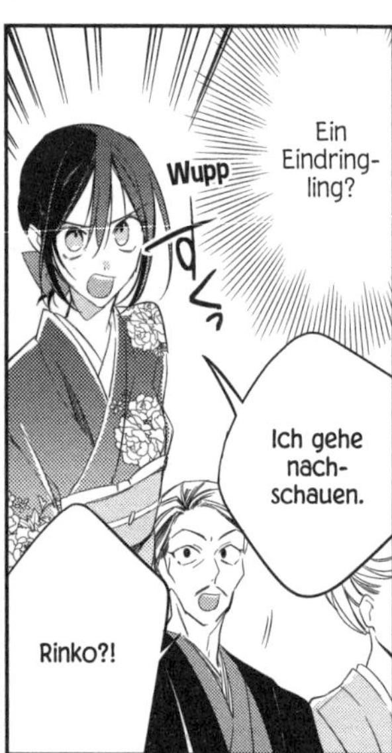
Ein Eindringling?
Wupp
Ich gehe nachschauen.
Rinko?!

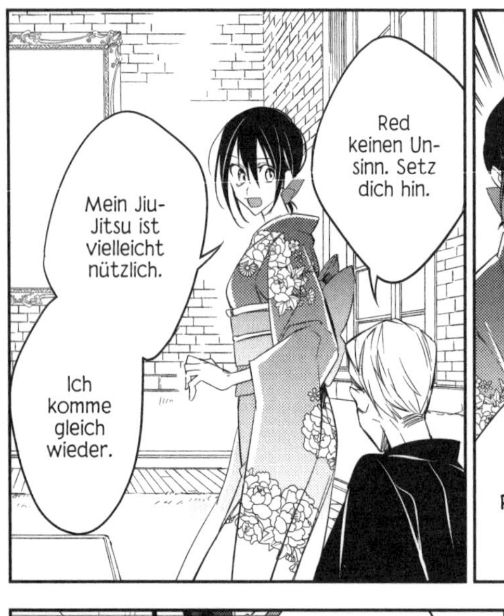
Red keinen Unsinn. Setz dich hin.
Mein Jiu-Jitsu ist vielleicht nützlich.
Ich komme gleich wieder.

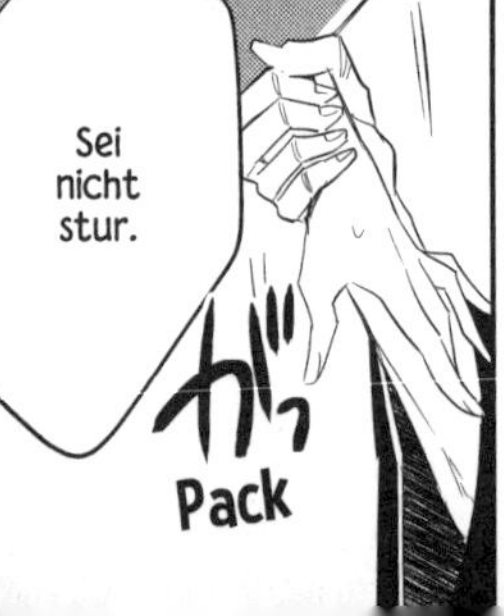
Sei nicht stur.
Pack

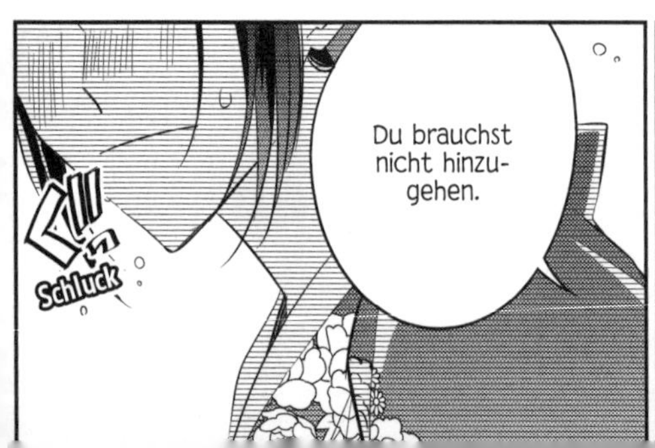
Du brauchst nicht hinzugehen.
Schluck

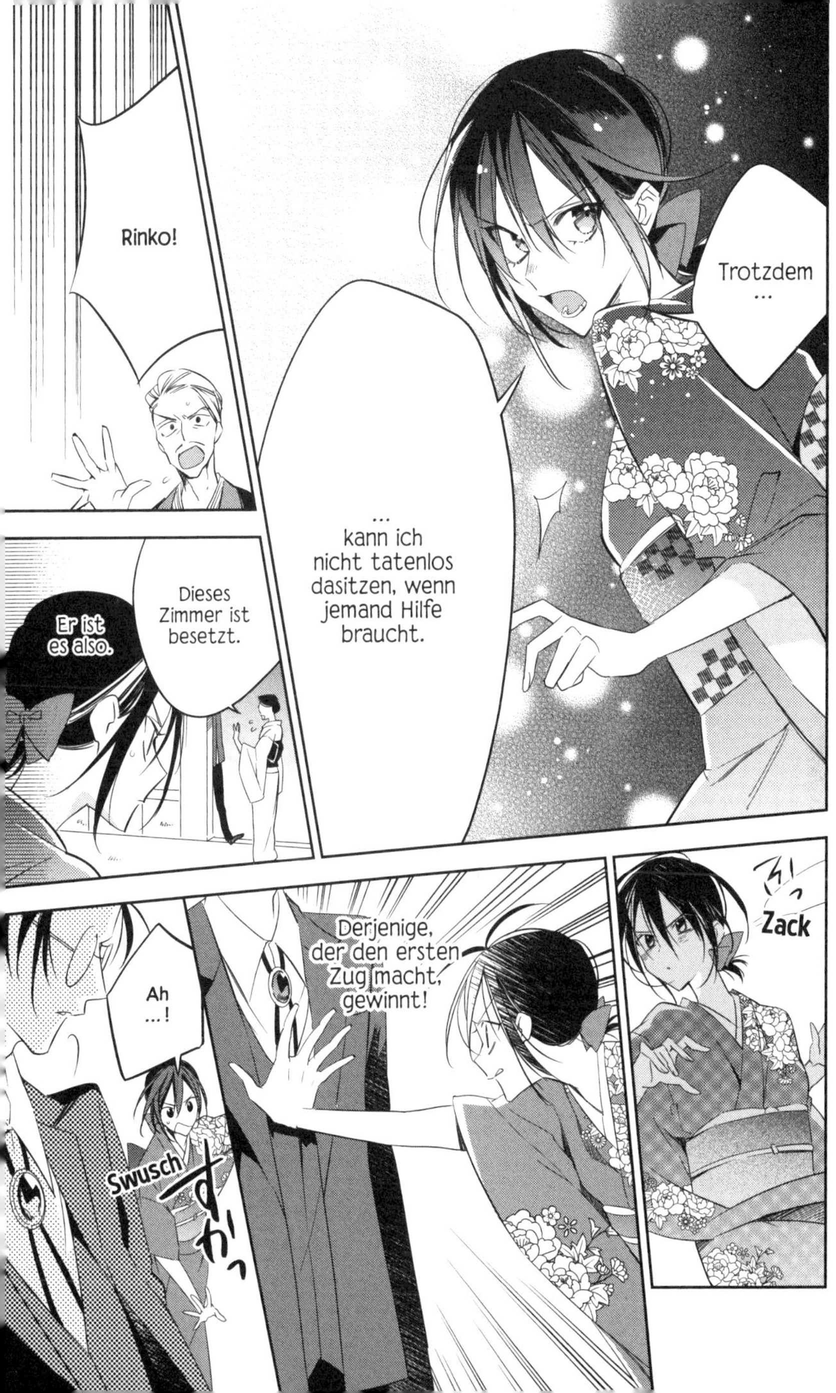
Trotzdem ...
... kann ich nicht tatenlos dasitzen, wenn jemand Hilfe braucht.
Rinko!
Dieses Zimmer ist besetzt.
Er ist es also.
Zack
Derjenige, der den ersten Zug macht, gewinnt!
Ah ...!
Swusch

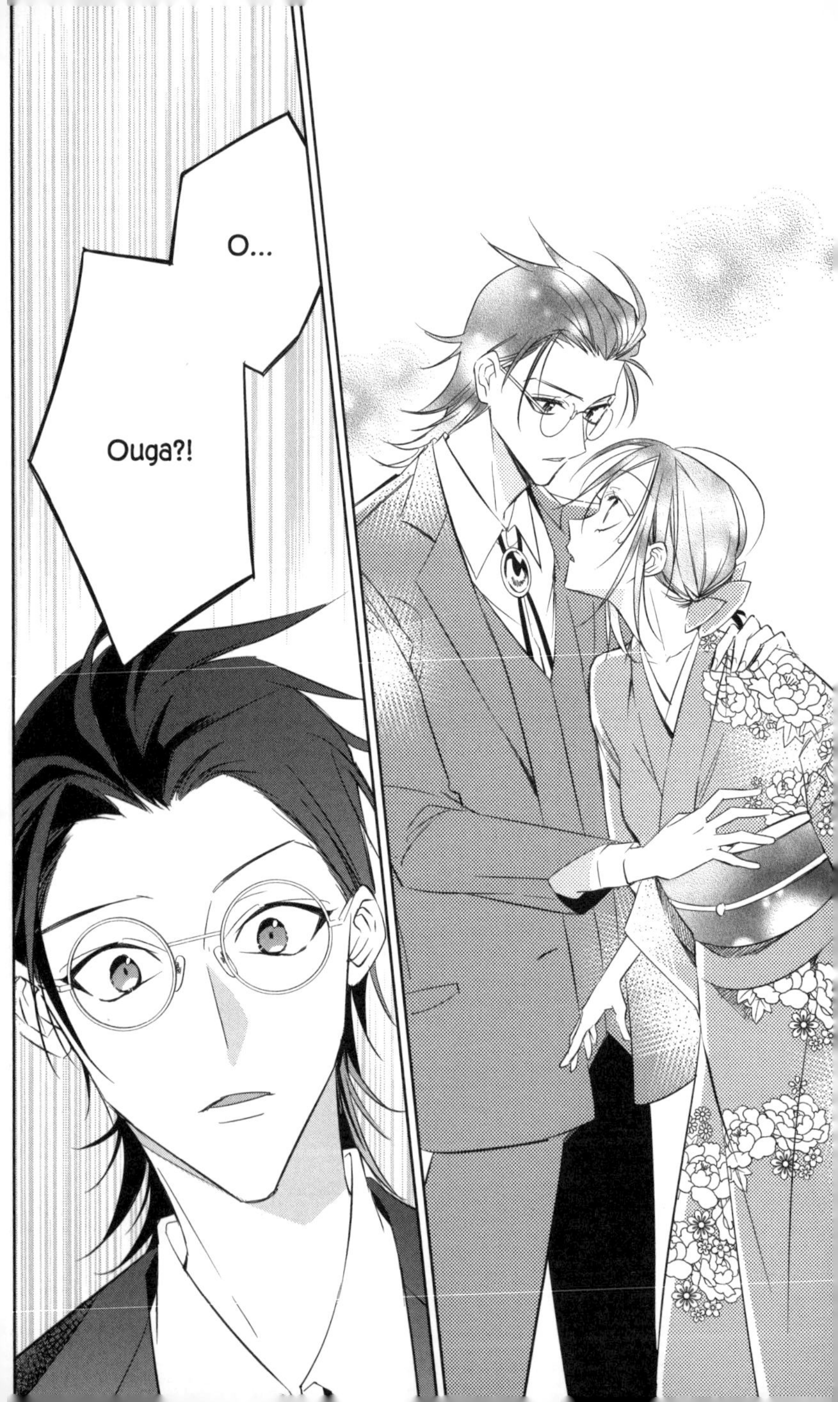
O...
Ouga?!

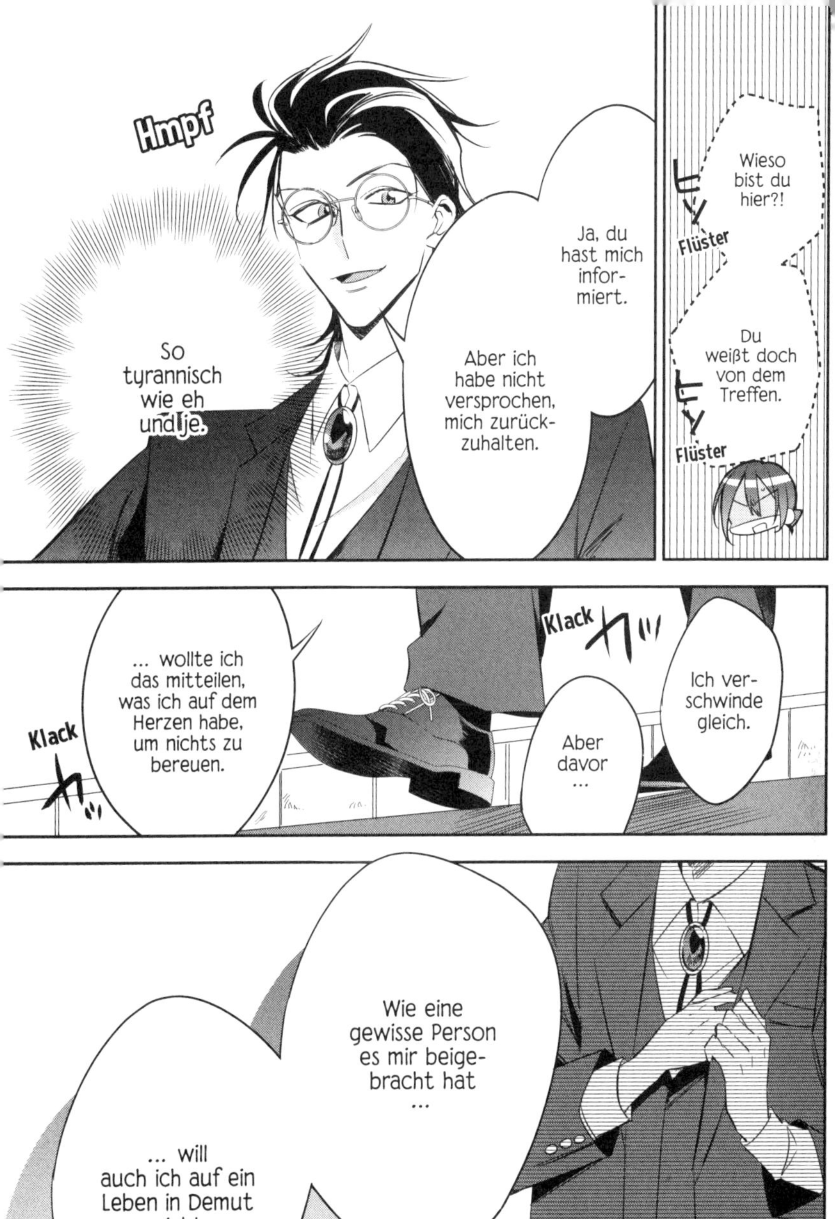
Wieso bist du hier?!
Flüster
Du weißt doch von dem Treffen.
Flüster
Ja, du hast mich informiert.
Aber ich habe nicht versprochen, mich zurückzuhalten.
Hmpf
So tyrannisch wie eh und je.
Ich verschwinde gleich.
Klack
Aber davor ...
... wollte ich das mitteilen, was ich auf dem Herzen habe, um nichts zu bereuen.
Klack
Wie eine gewisse Person es mir beigebracht hat ...
... will auch ich auf ein Leben in Demut verzichten.

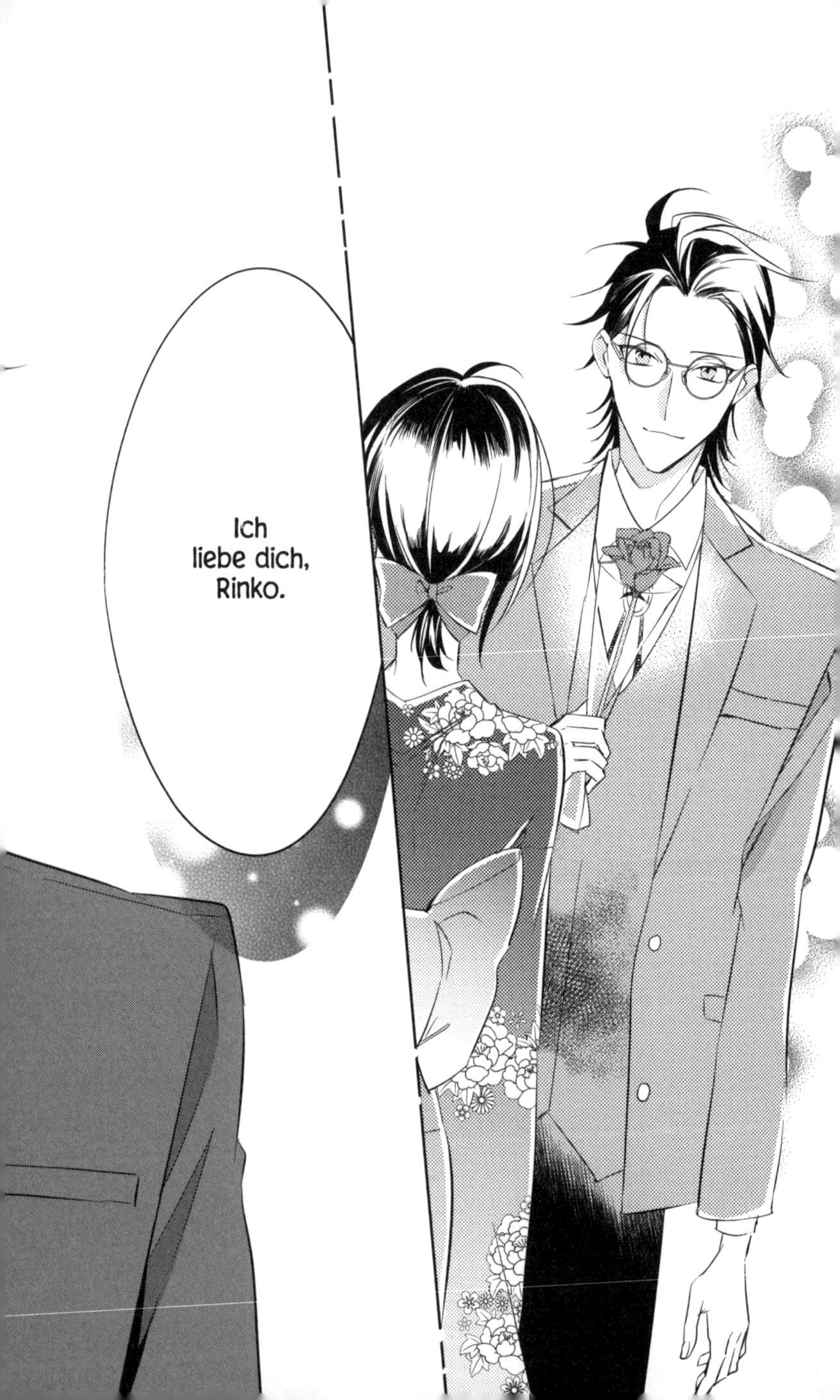
Ich
liebe dich,
Rinko.

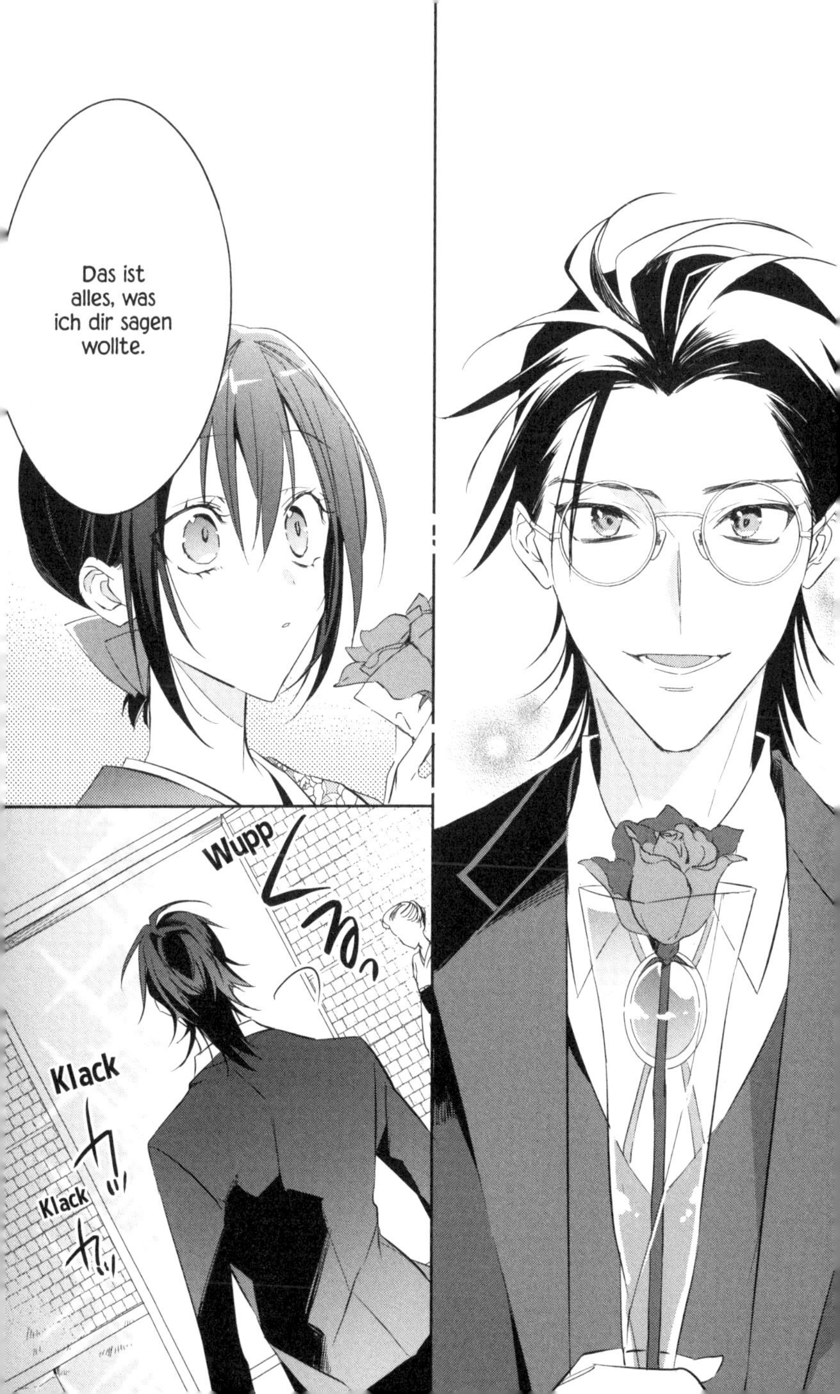
Das ist alles, was ich dir sagen wollte.
Wupp
Klack
Klack

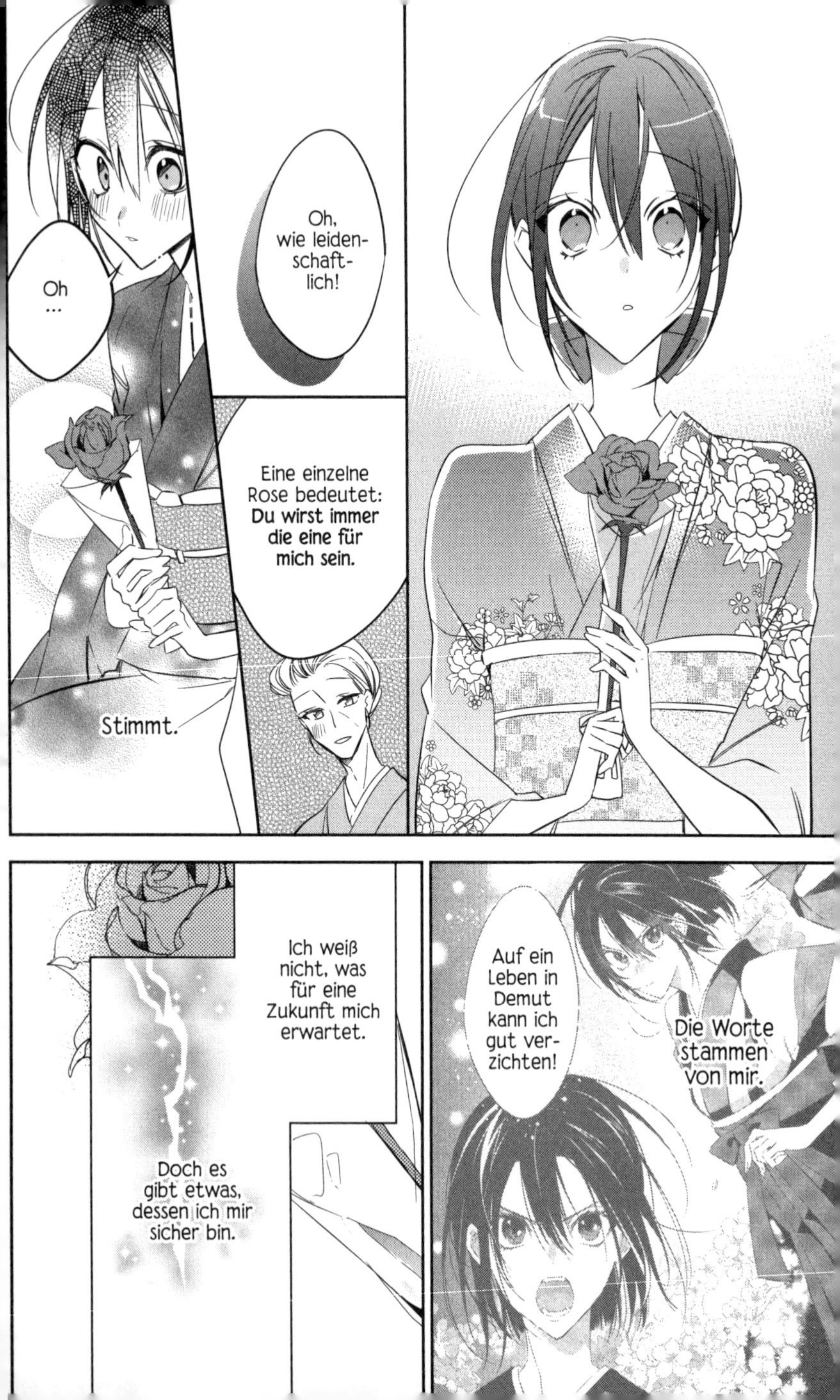

Oh, wie leidenschaftlich!

Eine einzelne Rose bedeutet: **Du wirst immer die eine für mich sein.**

Oh ...

Stimmt.

Auf ein Leben in Demut kann ich gut verzichten!

Die Worte stammen von mir.

Ich weiß nicht, was für eine Zukunft mich erwartet.

Doch es gibt etwas, dessen ich mir sicher bin.

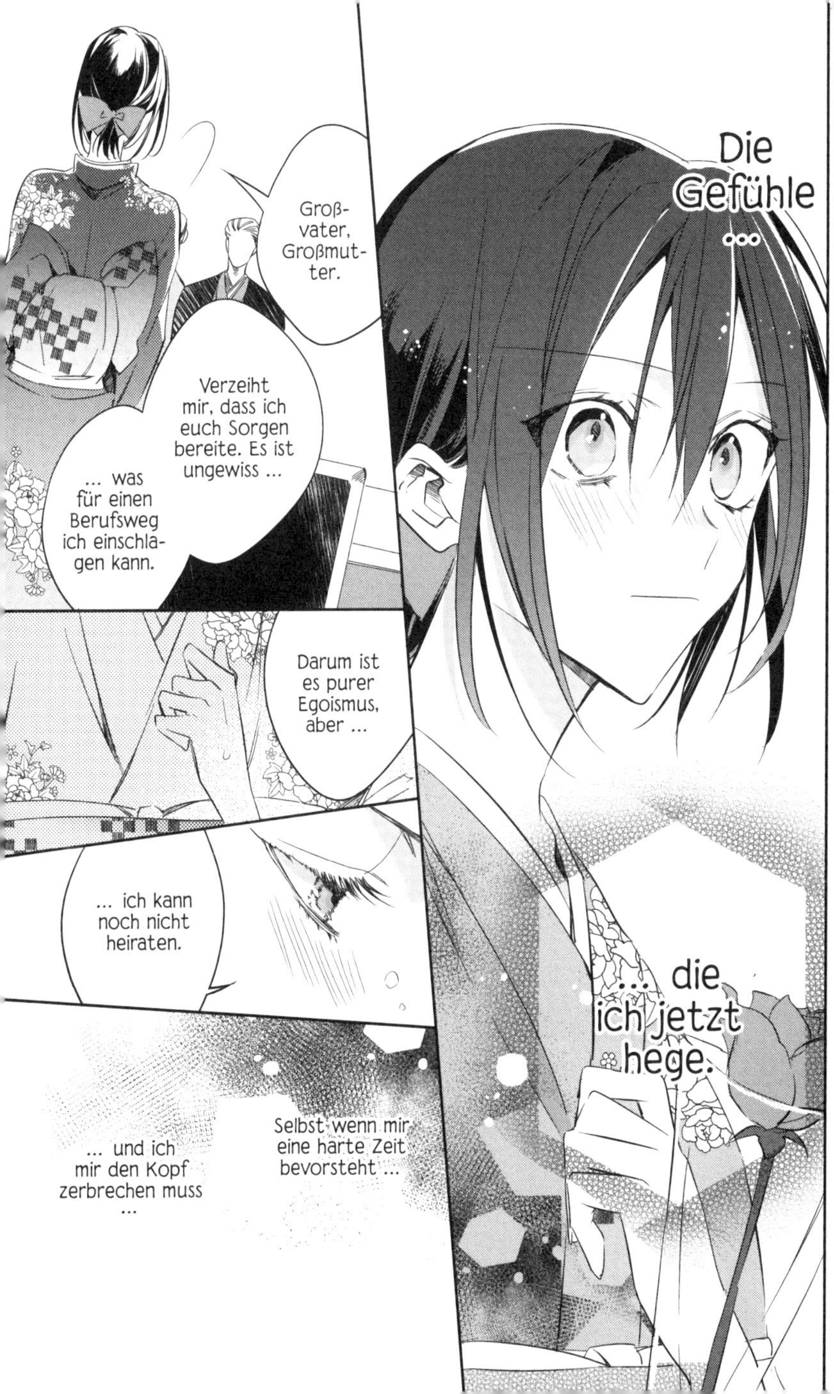
Großvater, Großmutter.
Verzeiht mir, dass ich euch Sorgen bereite. Es ist ungewiss ...
... was für einen Berufsweg ich einschlagen kann.
Darum ist es purer Egoismus, aber ...
... ich kann noch nicht heiraten.
Selbst wenn mir eine harte Zeit bevorsteht ...
... und ich mir den Kopf zerbrechen muss ...
Die Gefühle ...
... die ich jetzt hege.

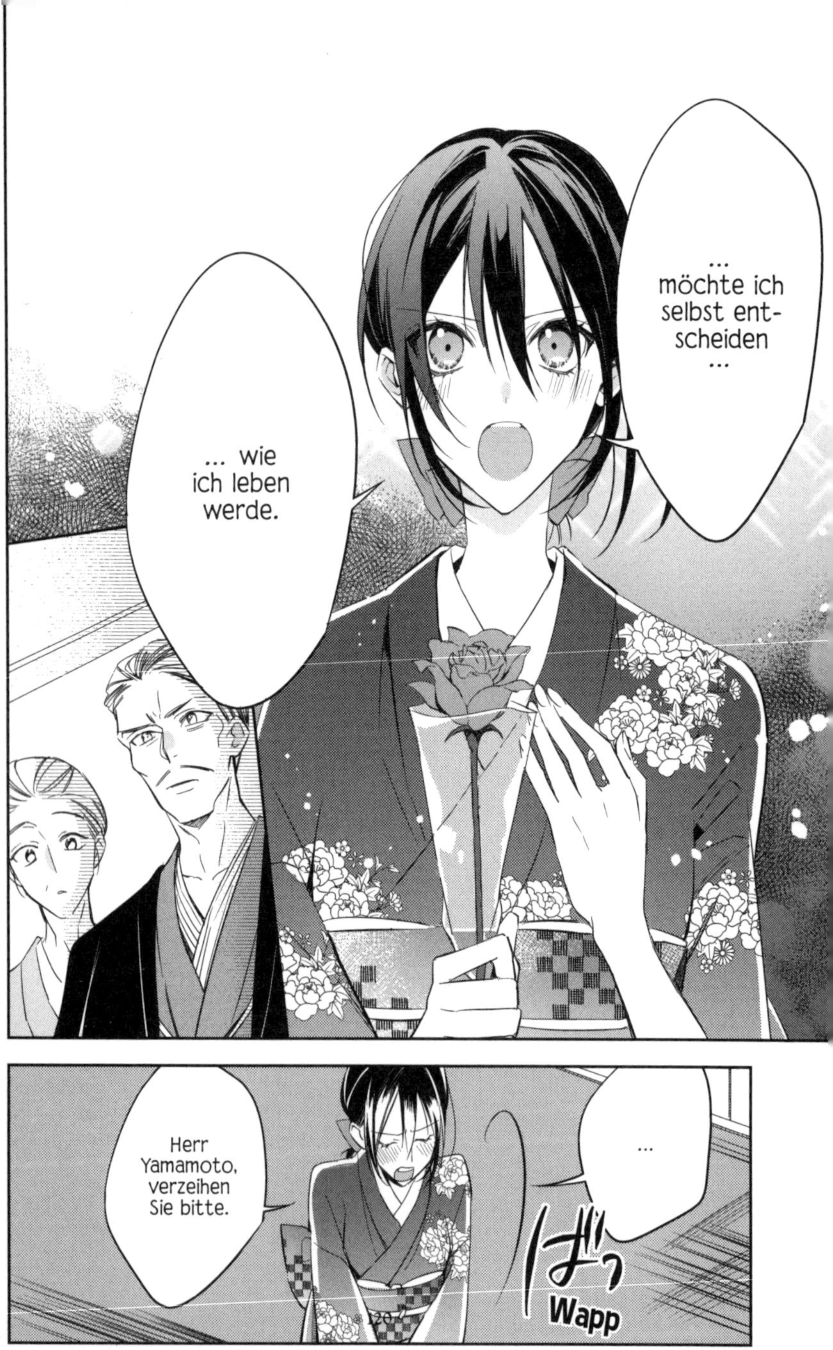

... möchte ich selbst ent-scheiden ...

... wie ich leben werde.

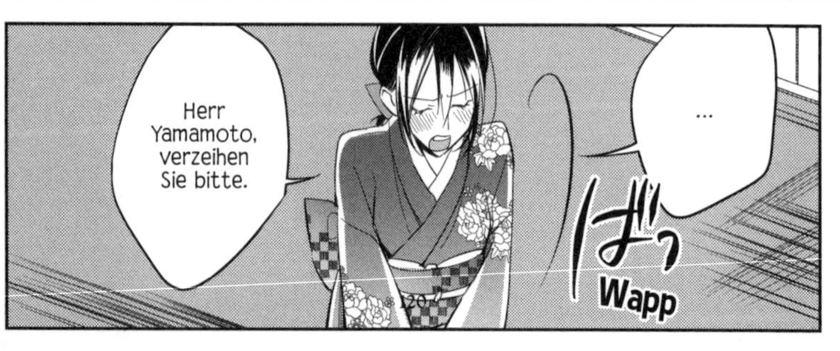

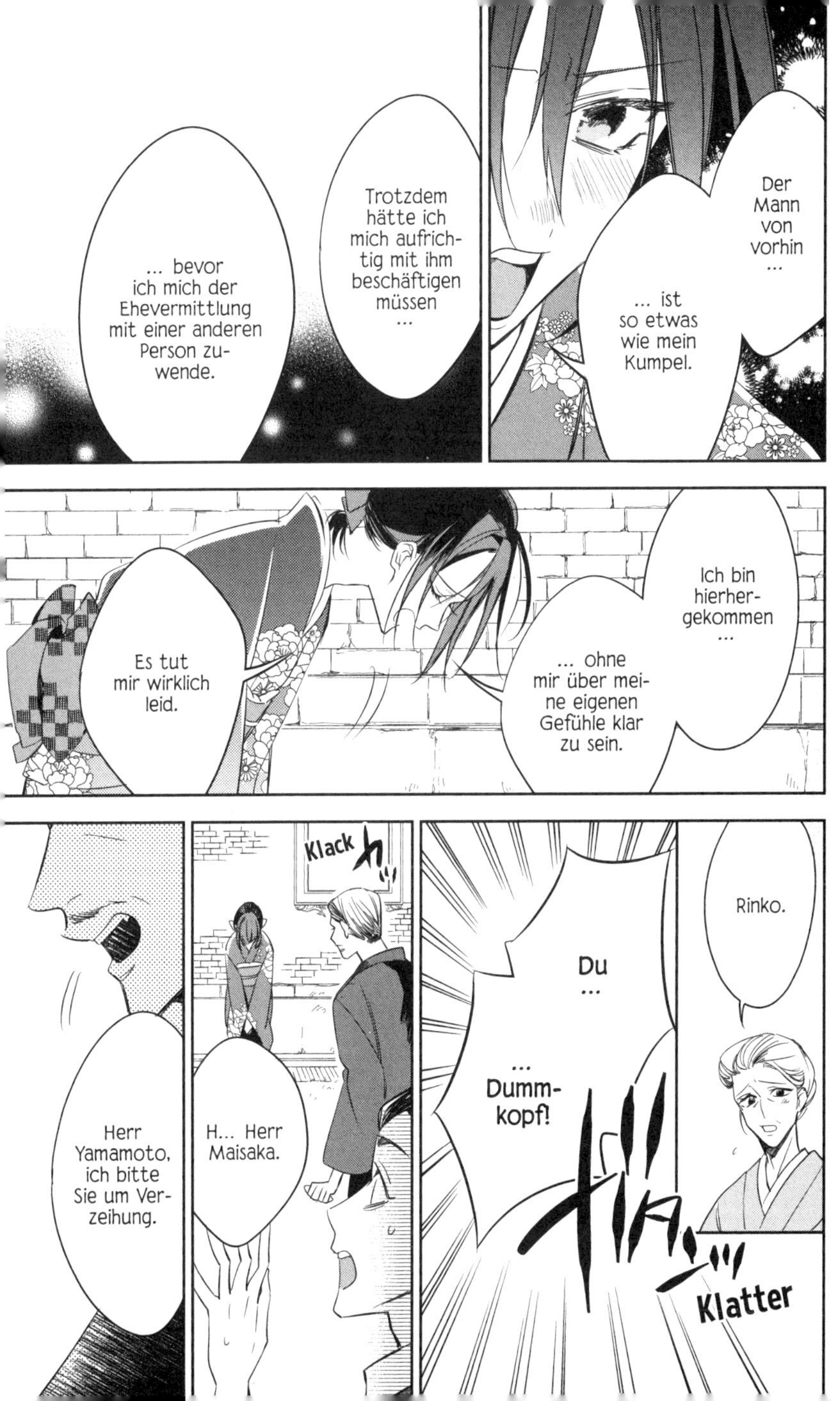

Der Mann von vorhin …
… ist so etwas wie mein Kumpel.
Trotzdem hätte ich mich aufrichtig mit ihm beschäftigen müssen …
… bevor ich mich der Ehevermittlung mit einer anderen Person zuwende.
Ich bin hierhergekommen …
… ohne mir über meine eigenen Gefühle klar zu sein.
Es tut mir wirklich leid.
Rinko.
Du …
… Dummkopf!
Klatter
Klack
H… Herr Maisaka.
Herr Yamamoto, ich bitte Sie um Verzeihung.

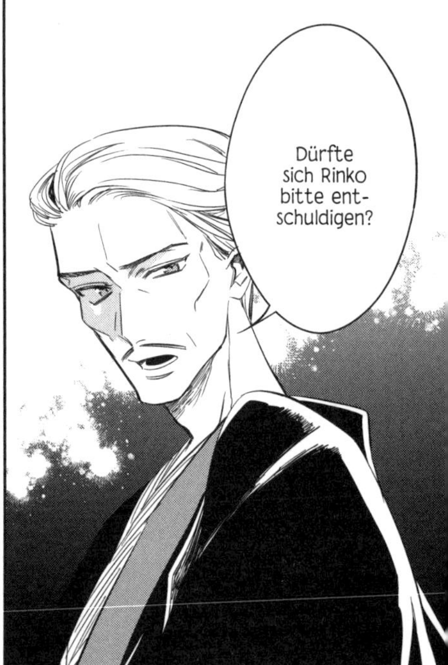
Dürfte sich Rinko bitte ent-schuldigen?

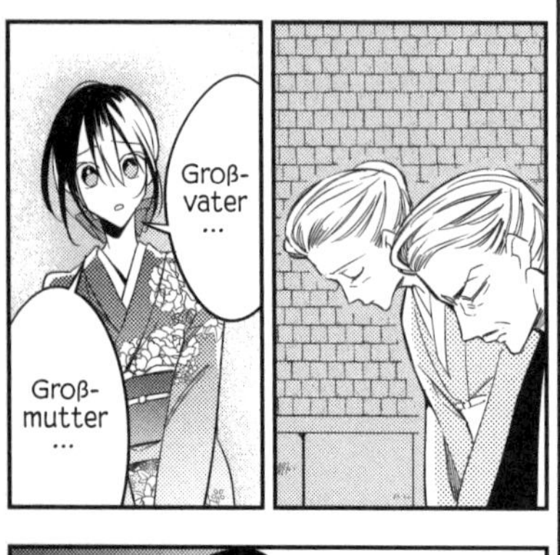
Groß-vater …
Groß-mutter …

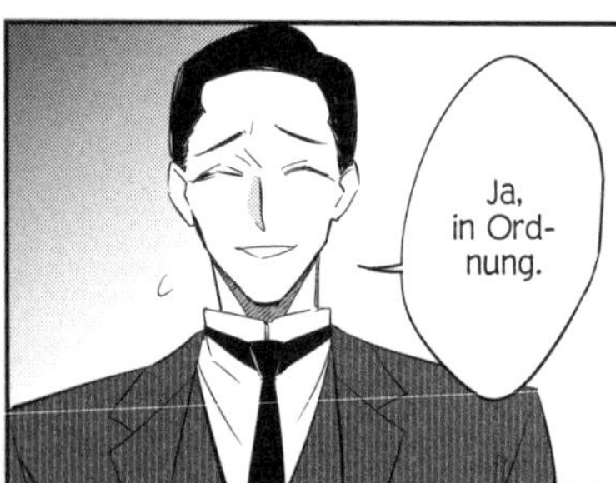
Ja, in Ord-nung.

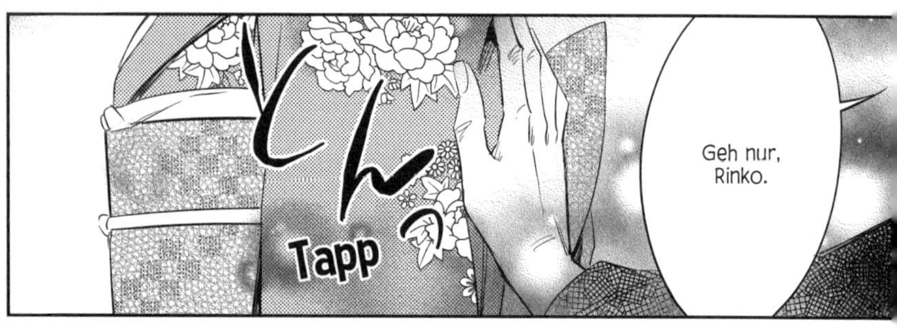
Geh nur, Rinko.
Tapp

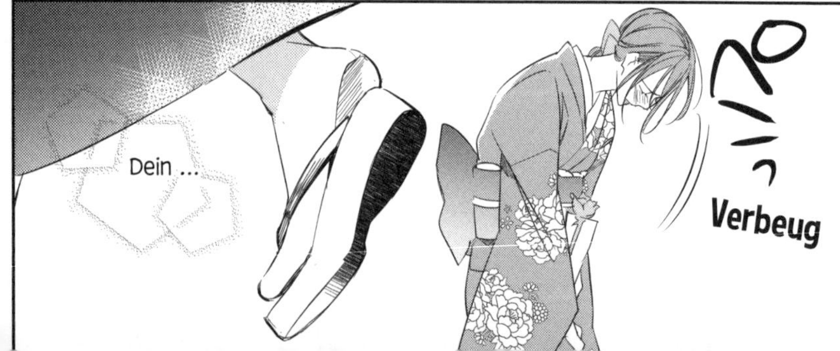
Verbeug
Dein …

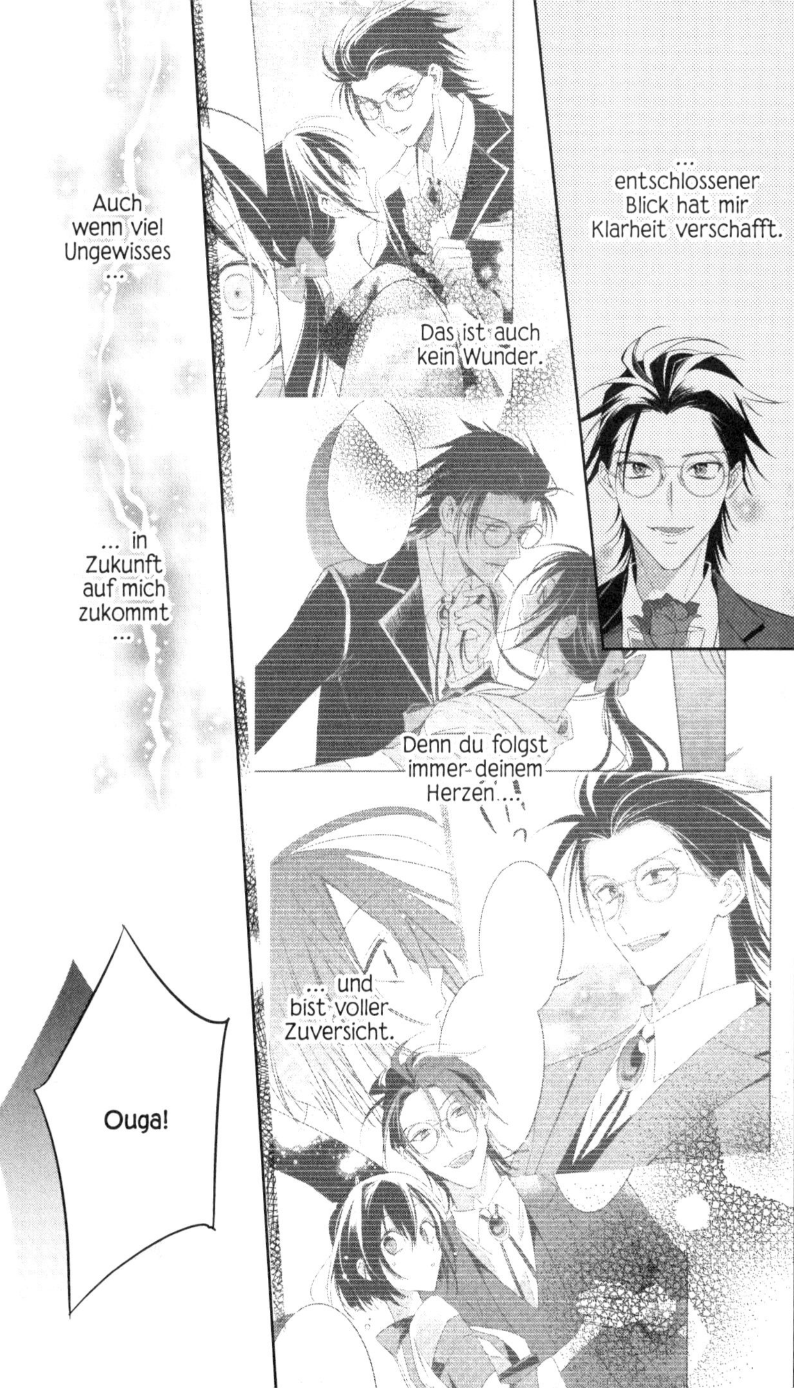
...
entschlossener
Blick hat mir
Klarheit verschafft.
Das ist auch
kein Wunder.
Auch
wenn viel
Ungewisses
...
... in
Zukunft
auf mich
zukommt
...
Denn du folgst
immer deinem
Herzen ...!
... und
bist voller
Zuversicht.
Ouga!

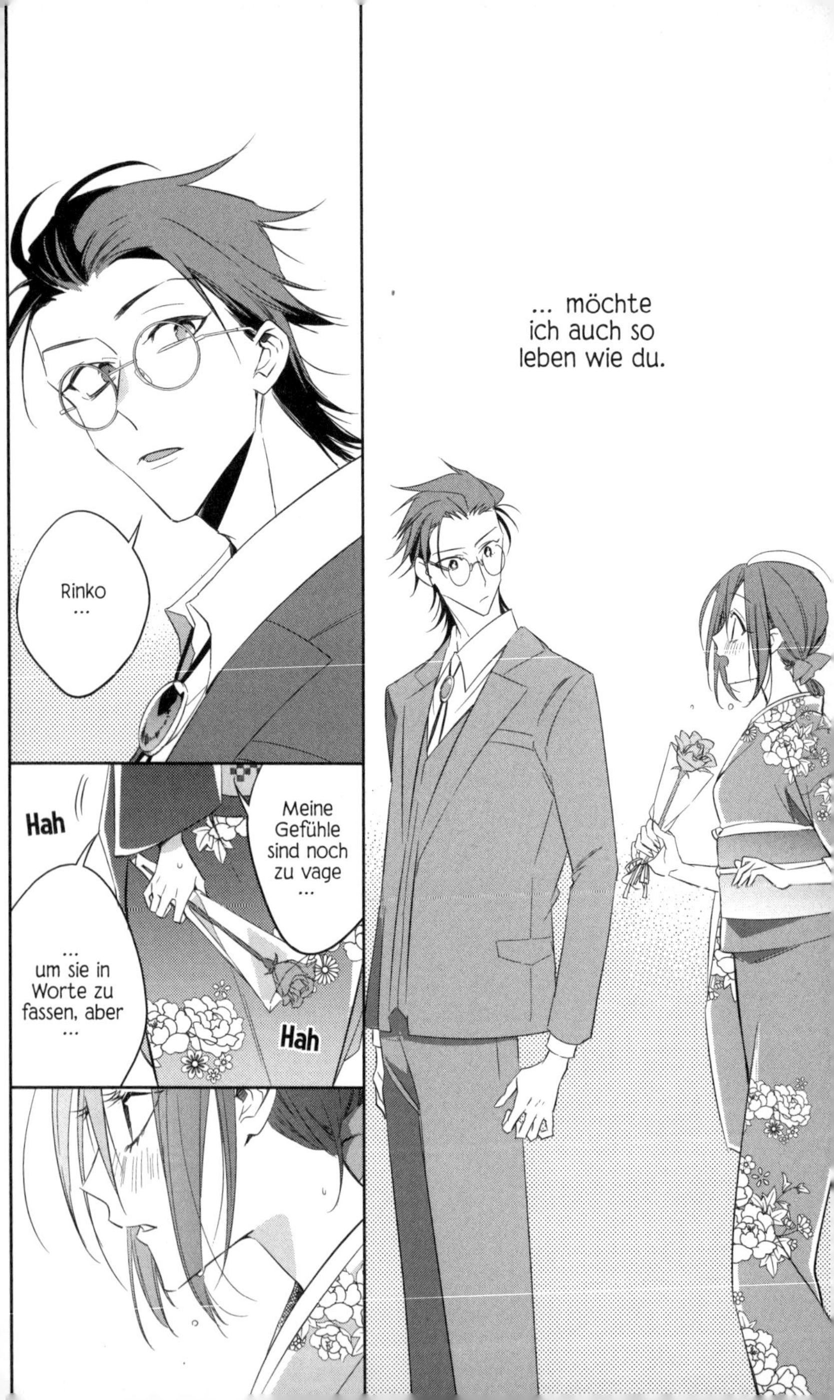
... möchte ich auch so leben wie du.
Rinko ...
Meine Gefühle sind noch zu vage ...
Hah
... um sie in Worte zu fassen, aber ...
Hah

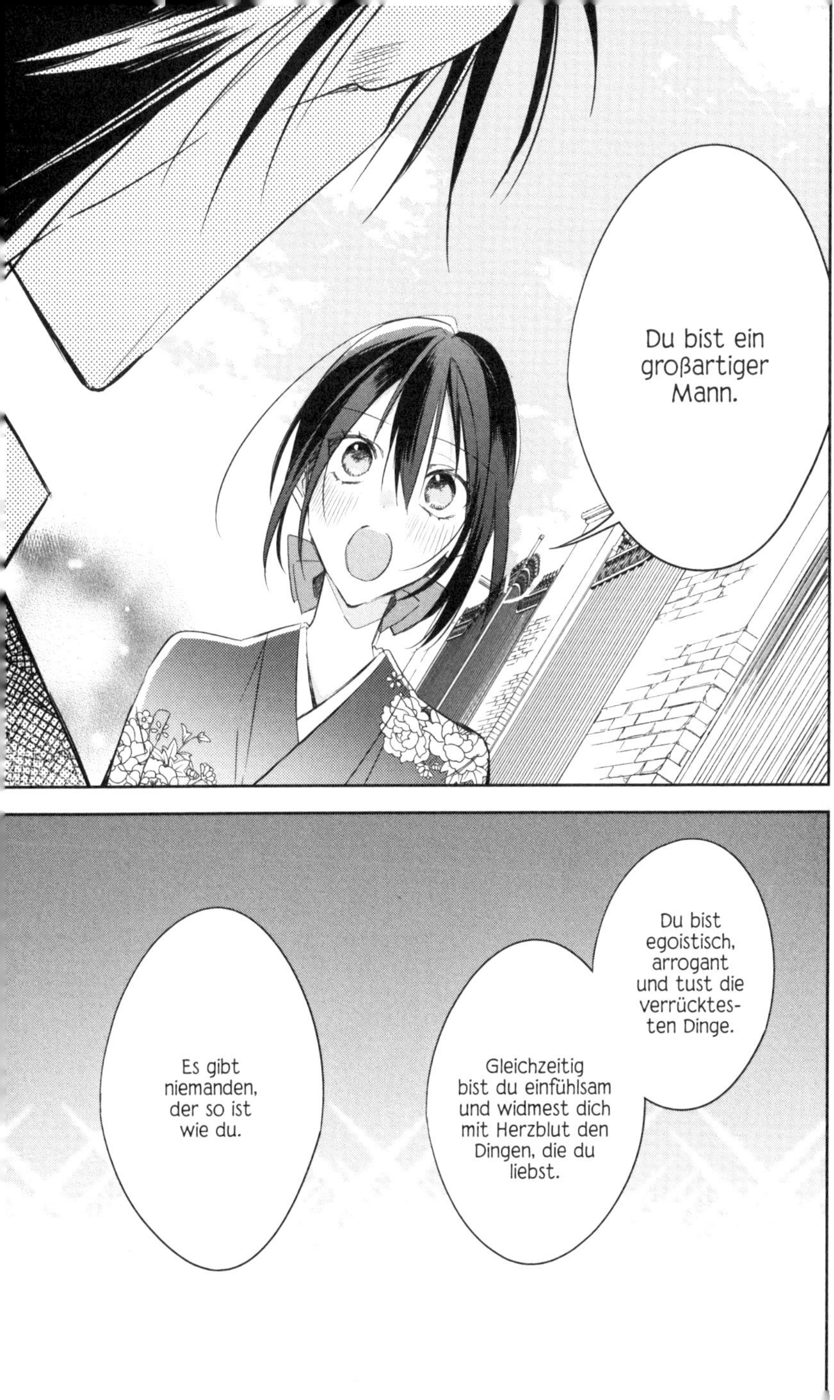

Du bist ein großartiger Mann.

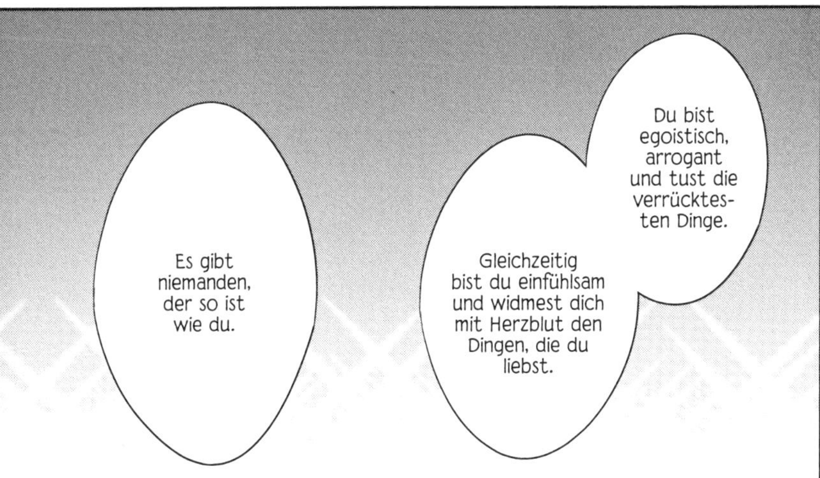

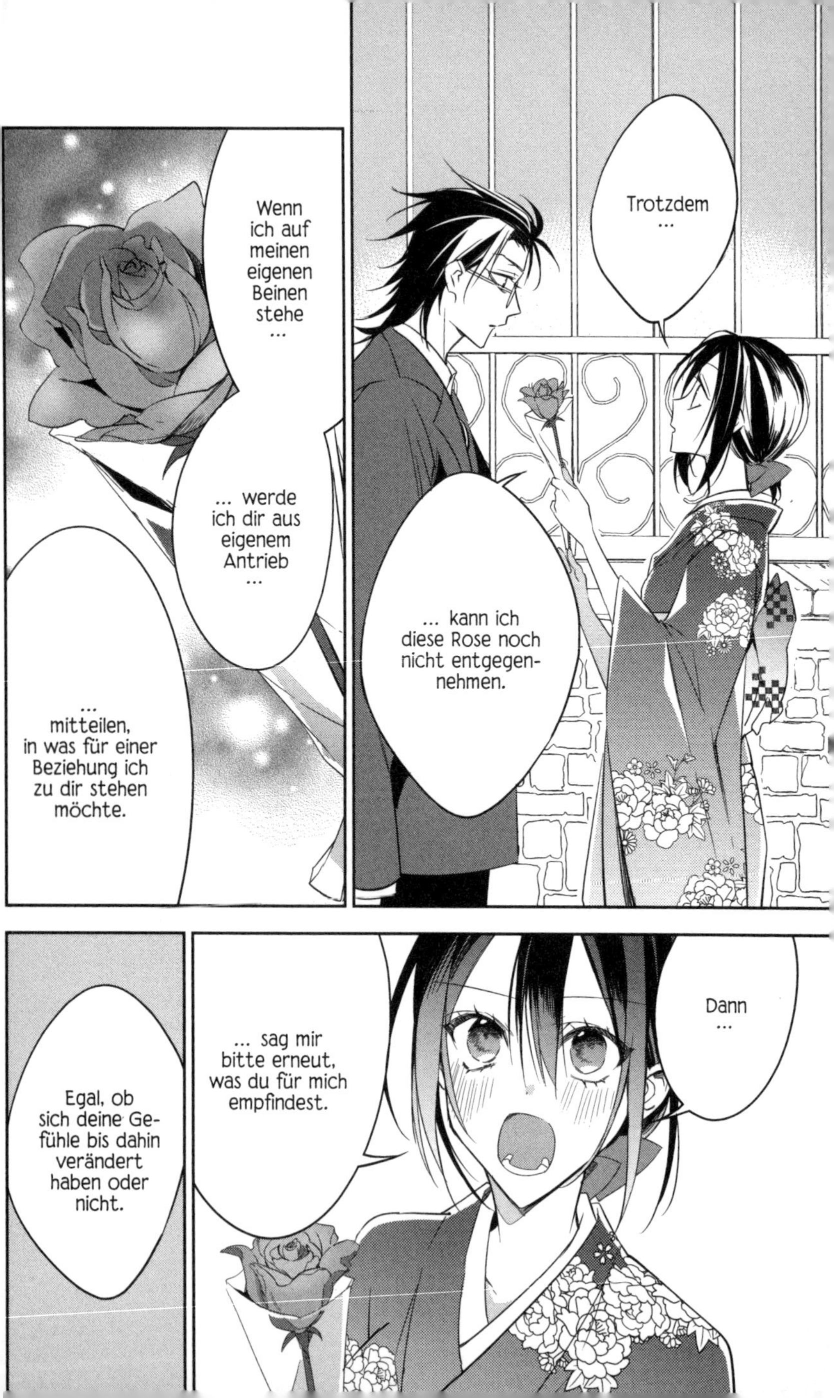

Trotzdem …

… kann ich diese Rose noch nicht entgegennehmen.

Wenn ich auf meinen eigenen Beinen stehe …

… werde ich dir aus eigenem Antrieb …

… mitteilen, in was für einer Beziehung ich zu dir stehen möchte.

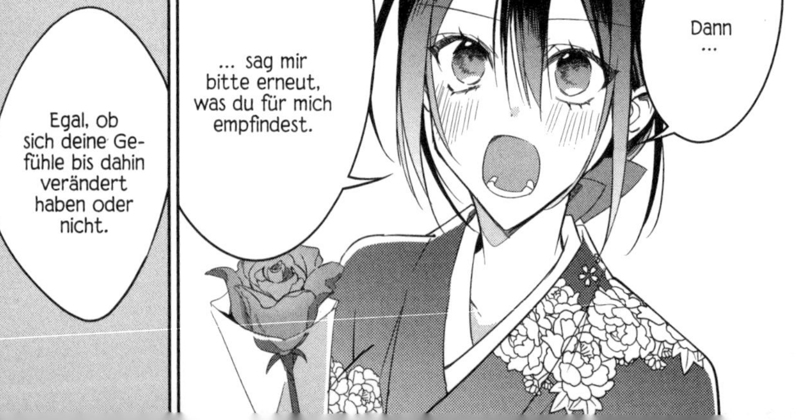

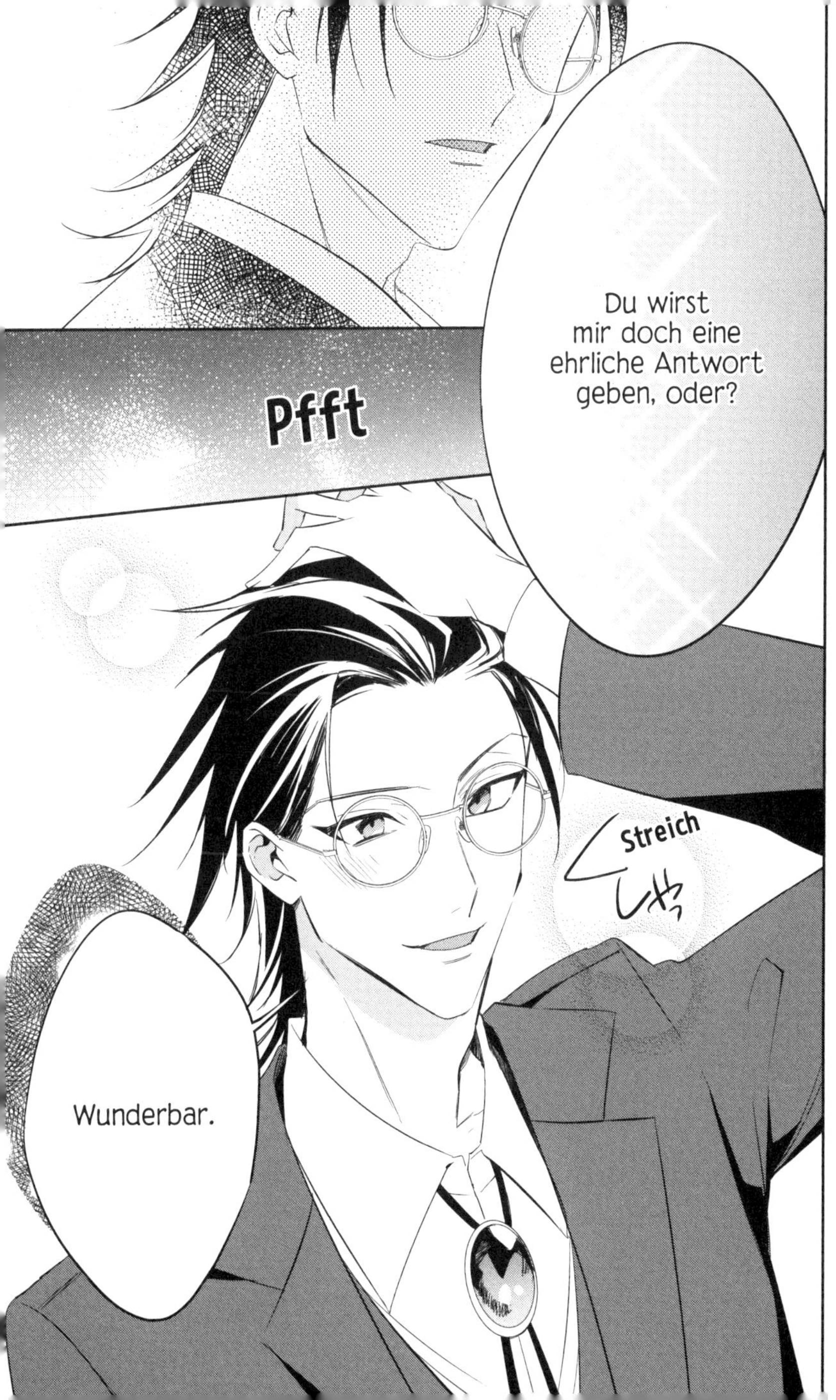
Du wirst mir doch eine ehrliche Antwort geben, oder?
Pfft
Streich
Wunderbar.

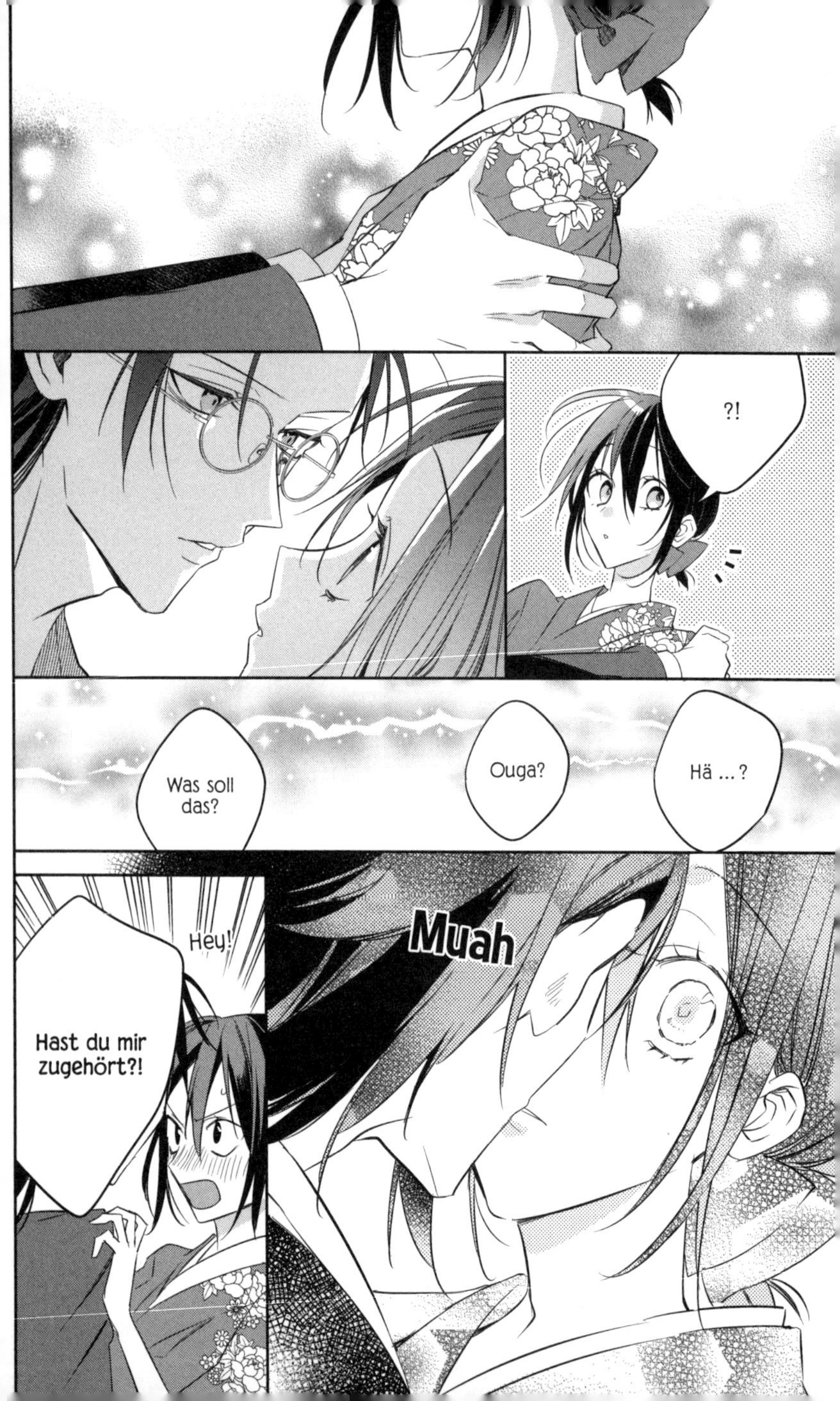
?!
Hä ...?
Ouga?
Was soll das?
Muah
Hey!
Hast du mir zugehört?!

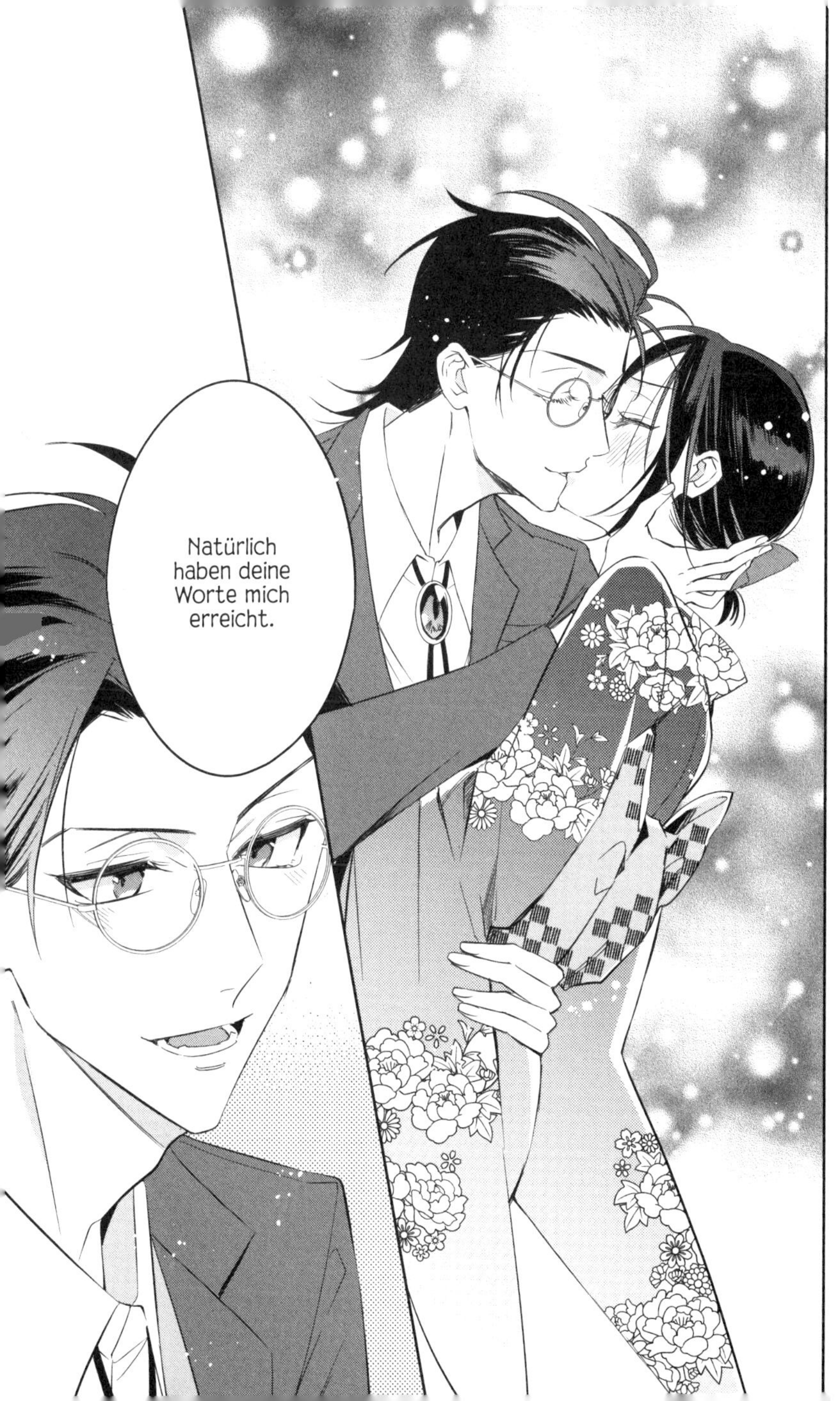
Natürlich haben deine Worte mich erreicht.

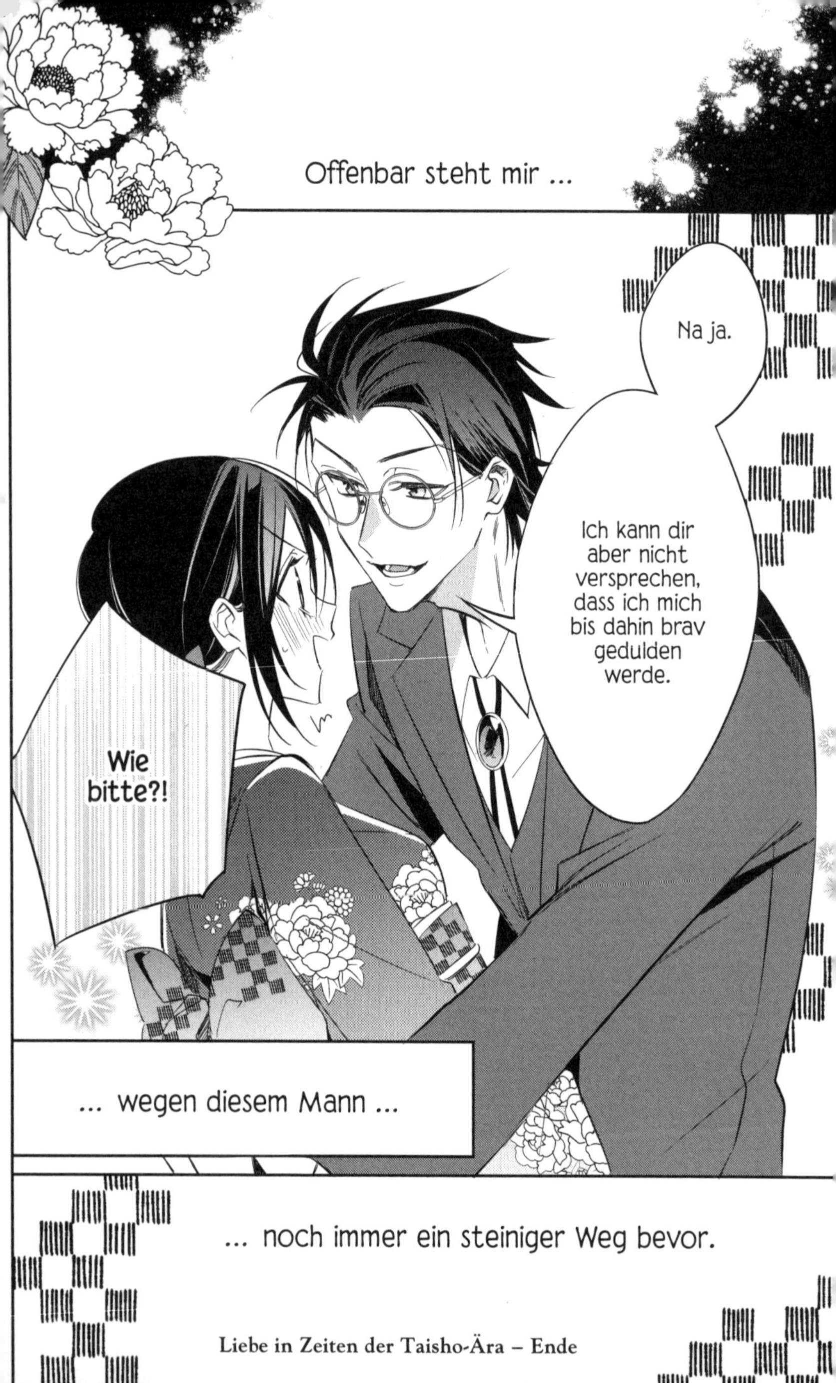
Offenbar steht mir ...
Na ja.
Ich kann dir aber nicht versprechen, dass ich mich bis dahin brav gedulden werde.
Wie bitte?!
... wegen diesem Mann ...
... noch immer ein steiniger Weg bevor.
Liebe in Zeiten der Taisho-Ära – Ende

Nachwort

Hallo, meine lieben Leserinnen und Leser!
Vielen Dank, dass ihr diesen Manga zur Hand genommen habt!
Rinko und Ouga sind zwei Charaktere, die sich nichts gefallen lassen. Es hat mir wirklich Spaß gemacht, die Gespräche der beiden zu zeichnen. Freude bereitet hat mir auch, dass ich so viele Liebesszenen einbauen konnte wie noch nie in meinen Werken (auch wenn die Initiative immer von Ouga ausging).

Bei meinen Recherchen über die Taisho-Ära habe ich mich auch viel mit der japanischen Geschichte vom Ende des Tokugawa-Shogunats bis zur Meiji-Ära befasst. Also hoffe ich, dass ich irgendwann einen Manga zeichnen kann, der in diesem Zeitalter spielt.

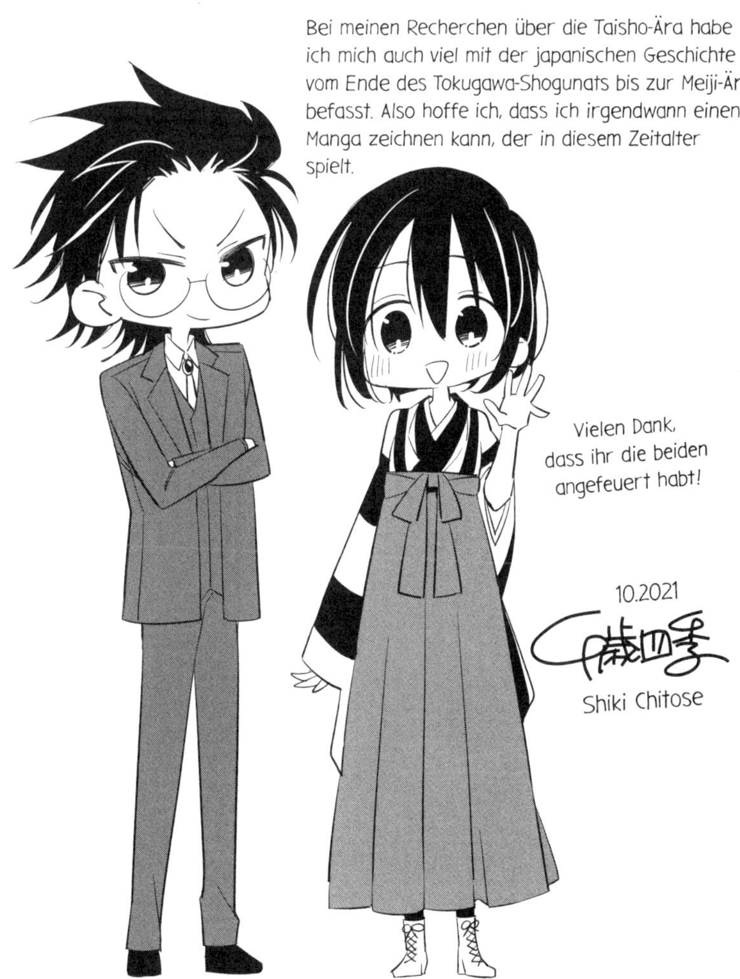

Vielen Dank, dass ihr die beiden angefeuert habt!

10.2021

Shiki Chitose

Auf den nächsten Seiten folgt der Manga *Der liebevolle Kaffee von Herrn Sakura*, den ich zum ersten Mal für die Zeitschrift *Hana to Yume* gezeichnet habe.

Schon damals habe ich Charaktere wie Ouga geliebt, die eine Brille tragen und ihre schwarzen Haare zurückgekämmt haben.

In meinen Manga kommen oft Männer vor, die entweder lange, gelockte Haare oder schwarze Haare haben und bei denen die Stirn sichtbar ist (zum Beispiel Heinedark aus *Die Legende von Azfareo*).

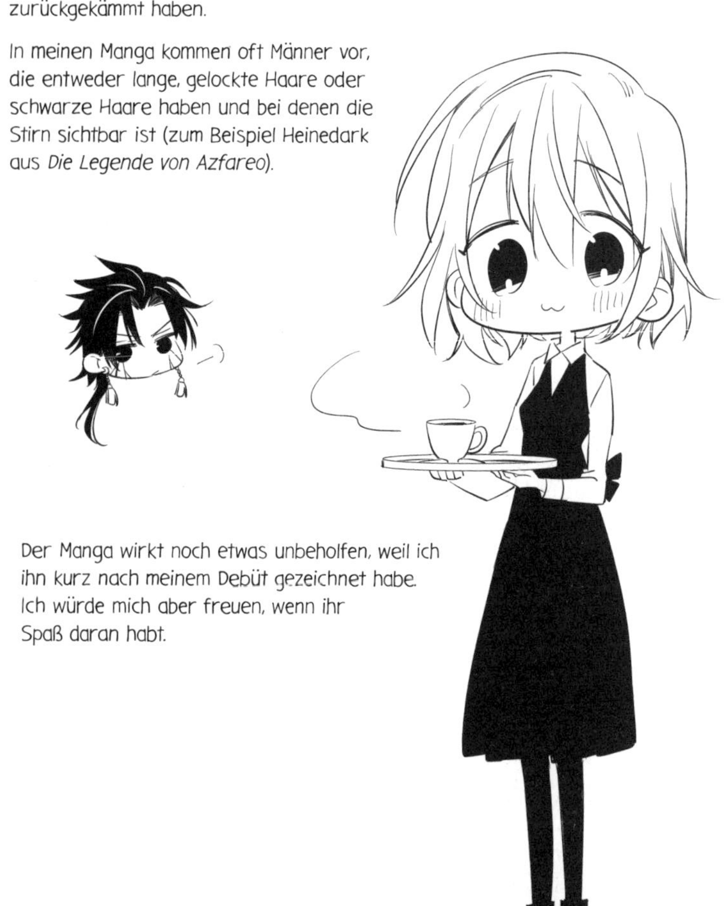

Der Manga wirkt noch etwas unbeholfen, weil ich ihn kurz nach meinem Debüt gezeichnet habe. Ich würde mich aber freuen, wenn ihr Spaß daran habt.

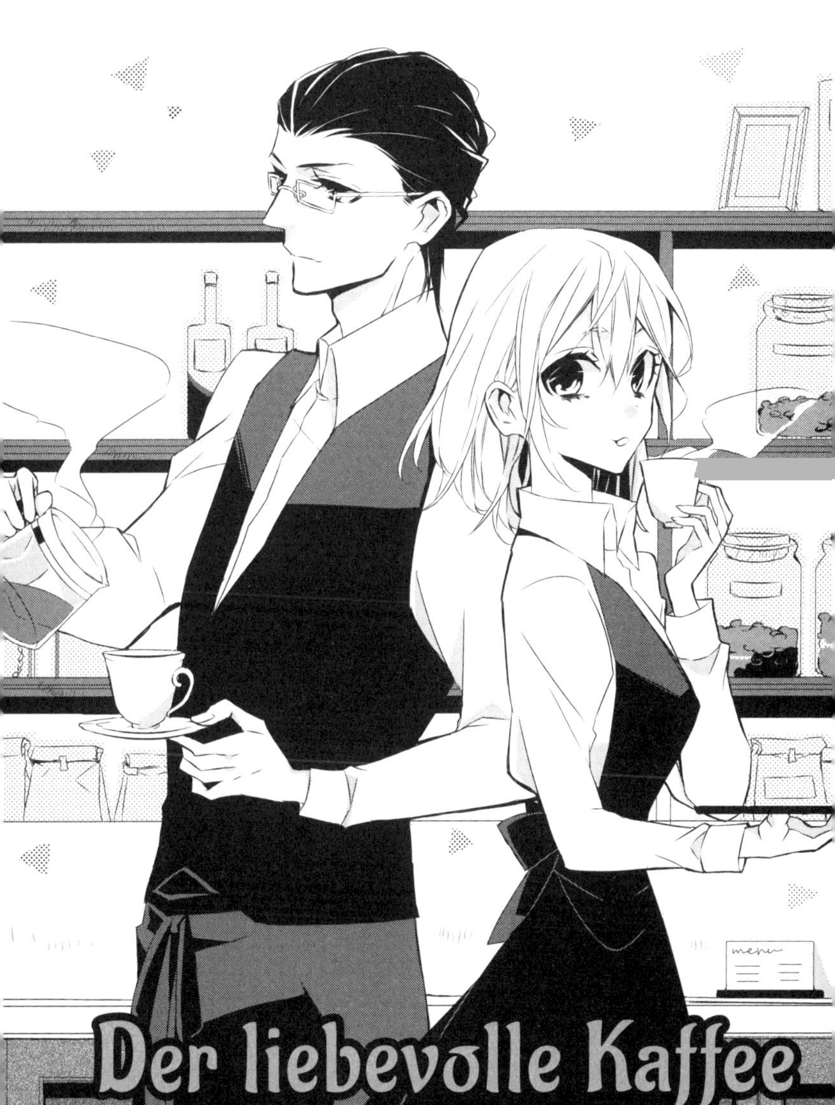
menu
Der liebevolle Kaffee
von Herrn Sakura

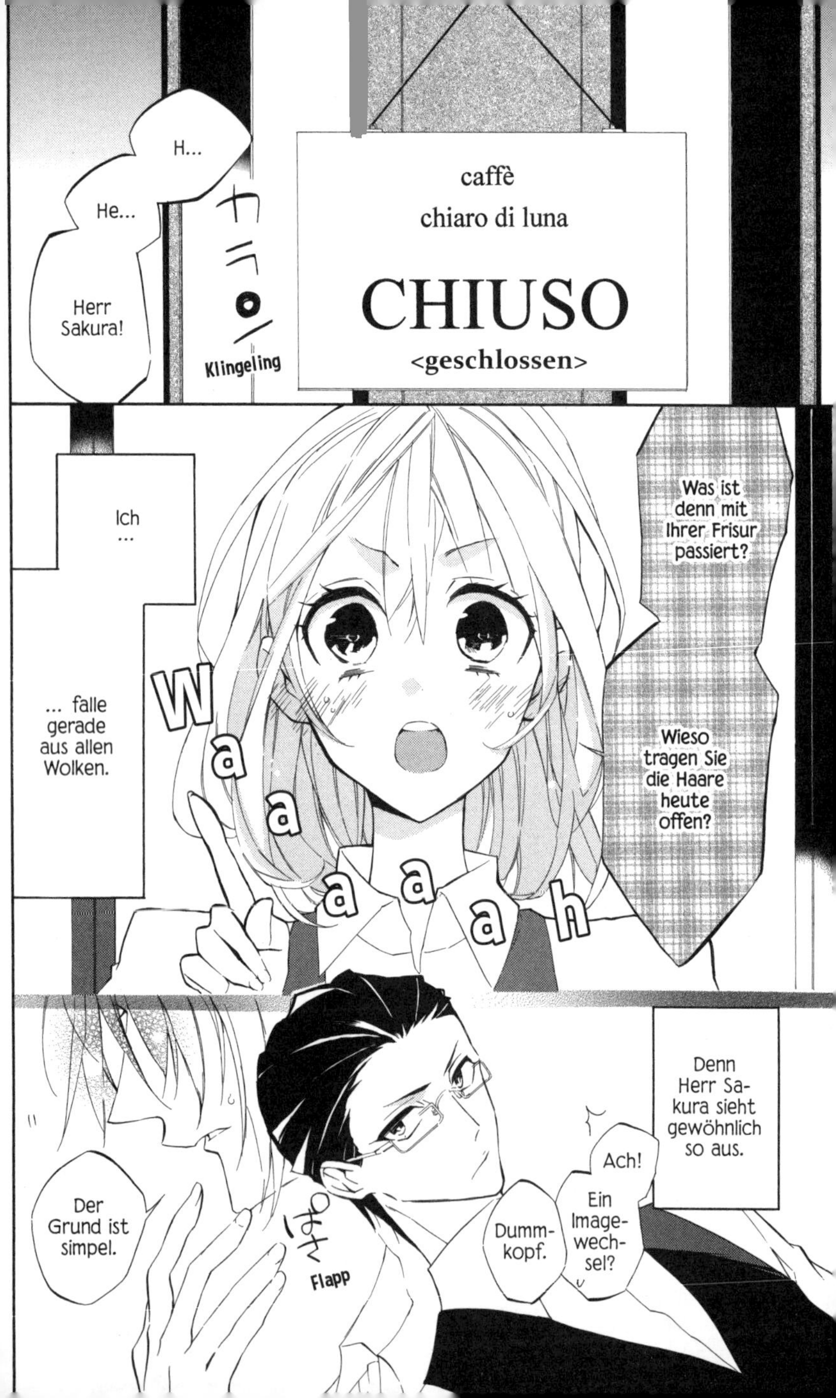
caffè
chiaro di luna
CHIUSO
<geschlossen>
カラン
Klingeling
H... He... Herr Sakura!
Was ist denn mit Ihrer Frisur passiert?
Wieso tragen Sie die Haare heute offen?
Waaaaaah
Ich ...
... falle gerade aus allen Wolken.
Denn Herr Sakura sieht gewöhnlich so aus.
Ach!
Ein Imagewechsel?
Dummkopf.
ぱさ
Flapp
Der Grund ist simpel.

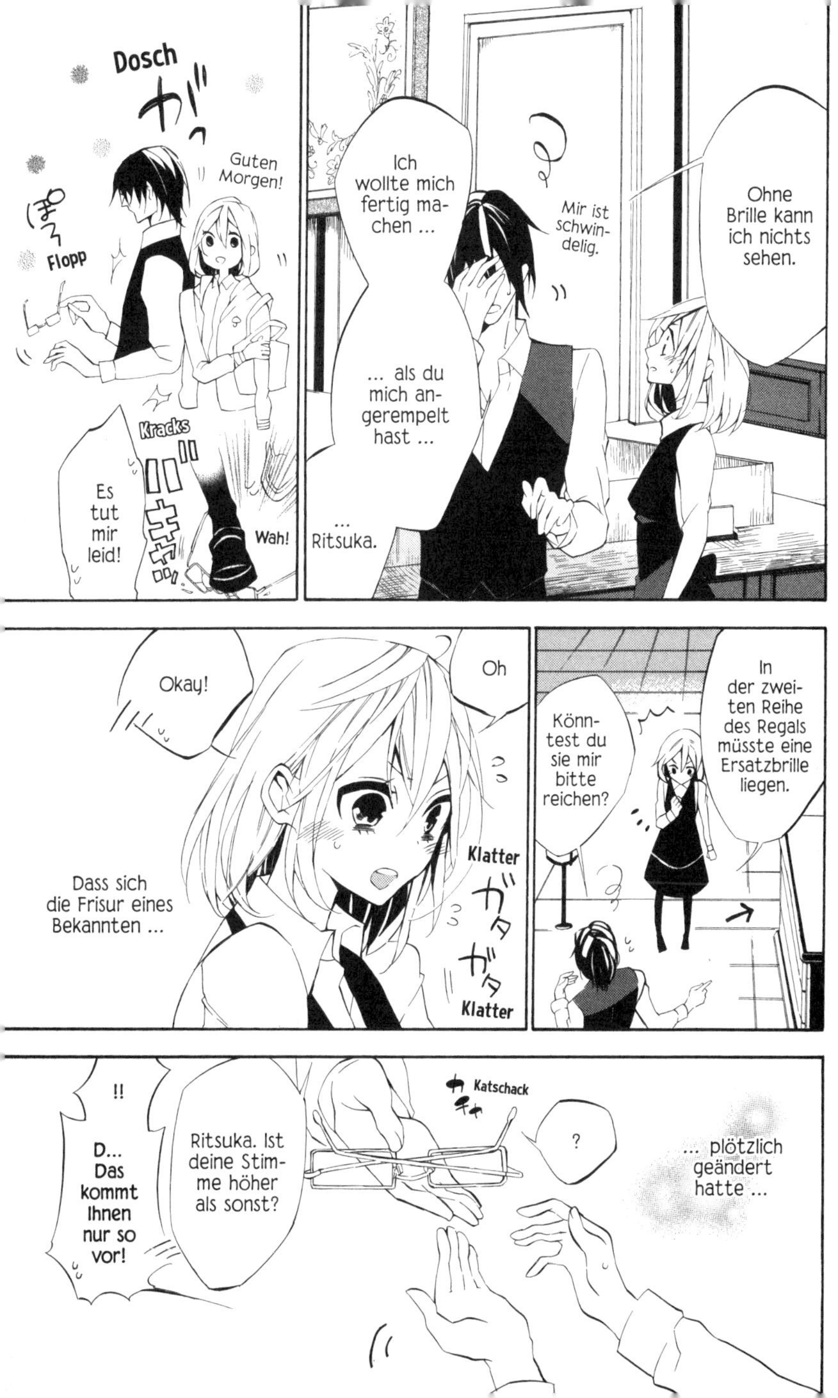

Ohne Brille kann ich nichts sehen.
Mir ist schwindelig.
Ich wollte mich fertig machen ...
... als du mich angerempelt hast ...
... Ritsuka.
Dosch
Guten Morgen!
Flopp
Kracks
Wah!
Es tut mir leid!

In der zweiten Reihe des Regals müsste eine Ersatzbrille liegen.
Könntest du sie mir bitte reichen?
Oh
Okay!
Klatter
Klatter
Dass sich die Frisur eines Bekannten ...

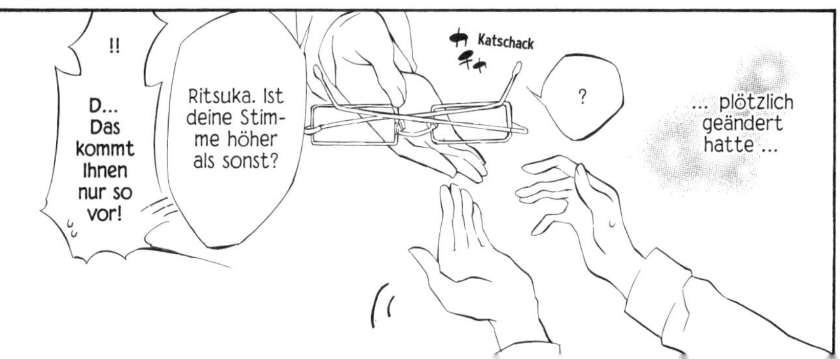

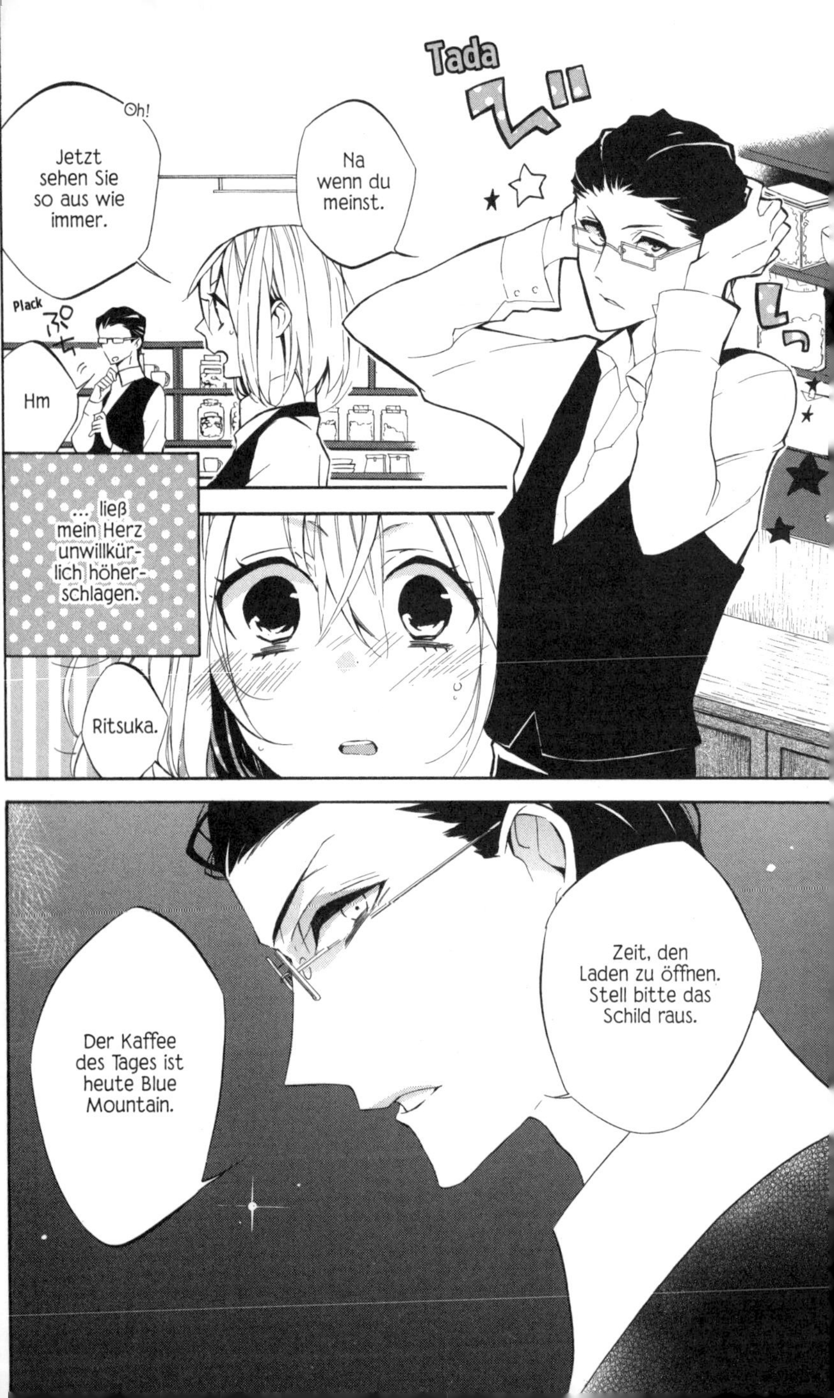

Tada

Na wenn du meinst.

Oh!

Jetzt sehen Sie so aus wie immer.

Plack

Hm

... ließ mein Herz unwillkürlich höherschlagen.

Ritsuka.

Zeit, den Laden zu öffnen. Stell bitte das Schild raus.

Der Kaffee des Tages ist heute Blue Mountain.

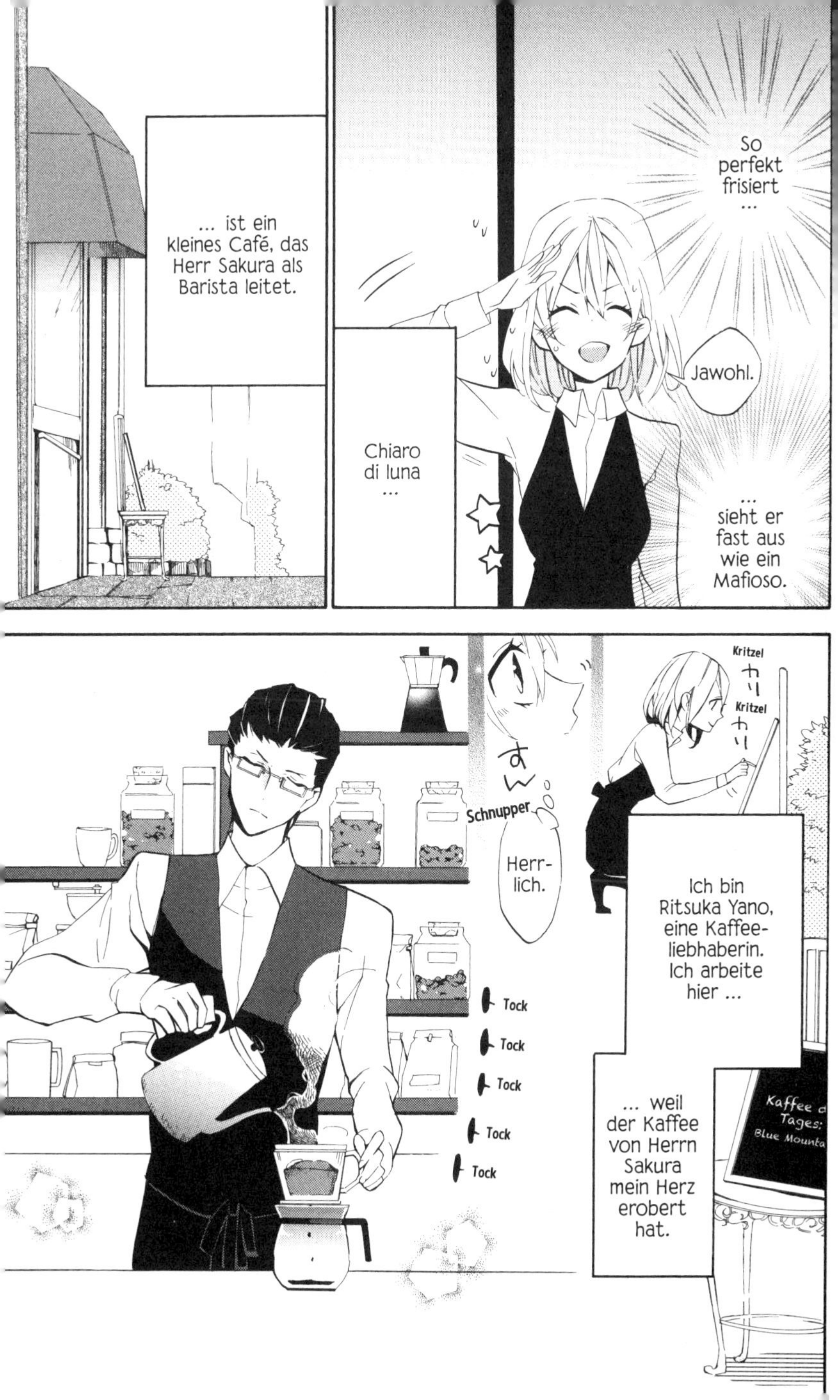

So perfekt frisiert ...

Jawohl.

... sieht er fast aus wie ein Mafioso.

Chiaro di luna ...

... ist ein kleines Café, das Herr Sakura als Barista leitet.

Kritzel

Kritzel

Ich bin Ritsuka Yano, eine Kaffeeliebhaberin. Ich arbeite hier ...

... weil der Kaffee von Herrn Sakura mein Herz erobert hat.

Kaffee d
Tages:
Blue Mounta

Schnupper

Herr-lich.

Tock

Tock

Tock

Tock

Tock

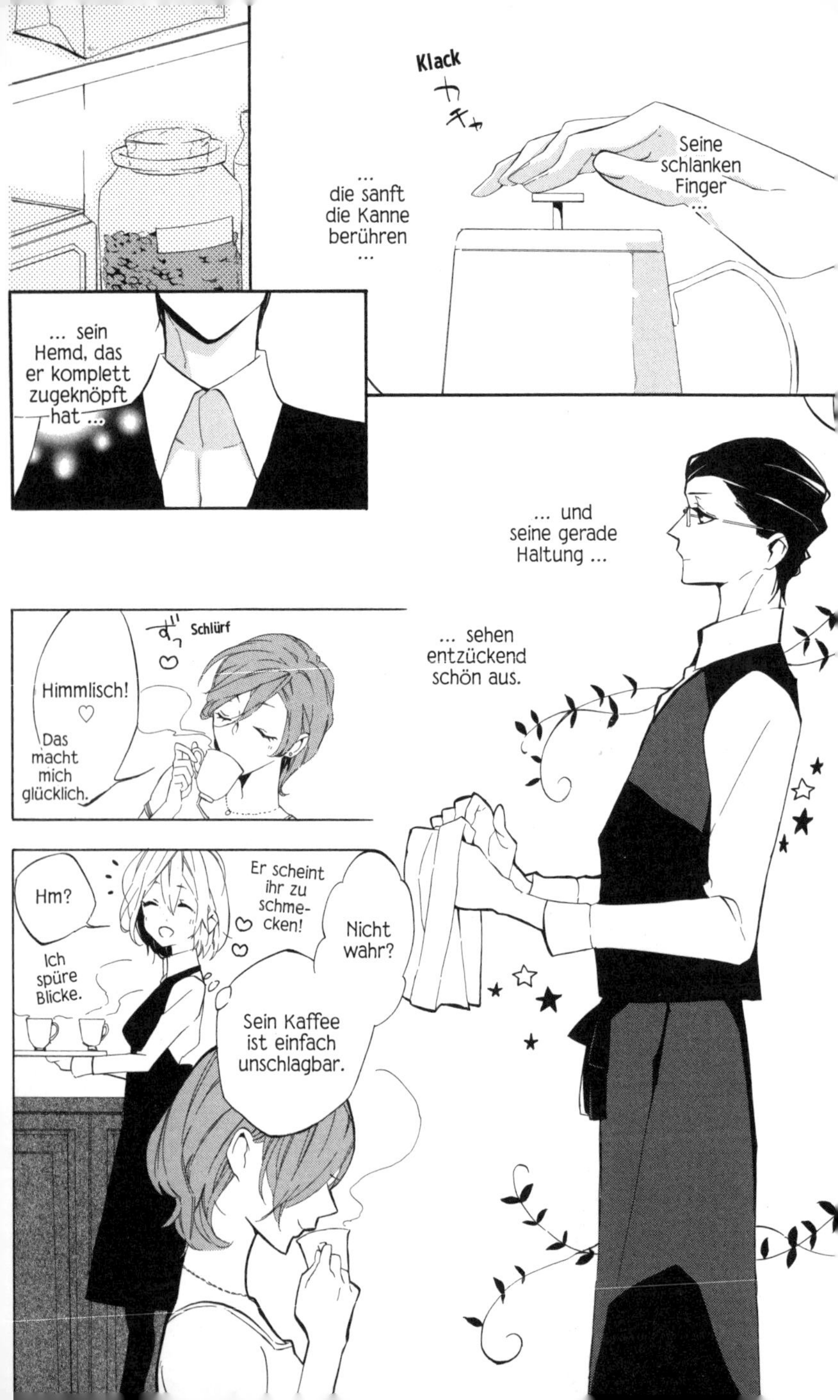
Klack
Seine schlanken Finger ...
... die sanft die Kanne berühren ...
... sein Hemd, das er komplett zugeknöpft hat ...
... und seine gerade Haltung ...
... sehen entzückend schön aus.
Schlürf
Himmlisch! ♡
Das macht mich glücklich.
Er scheint ihr zu schmecken!
Nicht wahr?
Hm?
Ich spüre Blicke.
Sein Kaffee ist einfach unschlagbar.

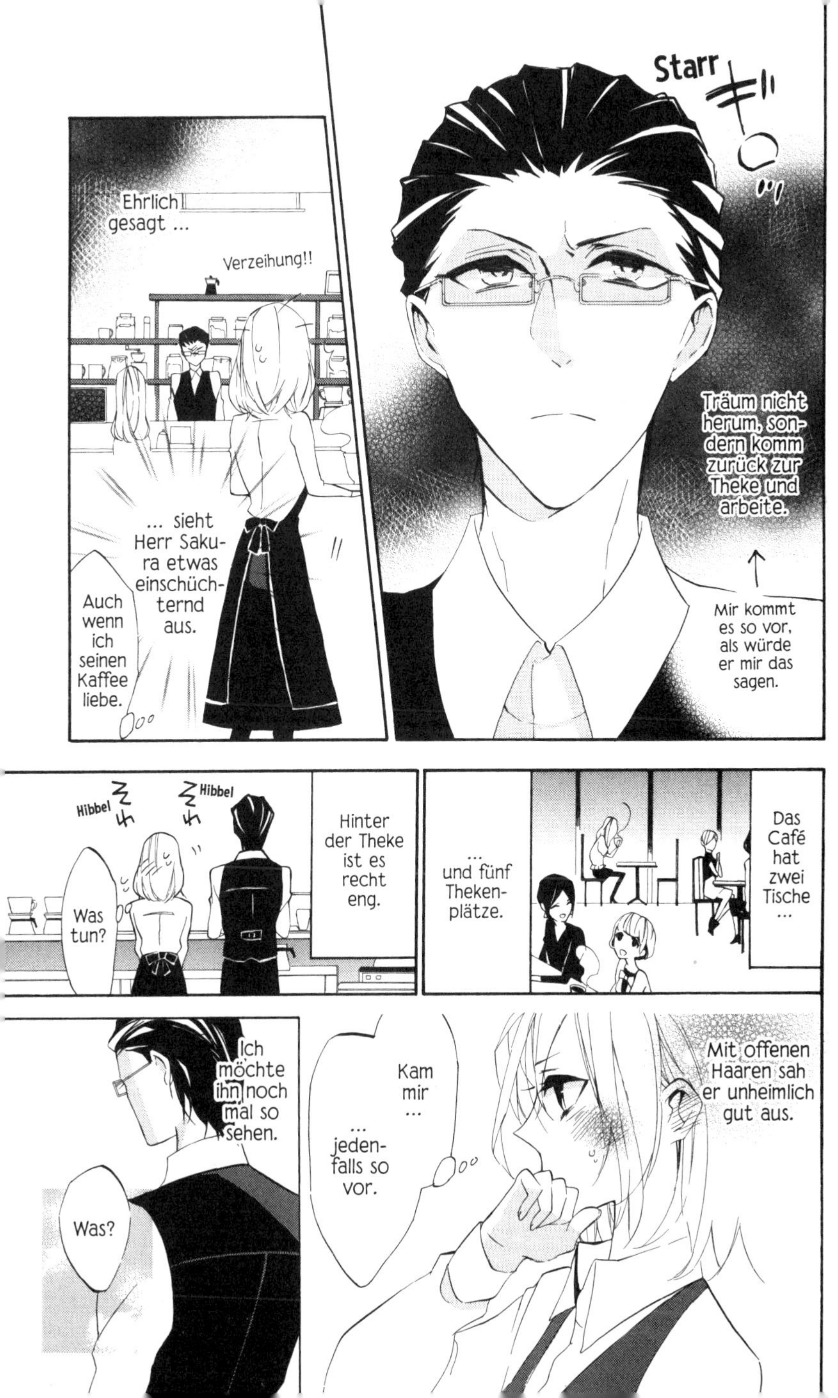

Starr

Träum nicht herum, sondern komm zurück zur Theke und arbeite.

Mir kommt es so vor, als würde er mir das sagen.

Ehrlich gesagt ...

Verzeihung!!

... sieht Herr Sakura etwas einschüchternd aus.

Auch wenn ich seinen Kaffee liebe.

Das Café hat zwei Tische ...

... und fünf Thekenplätze.

Hinter der Theke ist es recht eng.

Hibbel

Hibbel

Was tun?

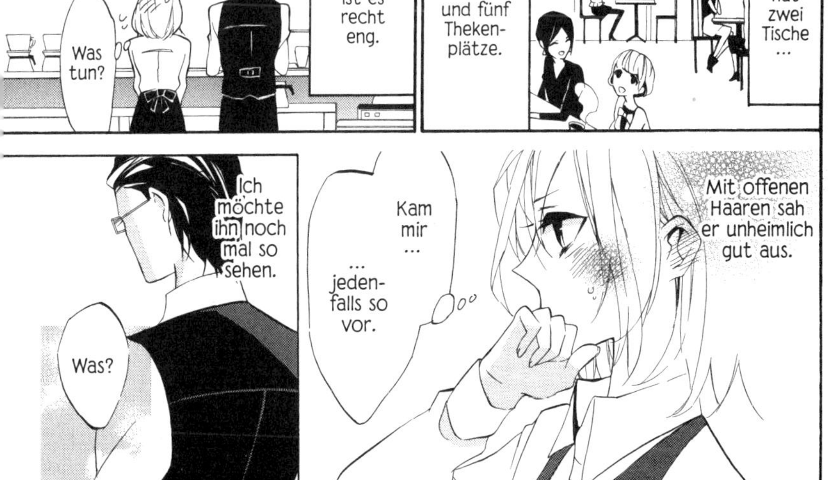

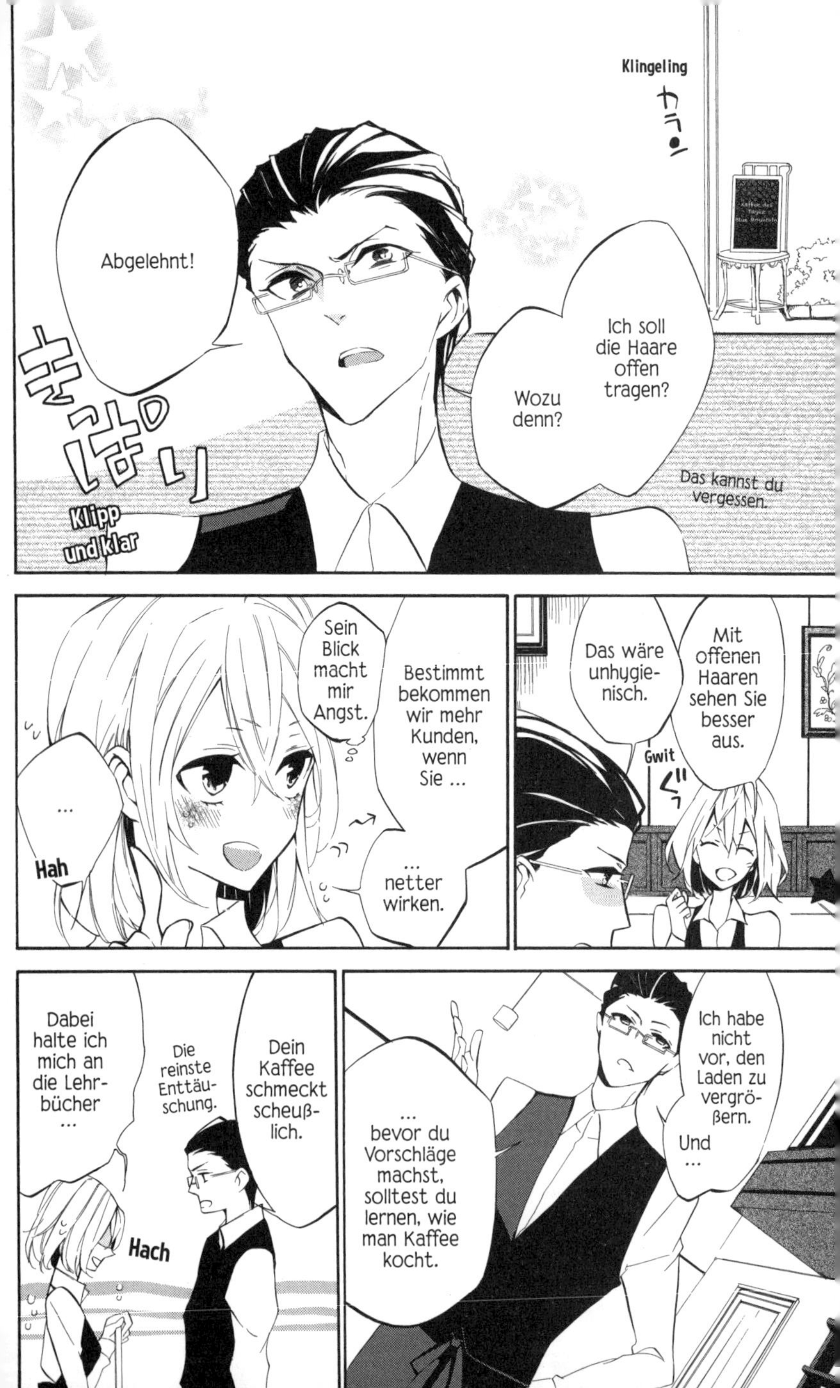
Klingeling
Ich soll die Haare offen tragen?
Wozu denn?
Das kannst du vergessen.
Abgelehnt!
Klipp und klar
Mit offenen Haaren sehen Sie besser aus.
Das wäre unhygienisch.
Gwit
Bestimmt bekommen wir mehr Kunden, wenn Sie ...
... netter wirken.
Sein Blick macht mir Angst.
...
Hah
Ich habe nicht vor, den Laden zu vergrößern.
Und ...
... bevor du Vorschläge machst, solltest du lernen, wie man Kaffee kocht.
Dein Kaffee schmeckt scheußlich.
Die reinste Enttäuschung.
Dabei halte ich mich an die Lehrbücher ...
Hach

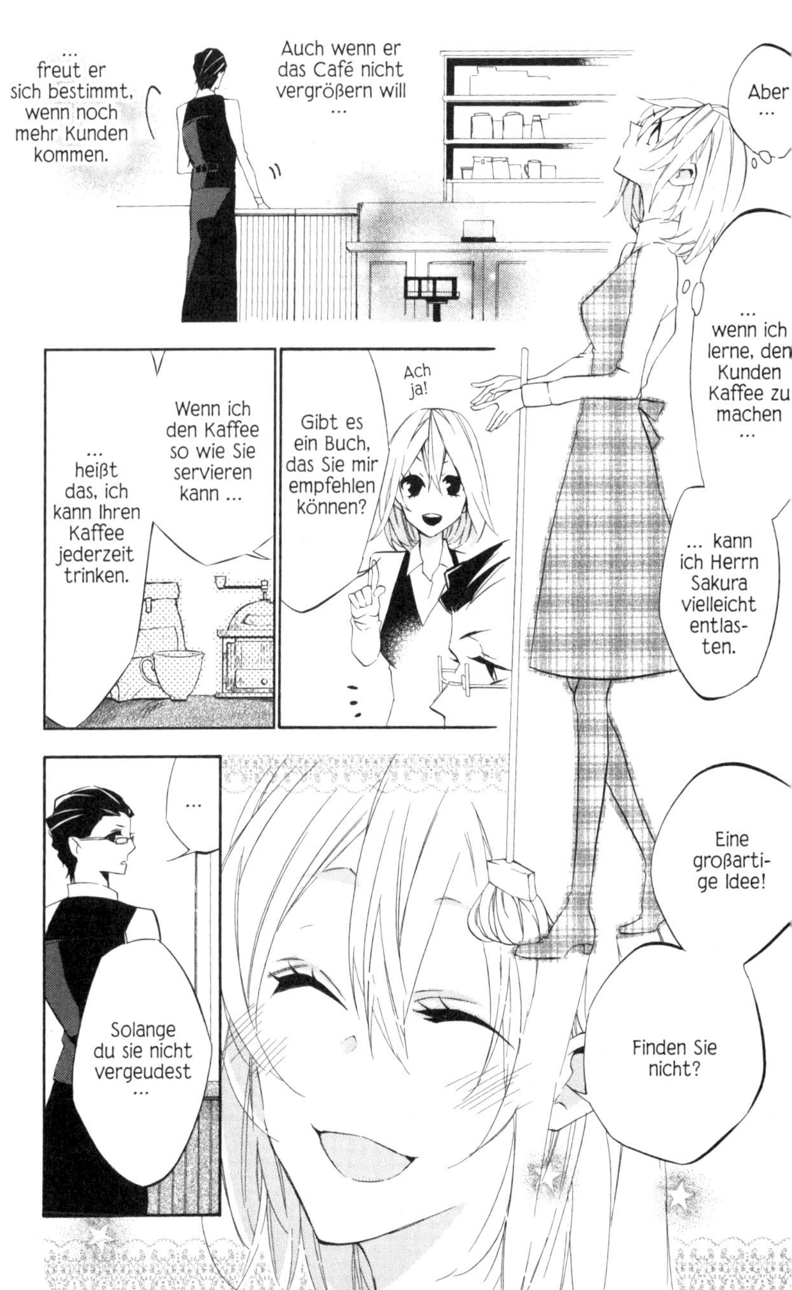
Aber ...
Auch wenn er das Café nicht vergrößern will ...
... freut er sich bestimmt, wenn noch mehr Kunden kommen.
... wenn ich lerne, den Kunden Kaffee zu machen ...
... kann ich Herrn Sakura vielleicht entlasten.
Ach ja!
Gibt es ein Buch, das Sie mir empfehlen können?
Wenn ich den Kaffee so wie Sie servieren kann ...
... heißt das, ich kann Ihren Kaffee jederzeit trinken.
Eine großartige Idee!
Finden Sie nicht?
...
Solange du sie nicht vergeudest ...

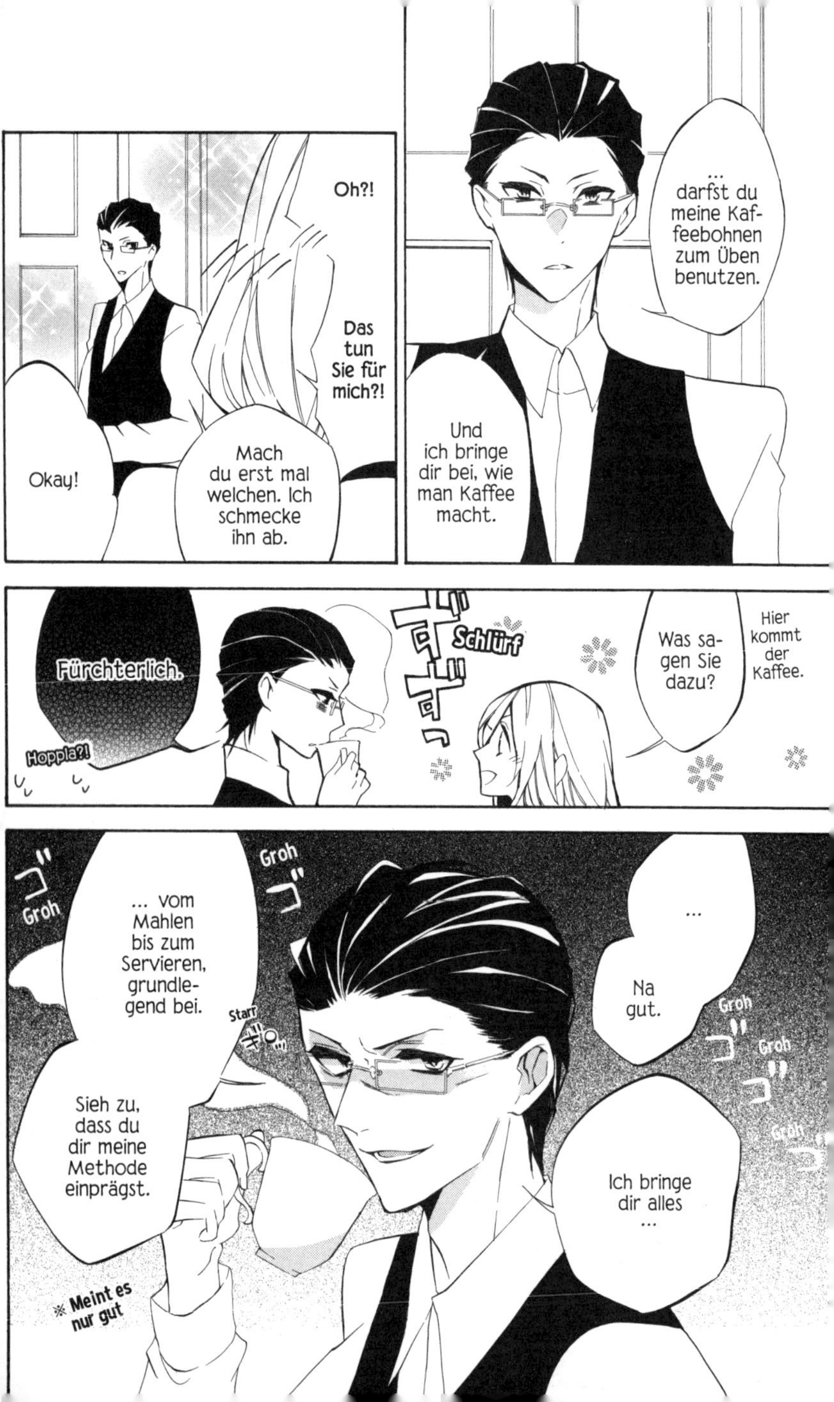

... darfst du meine Kaffeebohnen zum Üben benutzen.

Und ich bringe dir bei, wie man Kaffee macht.

Oh?!

Das tun Sie für mich?!

Mach du erst mal welchen. Ich schmecke ihn ab.

Okay!

Hier kommt der Kaffee.

Was sagen Sie dazu?

Schlürf

Fürchterlich.

Hoppla?!

...

Na gut.

Groh Groh Groh

Ich bringe dir alles ...

Groh Groh

... vom Mahlen bis zum Servieren, grundlegend bei.

Starr

Sieh zu, dass du dir meine Methode einprägst.

※ Meint es nur gut

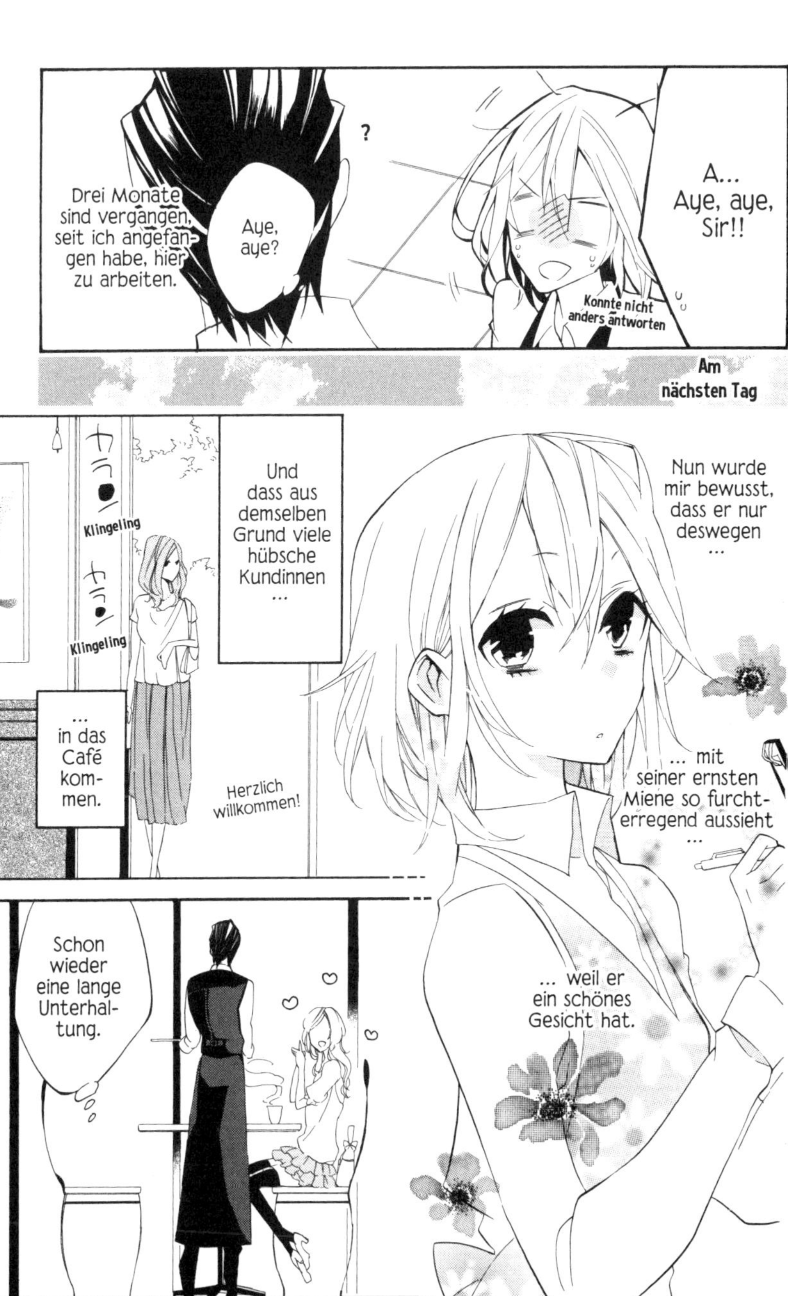
A...
Aye, aye, Sir!!
Konnte nicht anders antworten
?
Aye, aye?
Drei Monate sind vergangen, seit ich angefangen habe, hier zu arbeiten.
Am nächsten Tag
Nun wurde mir bewusst, dass er nur deswegen ...
... mit seiner ernsten Miene so furchterregend aussieht ...
... weil er ein schönes Gesicht hat.
Und dass aus demselben Grund viele hübsche Kundinnen ...
Klingeling
Klingeling
... in das Café kommen.
Herzlich willkommen!
Schon wieder eine lange Unterhaltung.

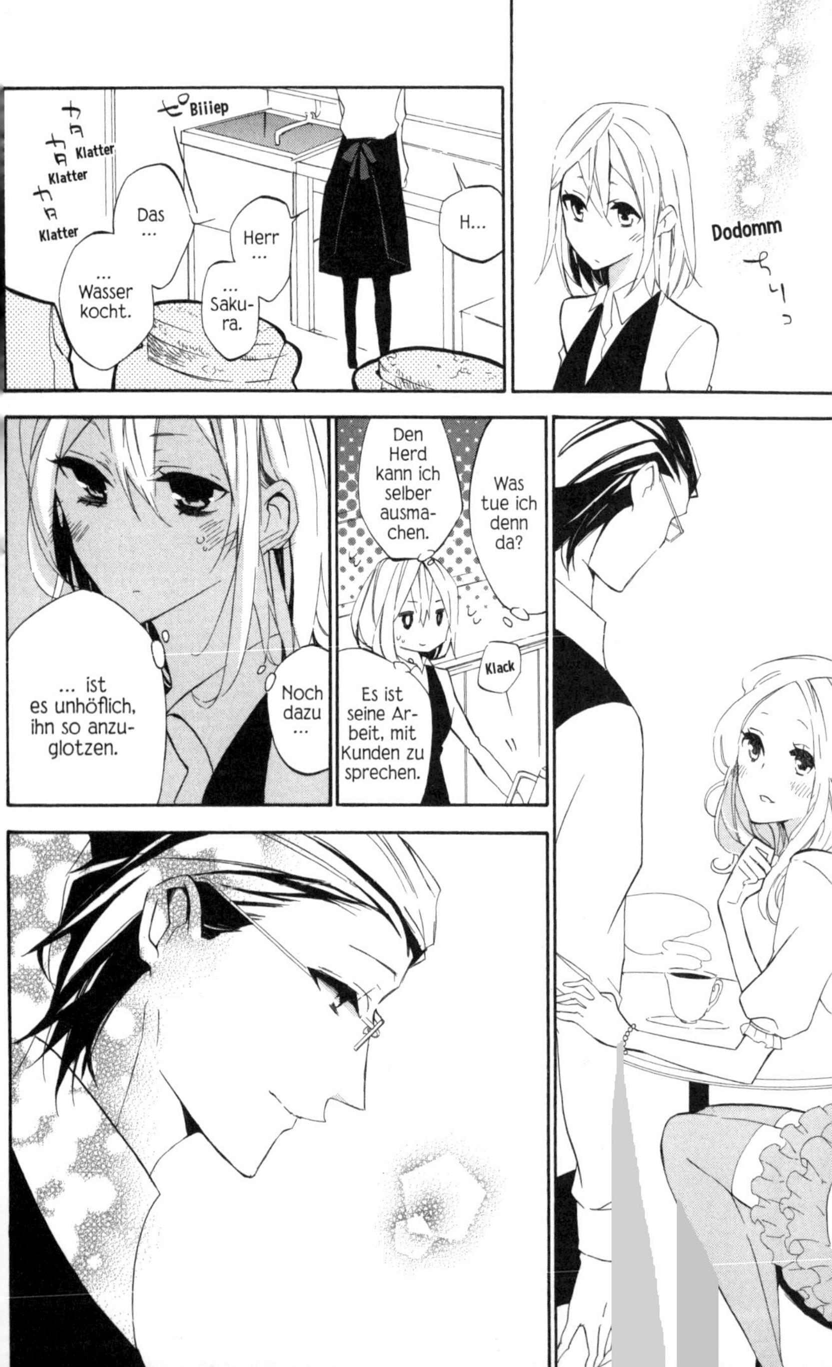
Dodomm
H...
Herr ... ... Sakura.
Das ... ... Wasser kocht.
Biiiep
Klatter
Klatter
Klatter
Was tue ich denn da?
Den Herd kann ich selber ausmachen.
Klack
Es ist seine Arbeit, mit Kunden zu sprechen.
Noch dazu ...
... ist es unhöflich, ihn so anzuglotzen.

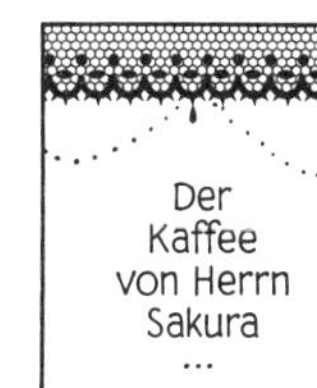

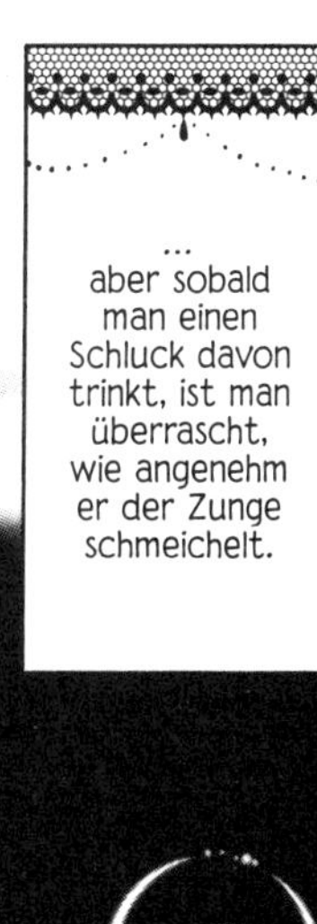

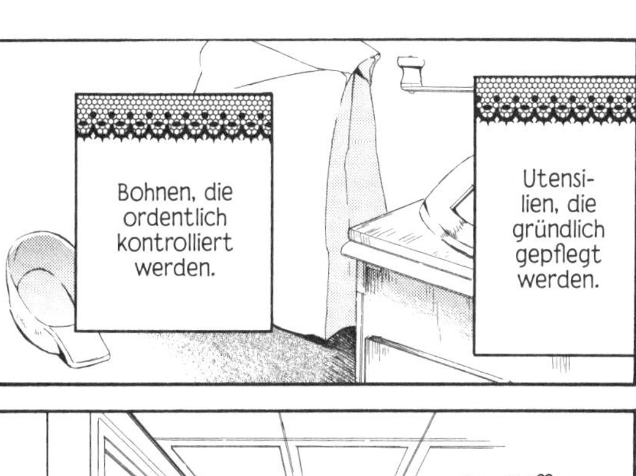

Der Kaffee von Herrn Sakura ...

... ähnelt ihm selbst.

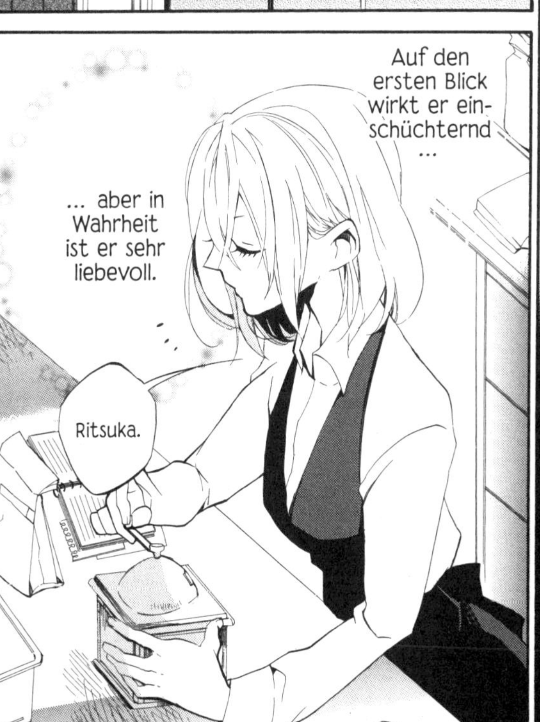

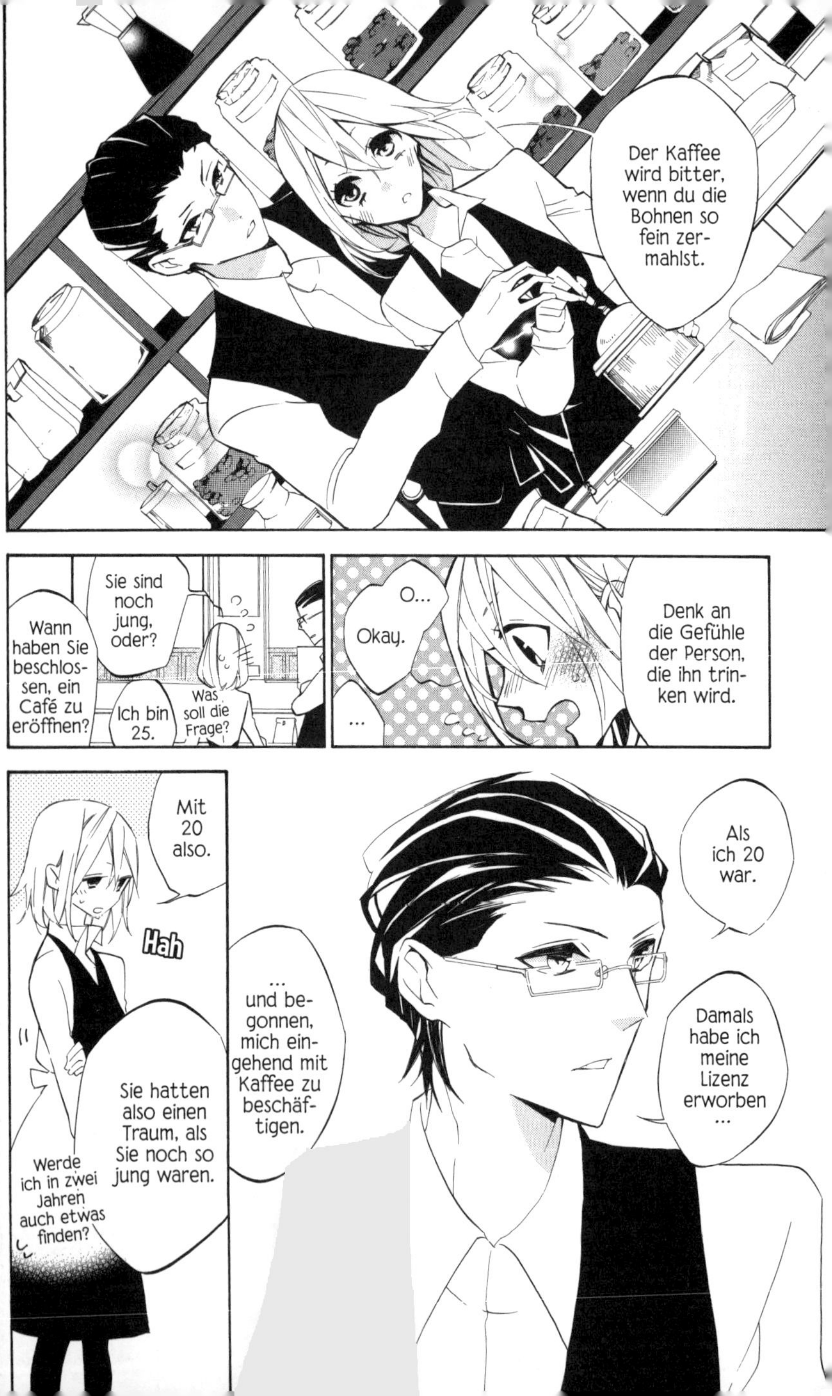

Der Kaffee wird bitter, wenn du die Bohnen so fein zermahlst.

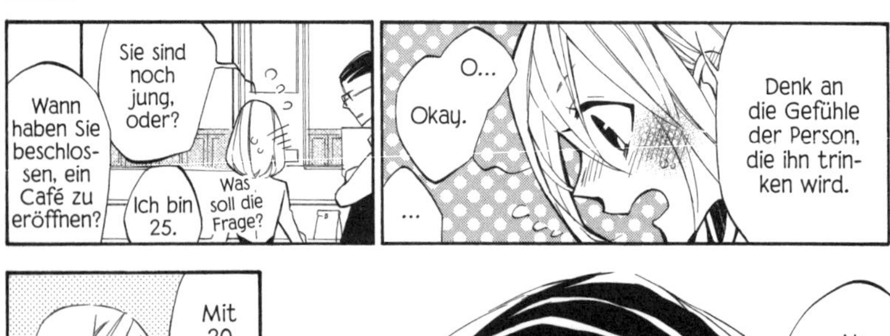

Als ich 20 war.
Damals habe ich meine Lizenz erworben ...
... und begonnen, mich eingehend mit Kaffee zu beschäftigen.
Mit 20 also.
Hah
Sie hatten also einen Traum, als Sie noch so jung waren.
Werde ich in zwei Jahren auch etwas finden?

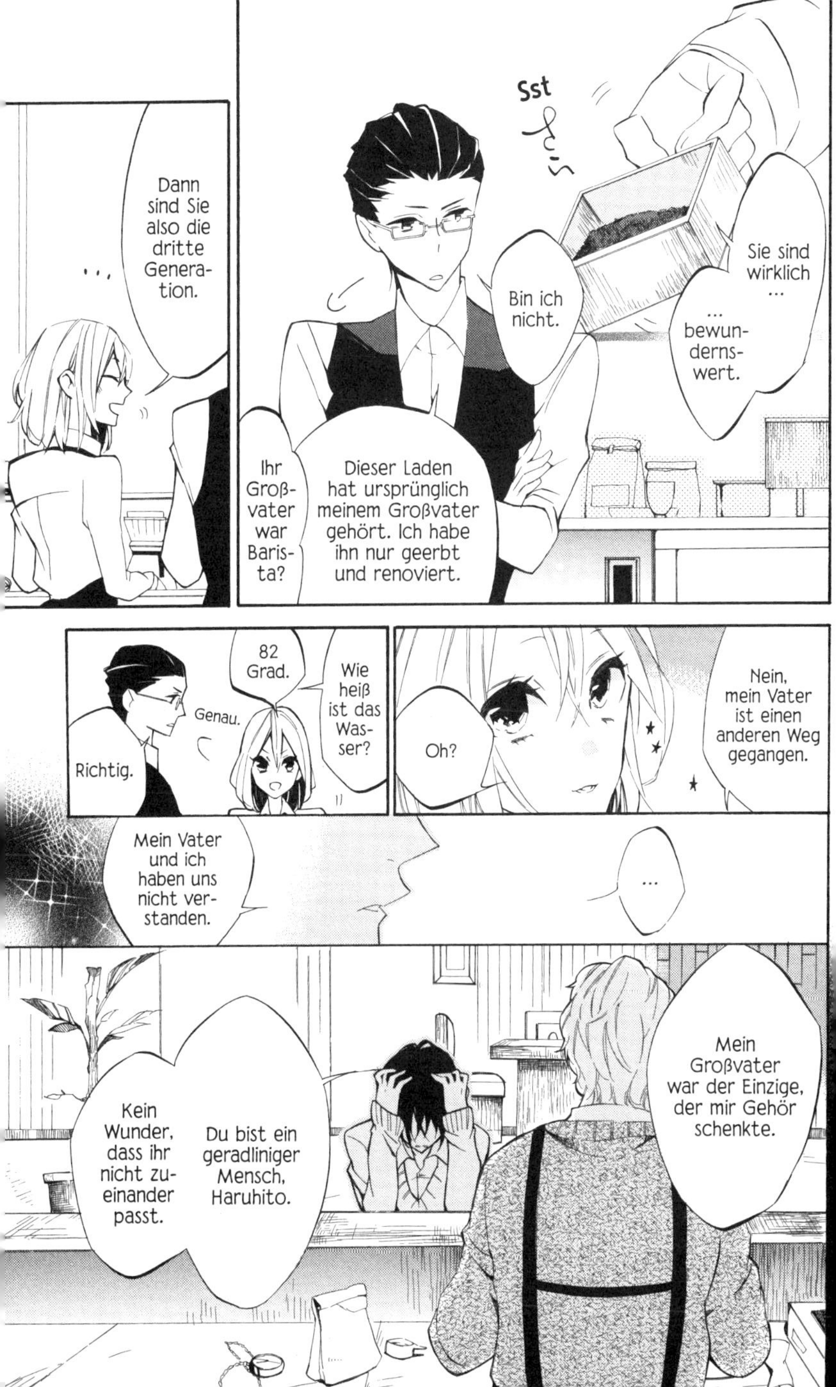
Sst
Sie sind wirklich ... ... bewundernswert.
Bin ich nicht.
Dieser Laden hat ursprünglich meinem Großvater gehört. Ich habe ihn nur geerbt und renoviert.
Ihr Großvater war Barista?
Dann sind Sie also die dritte Generation.
...
Nein, mein Vater ist einen anderen Weg gegangen.
Oh?
Wie heiß ist das Wasser?
82 Grad.
Genau.
Richtig.
...
Mein Vater und ich haben uns nicht verstanden.
Mein Großvater war der Einzige, der mir Gehör schenkte.
Du bist ein geradliniger Mensch, Haruhito.
Kein Wunder, dass ihr nicht zueinander passt.

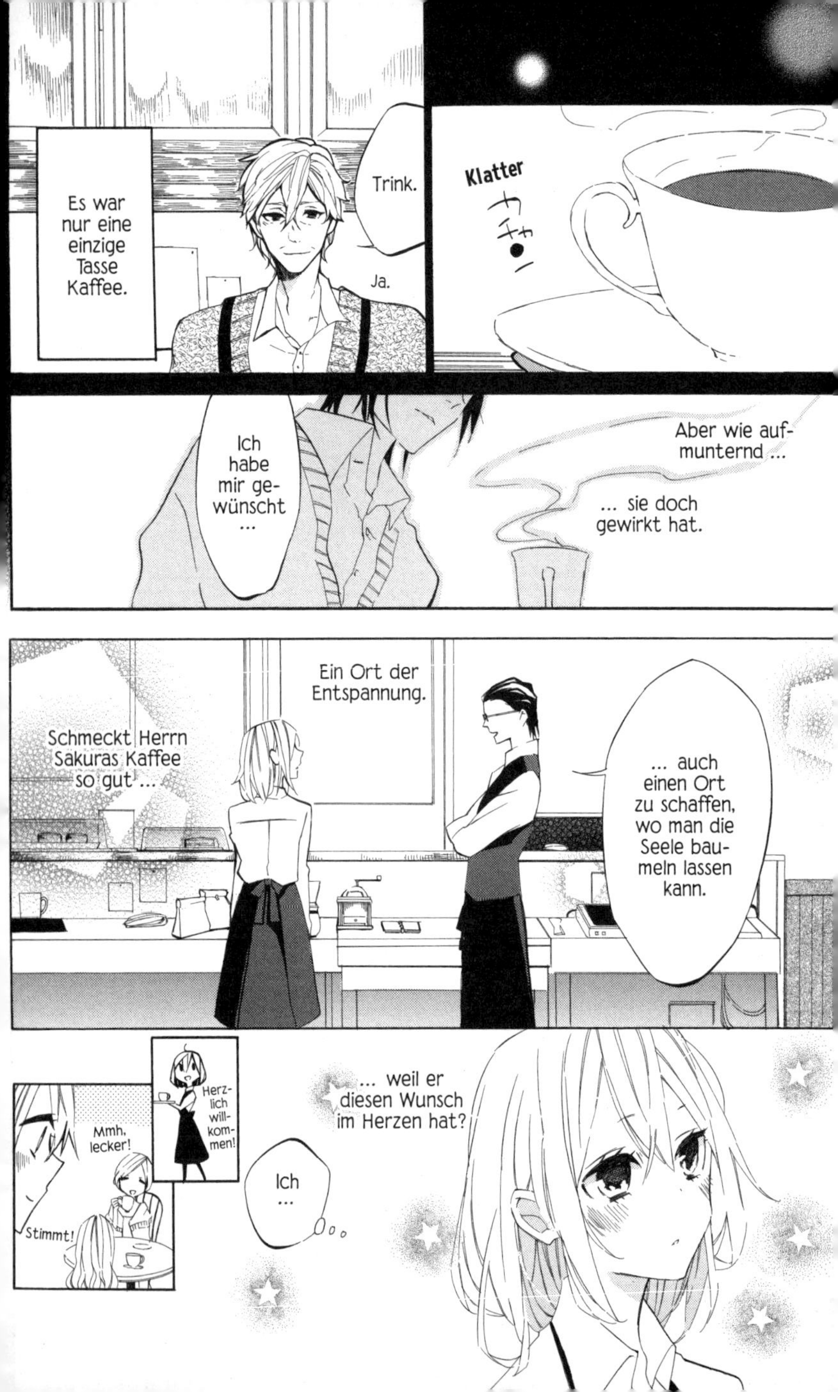
Trink.
Es war nur eine einzige Tasse Kaffee.
Ja.
Klatter
Aber wie aufmunternd ...
... sie doch gewirkt hat.
Ich habe mir gewünscht ...
Ein Ort der Entspannung.
Schmeckt Herrn Sakuras Kaffee so gut ...
... auch einen Ort zu schaffen, wo man die Seele baumeln lassen kann.
Herzlich willkommen!
Mmh, lecker!
Stimmt!
... weil er diesen Wunsch im Herzen hat?
Ich ...

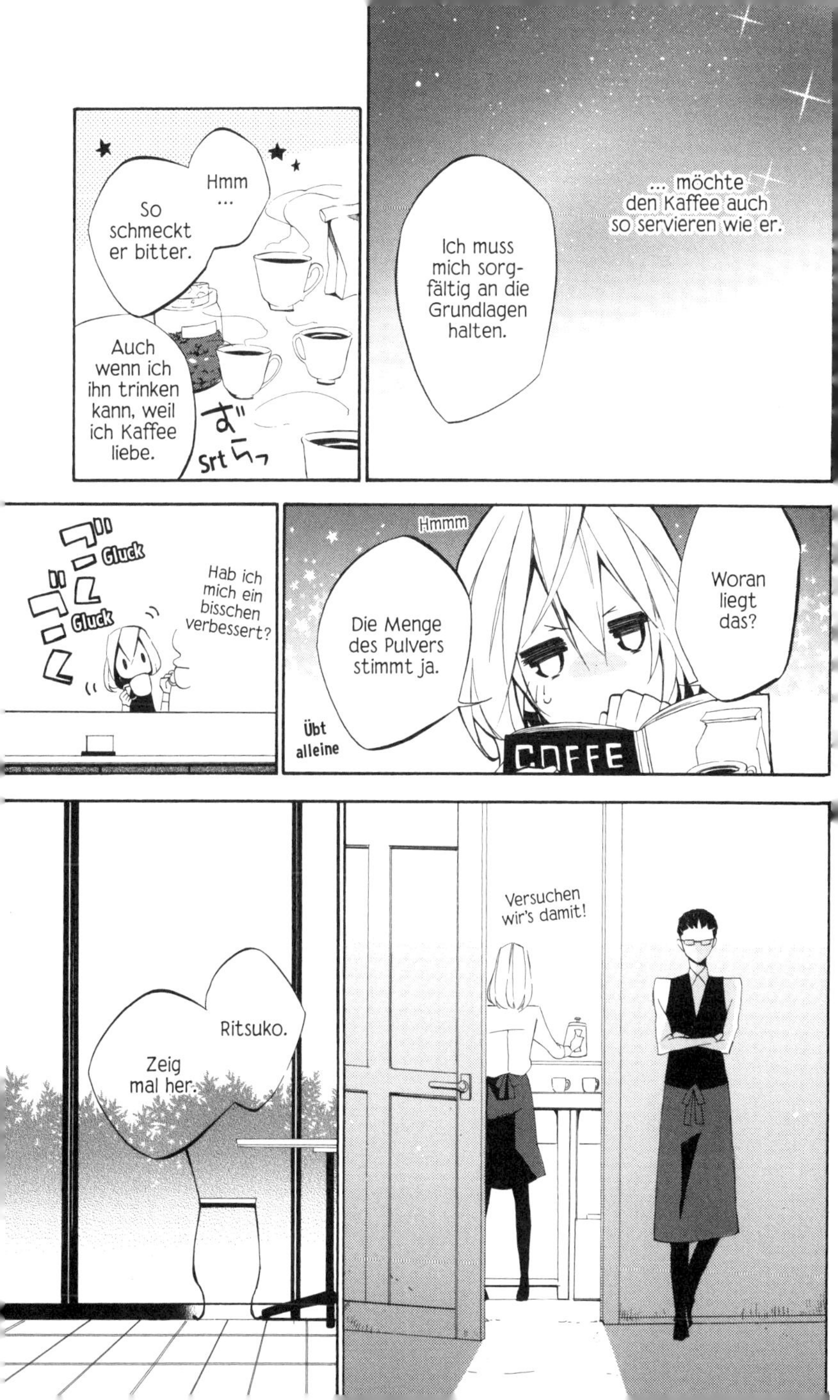

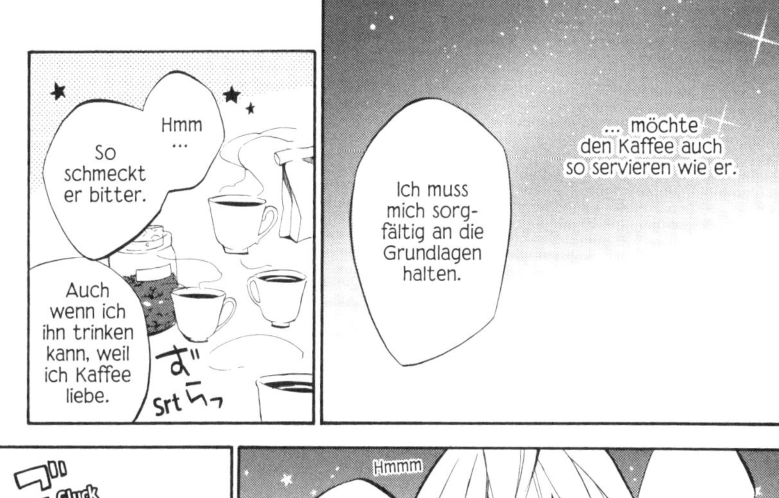
... möchte den Kaffee auch so servieren wie er.
Ich muss mich sorgfältig an die Grundlagen halten.
Hmm ...
So schmeckt er bitter.
Auch wenn ich ihn trinken kann, weil ich Kaffee liebe.
Srt

Hmmm
Woran liegt das?
Die Menge des Pulvers stimmt ja.
COFFE
Übt alleine
Hab ich mich ein bisschen verbessert?
Gluck
Gluck

Versuchen wir's damit!
Ritsuko.
Zeig mal her.

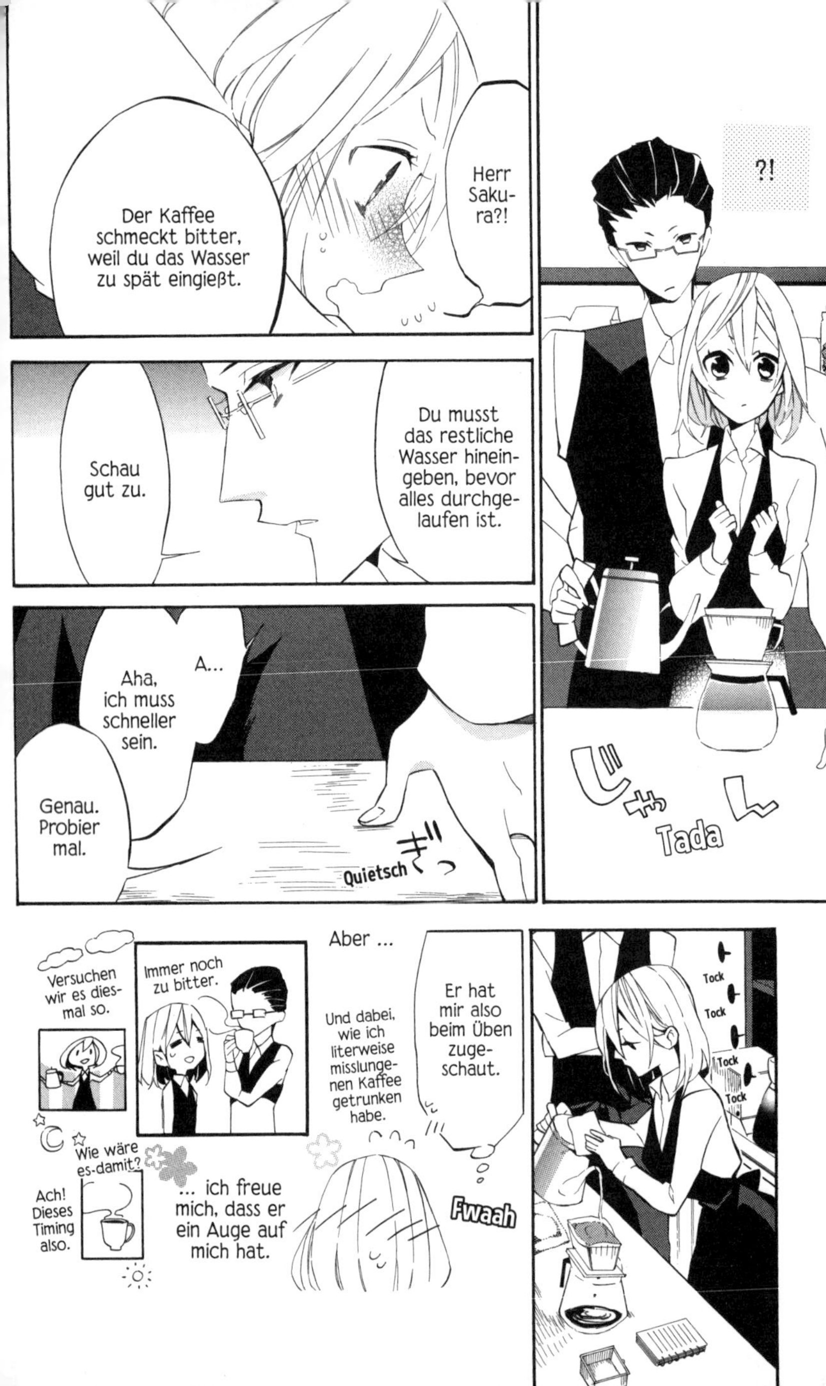

?!
Herr Sakura?!
Der Kaffee schmeckt bitter, weil du das Wasser zu spät eingießt.
Du musst das restliche Wasser hineingeben, bevor alles durchgelaufen ist.
Schau gut zu.
Tada
A...
Aha, ich muss schneller sein.
Genau. Probier mal.
Quietsch
Tock
Tock
Tock
Tock
Aber ...
Er hat mir also beim Üben zugeschaut.
Und dabei, wie ich literweise misslungenen Kaffee getrunken habe.
Fwaah
... ich freue mich, dass er ein Auge auf mich hat.
Immer noch zu bitter.
Versuchen wir es diesmal so.
Wie wäre es damit?
Ach! Dieses Timing also.

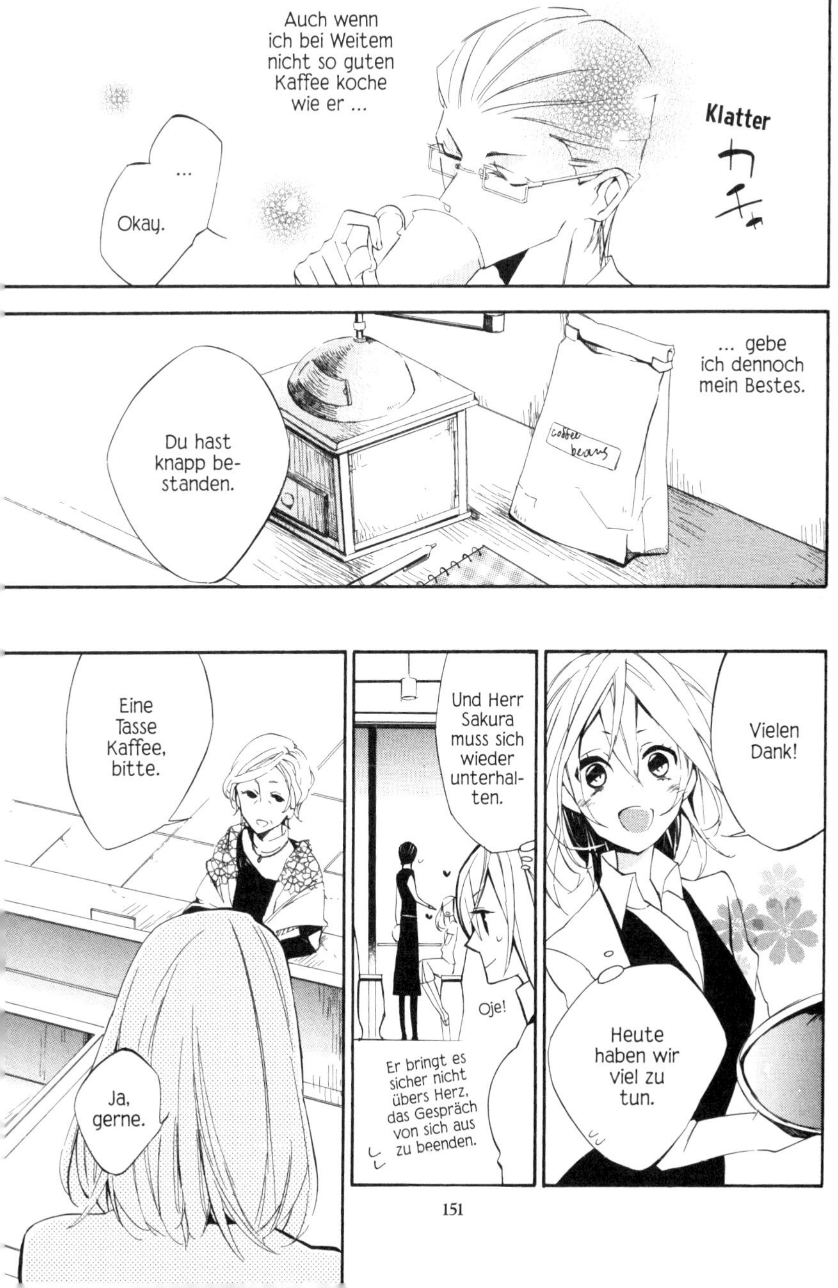

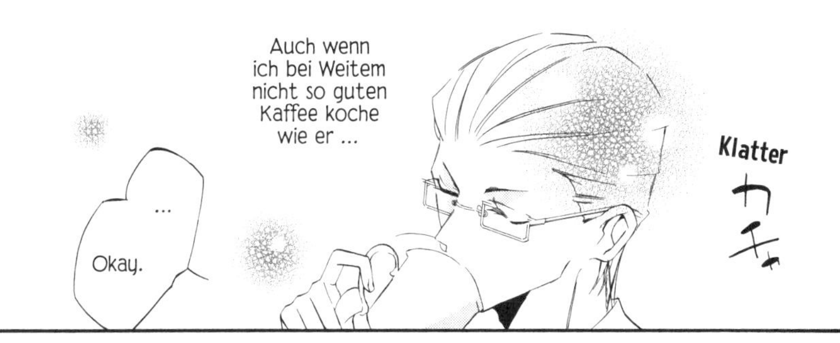

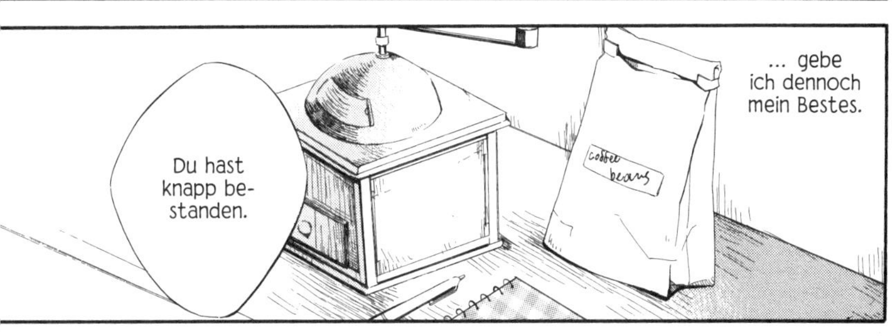

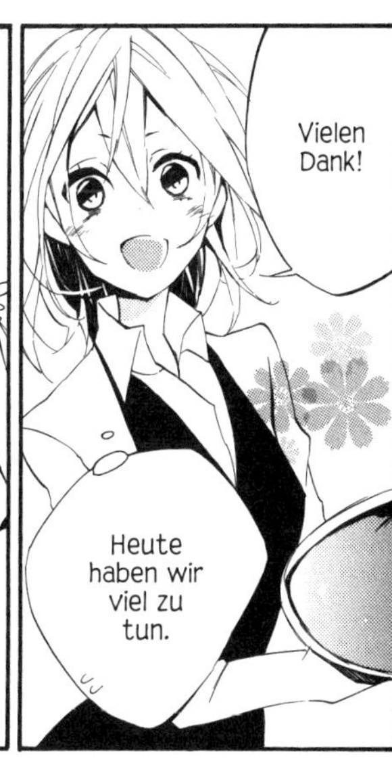

Und Herr Sakura muss sich wieder unterhalten.

Oje!

Er bringt es sicher nicht übers Herz, das Gespräch von sich aus zu beenden.

Eine Tasse Kaffee, bitte.

Ja, gerne.

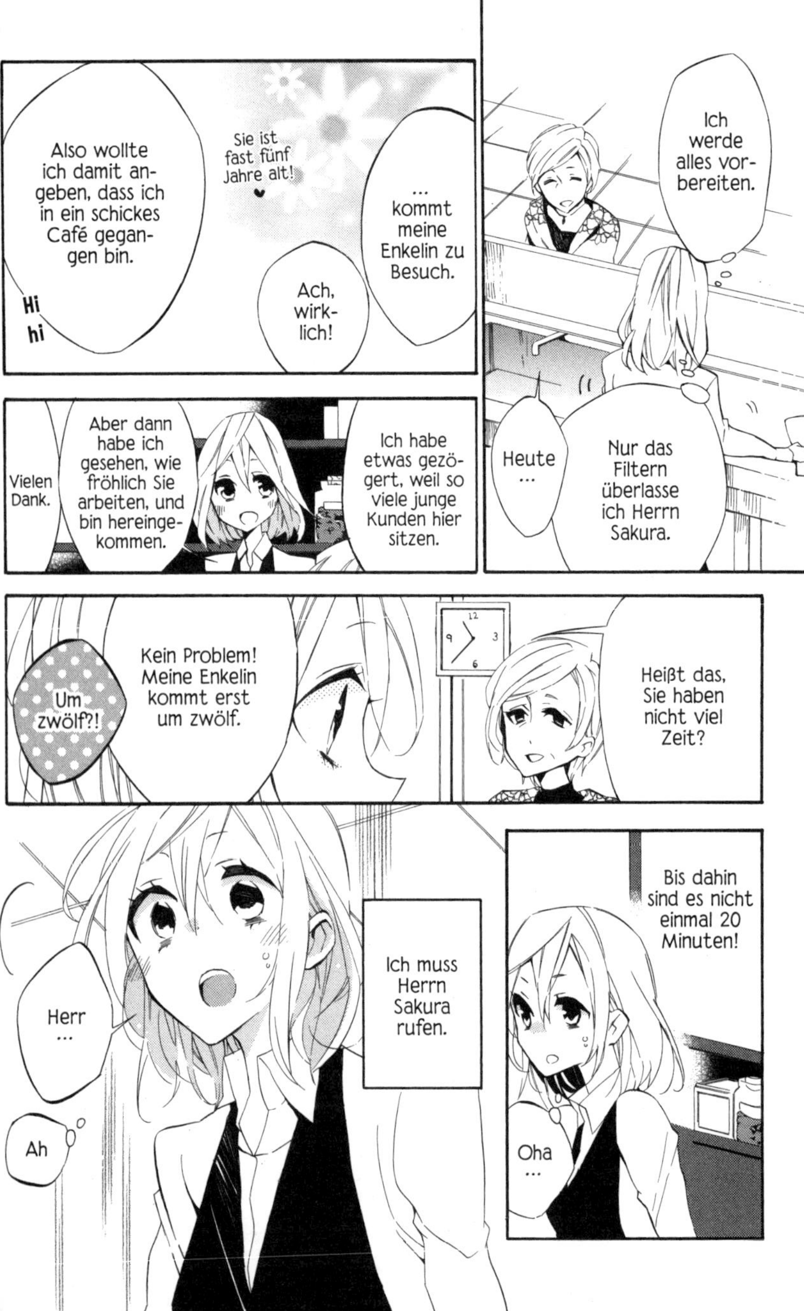
Ich werde alles vorbereiten.
Nur das Filtern überlasse ich Herrn Sakura.
Heute …
… kommt meine Enkelin zu Besuch.
Sie ist fast fünf Jahre alt!
Ach, wirklich!
Also wollte ich damit angeben, dass ich in ein schickes Café gegangen bin.
Hi hi
Ich habe etwas gezögert, weil so viele junge Kunden hier sitzen.
Aber dann habe ich gesehen, wie fröhlich Sie arbeiten, und bin hereingekommen.
Vielen Dank.
Heißt das, Sie haben nicht viel Zeit?
Kein Problem! Meine Enkelin kommt erst um zwölf.
Um zwölf?!
Bis dahin sind es nicht einmal 20 Minuten!
Oha …
Ich muss Herrn Sakura rufen.
Herr …
Ah

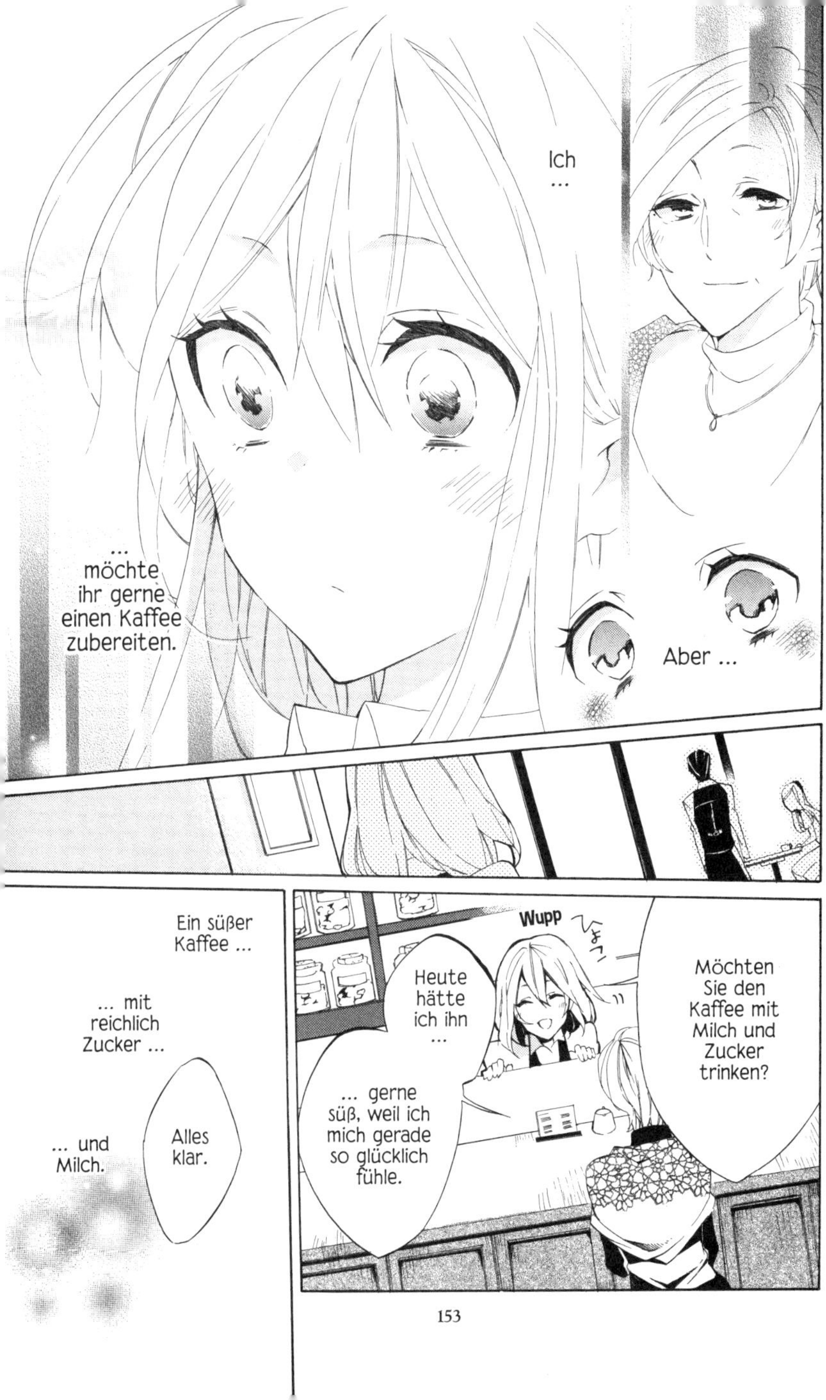

Ich ...

... möchte ihr gerne einen Kaffee zubereiten.

Aber ...

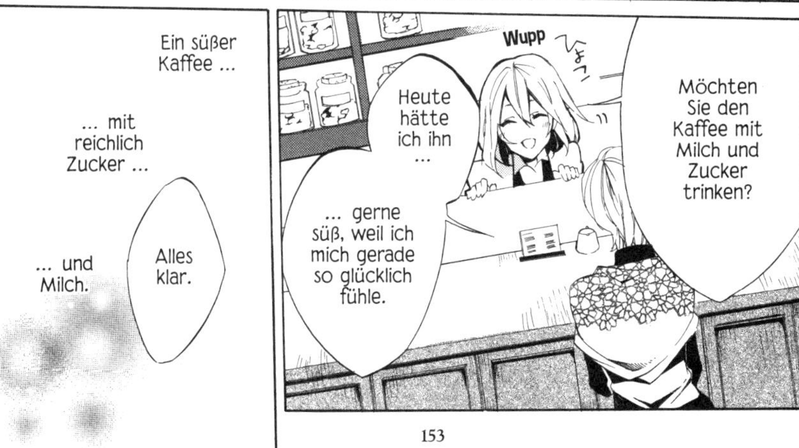

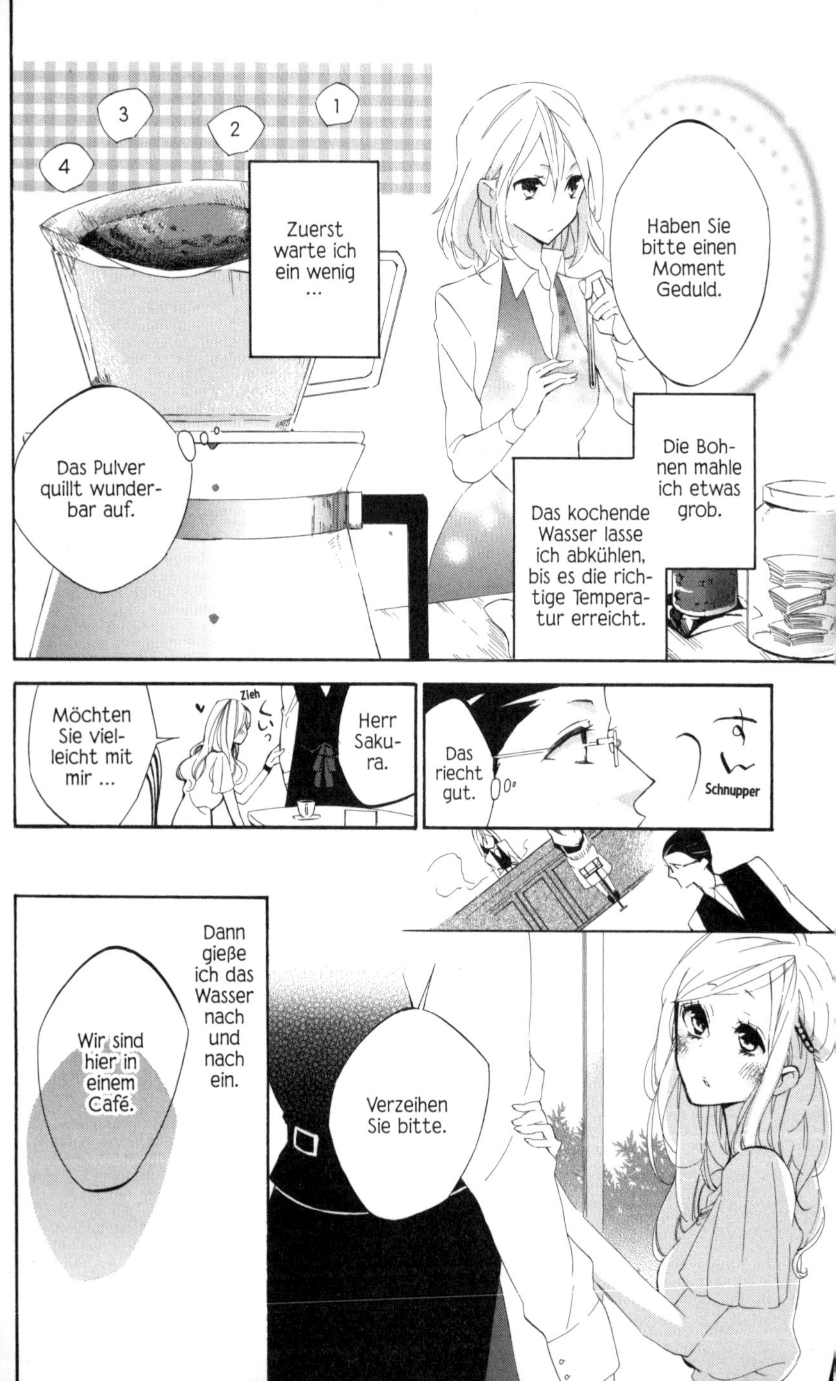

Haben Sie bitte einen Moment Geduld.
Die Bohnen mahle ich etwas grob.
Das kochende Wasser lasse ich abkühlen, bis es die richtige Temperatur erreicht.
1
2
3
4
Zuerst warte ich ein wenig ...
Das Pulver quillt wunderbar auf.
Schnupper
Das riecht gut.
Herr Sakura.
Zieh
Möchten Sie vielleicht mit mir ...
Verzeihen Sie bitte.
Dann gieße ich das Wasser nach und nach ein.
Wir sind hier in einem Café.

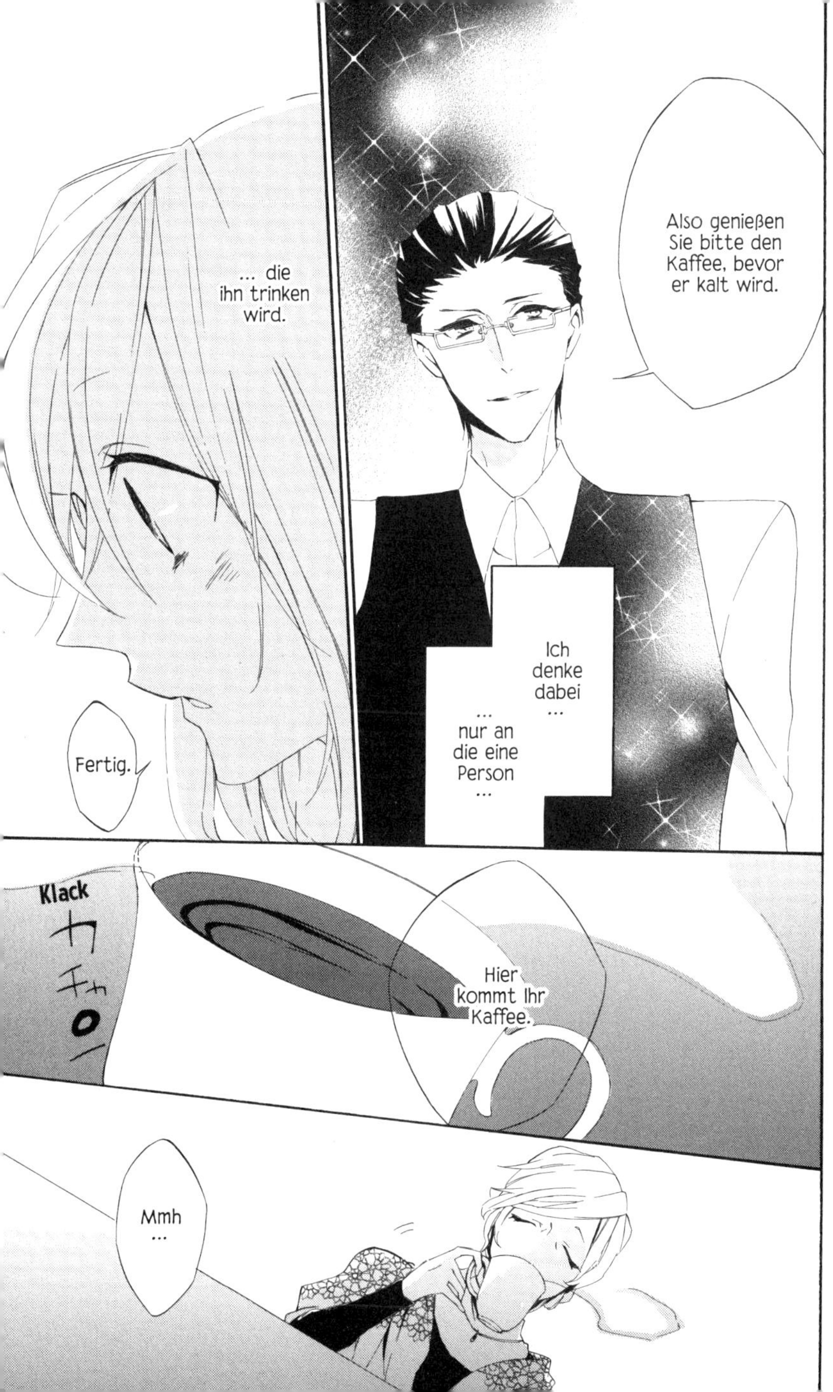
Also genießen Sie bitte den Kaffee, bevor er kalt wird.
Ich denke dabei ...
... nur an die eine Person ...
... die ihn trinken wird.
Fertig.
Klack
Hier kommt Ihr Kaffee.
Mmh ...

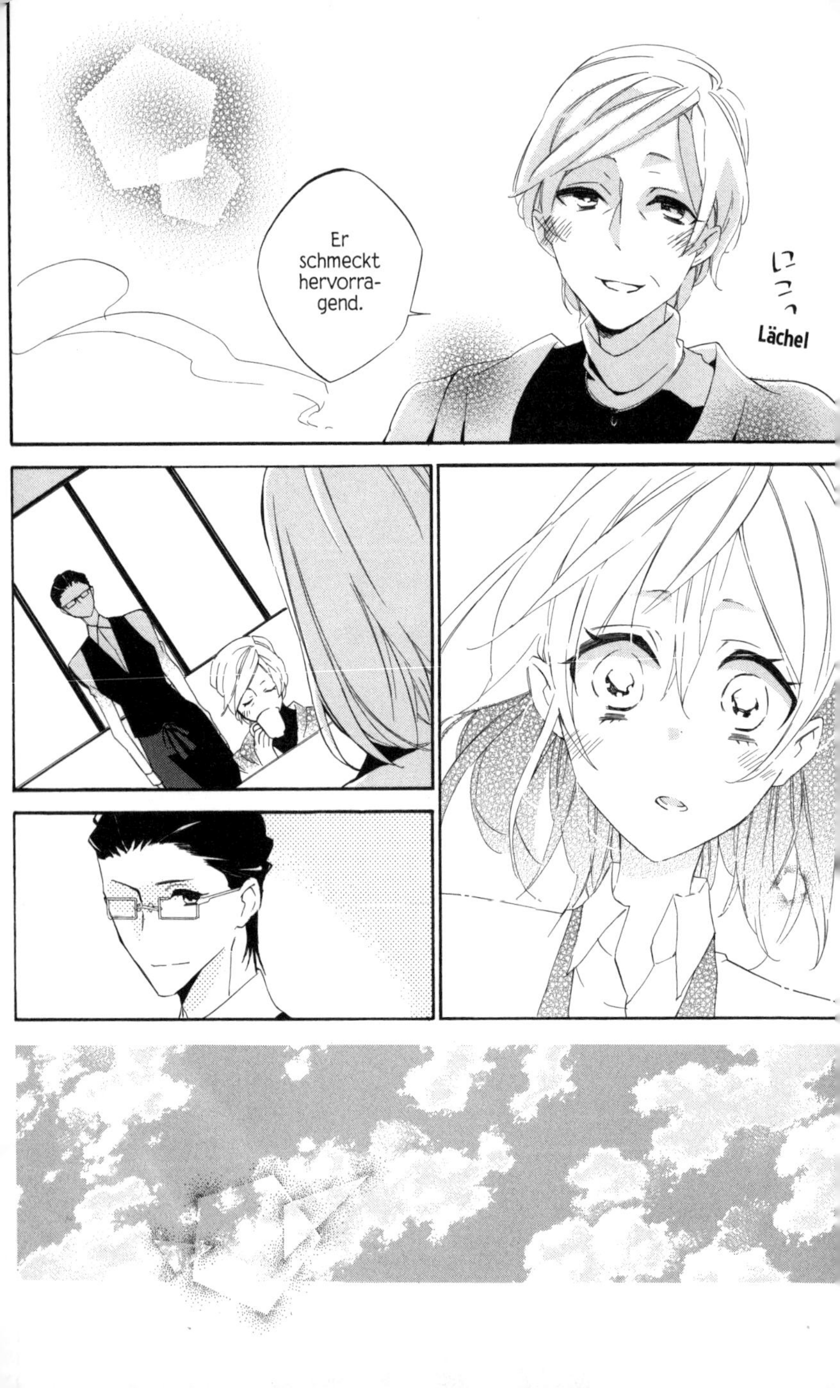
Er schmeckt hervorra-gend.
にこっ
Lächel

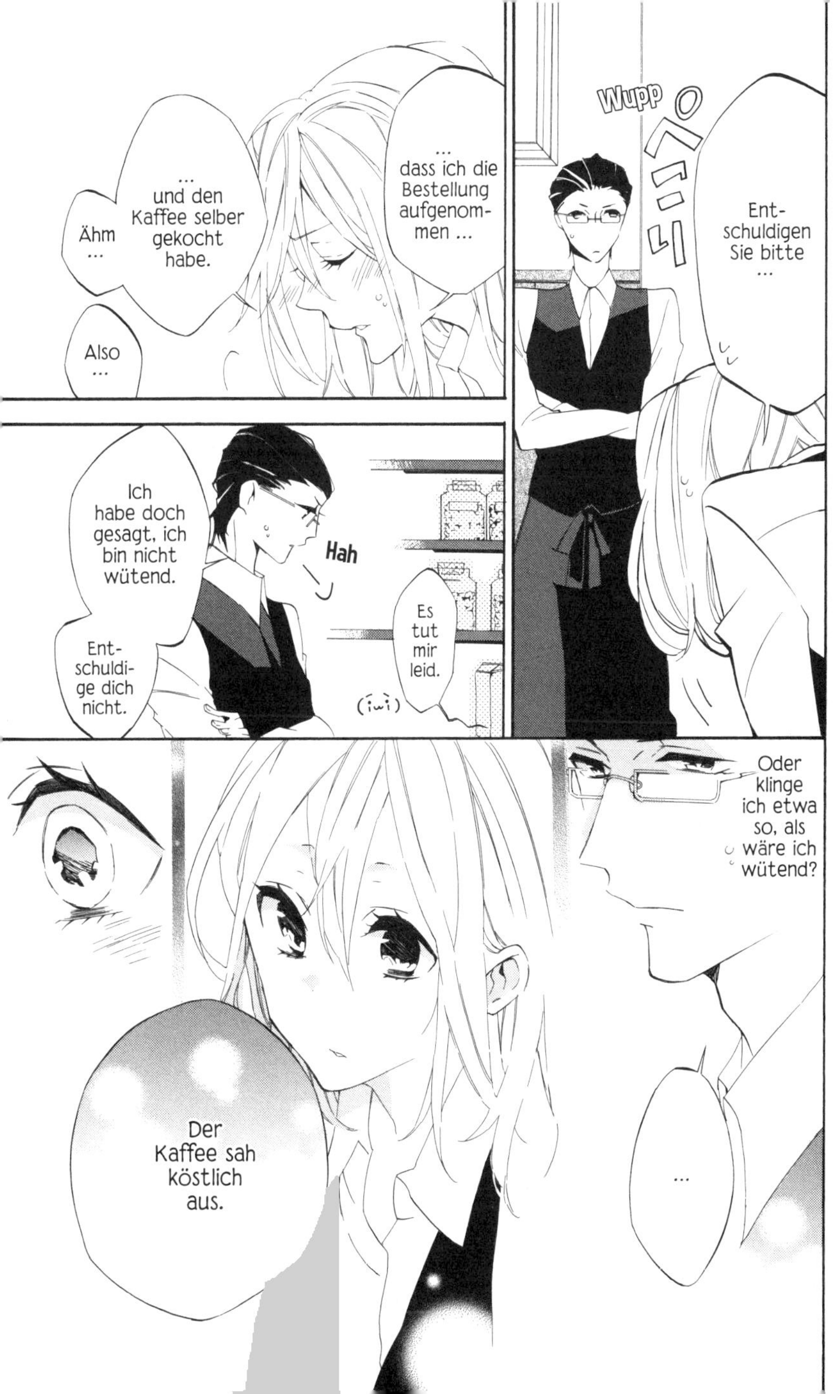
Wupp
Ent-schuldigen Sie bitte ...
... dass ich die Bestellung aufgenomm-men ...
... und den Kaffee selber gekocht habe.
Ähm ...
Also ...
Es tut mir leid.
Hah
Ich habe doch gesagt, ich bin nicht wütend.
Ent-schuldi-ge dich nicht.
Oder klinge ich etwa so, als wäre ich wütend?
...
Der Kaffee sah köstlich aus.

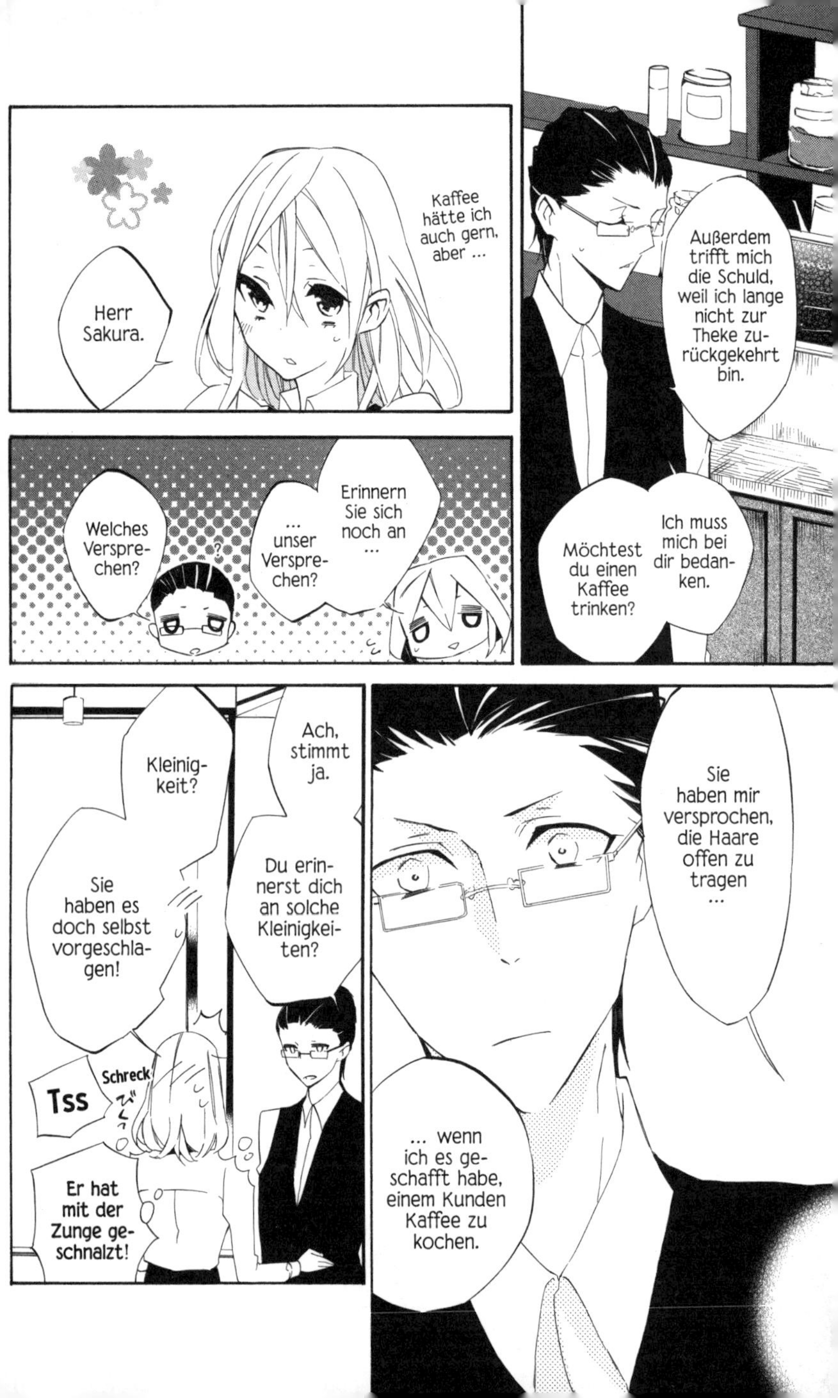

Außerdem trifft mich die Schuld, weil ich lange nicht zur Theke zurückgekehrt bin.

Ich muss mich bei dir bedanken.

Möchtest du einen Kaffee trinken?

Kaffee hätte ich auch gern, aber …

Herr Sakura.

Erinnern Sie sich noch an …

… unser Versprechen?

Welches Versprechen?

Sie haben mir versprochen, die Haare offen zu tragen …

… wenn ich es geschafft habe, einem Kunden Kaffee zu kochen.

Ach, stimmt ja.

Du erinnerst dich an solche Kleinigkeiten?

Kleinigkeit?

Sie haben es doch selbst vorgeschlagen!

Tss

Schreck

Er hat mit der Zunge geschnalzt!

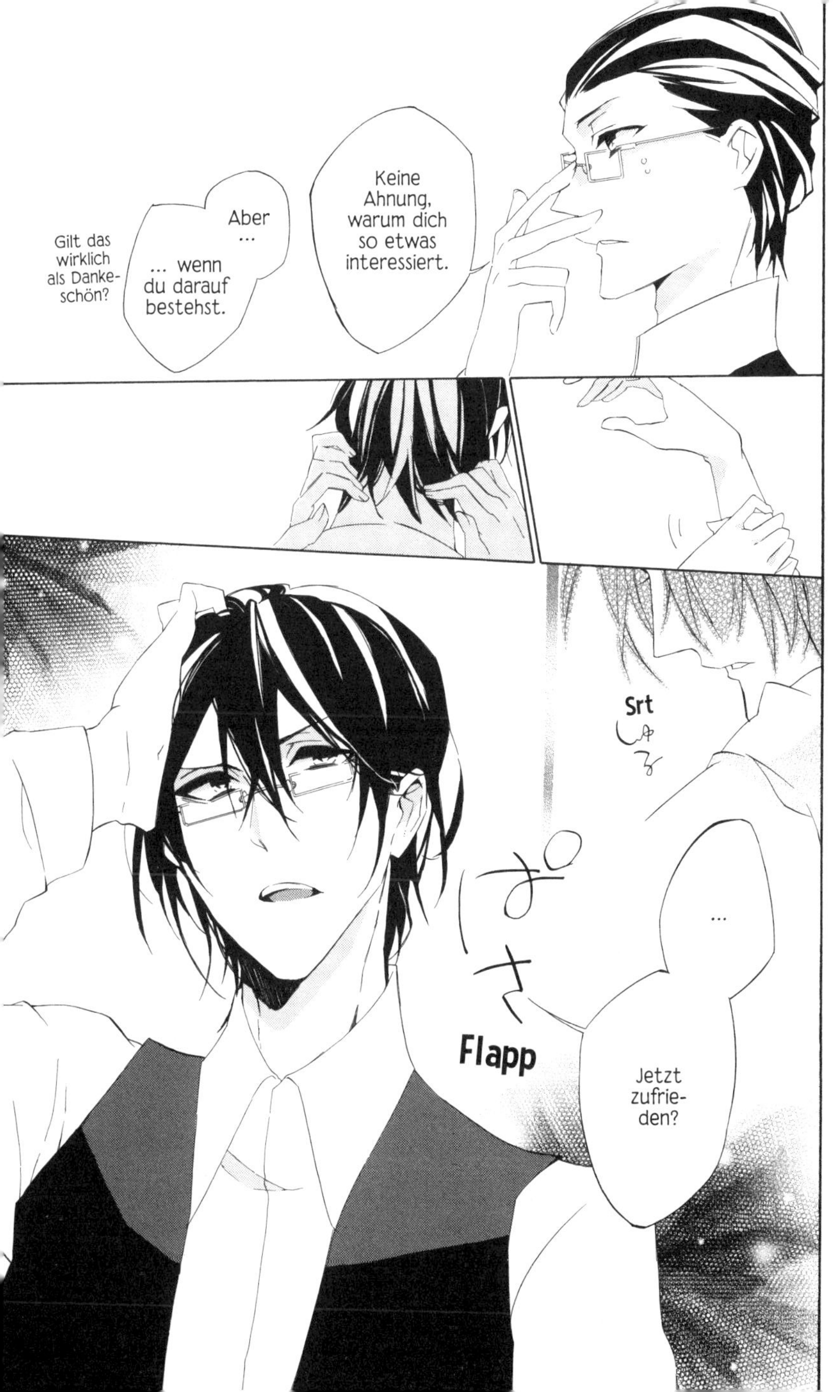
Keine Ahnung, warum dich so etwas interessiert.
Aber ... ... wenn du darauf bestehst.
Gilt das wirklich als Dankeschön?
Srt
...
Flapp
Jetzt zufrieden?

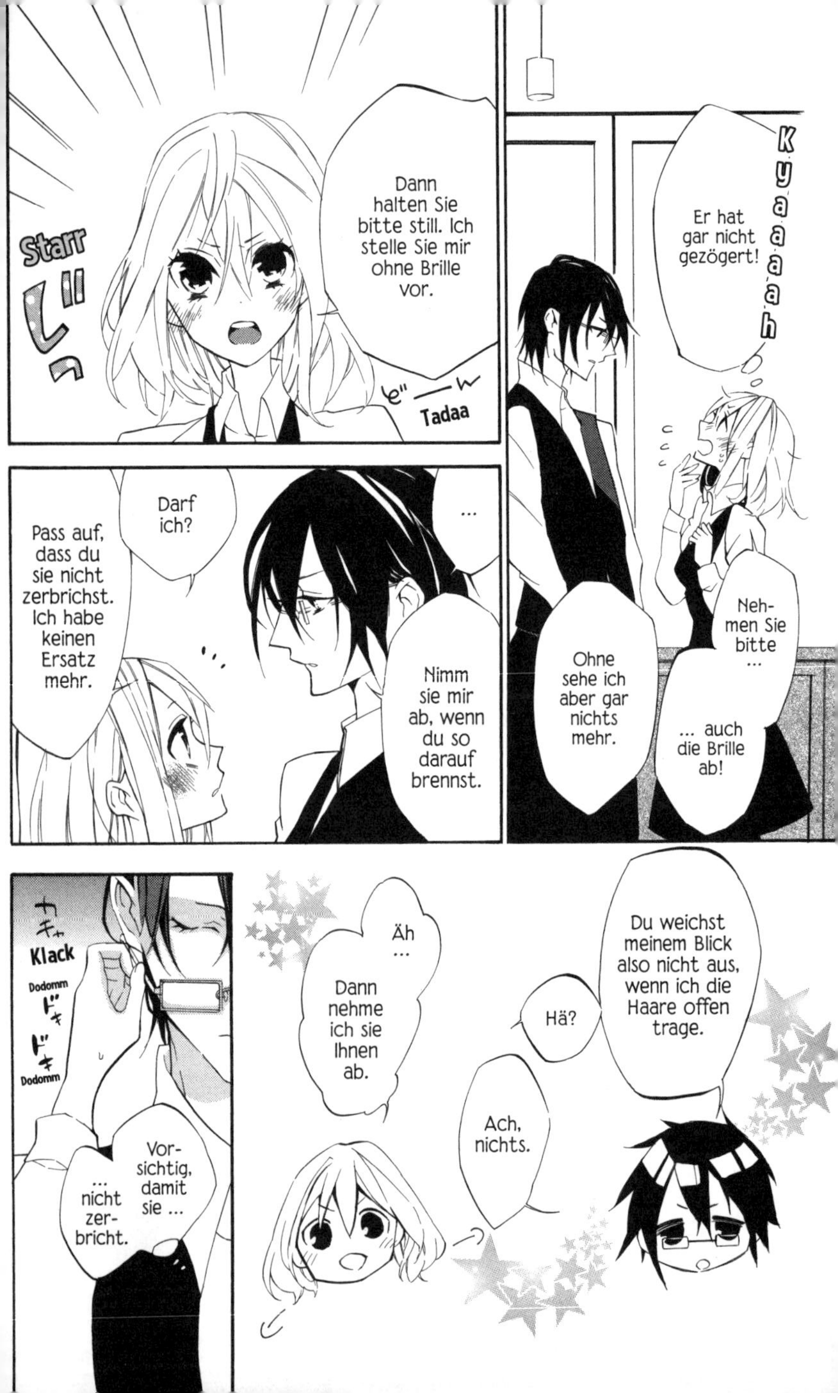
Er hat gar nicht gezögert!
Kyaaaah
Nehmen Sie bitte ...
... auch die Brille ab!
Ohne sehe ich aber gar nichts mehr.
Dann halten Sie bitte still. Ich stelle Sie mir ohne Brille vor.
Starr
Tadaa
...
Nimm sie mir ab, wenn du so darauf brennst.
Darf ich?
Pass auf, dass du sie nicht zerbrichst. Ich habe keinen Ersatz mehr.
...
Du weichst meinem Blick also nicht aus, wenn ich die Haare offen trage.
Hä?
Ach, nichts.
Äh ...
Dann nehme ich sie Ihnen ab.
Klack
Dodomm
Dodomm
Vorsichtig, damit sie ...
... nicht zerbricht.

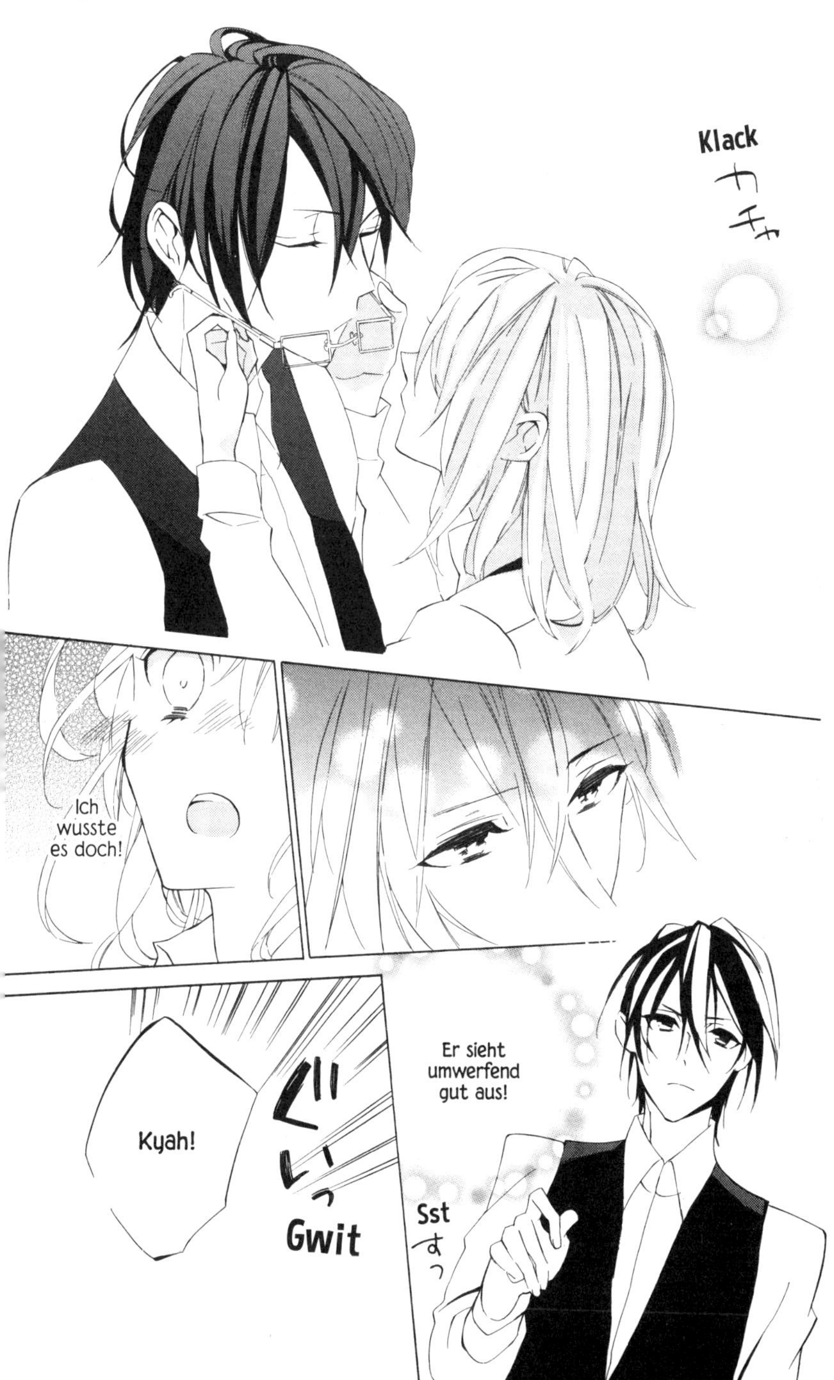
Klack
カチャ
Ich wusste es doch!
Er sieht umwerfend gut aus!
Sst
すっ
ぐいっ
Gwit
Kyah!

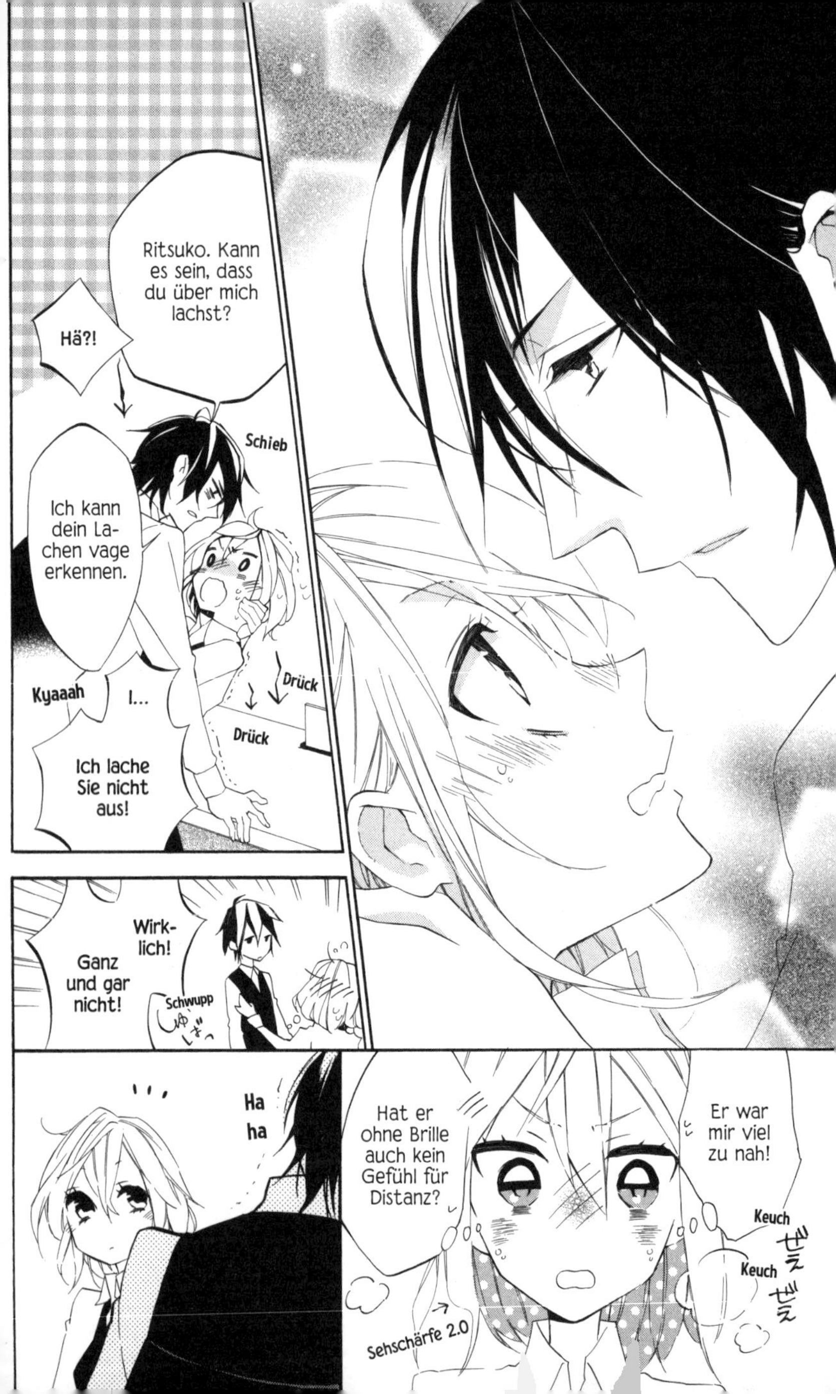
Ritsuko. Kann es sein, dass du über mich lachst?
Hä?!
Schieb
Ich kann dein Lachen vage erkennen.
Drück
Drück
I...
Kyaaah
Ich lache Sie nicht aus!
Wirklich!
Ganz und gar nicht!
Schwupp
Er war mir viel zu nah!
Keuch
Keuch
Hat er ohne Brille auch kein Gefühl für Distanz?
Sehschärfe 2.0
Ha ha
...

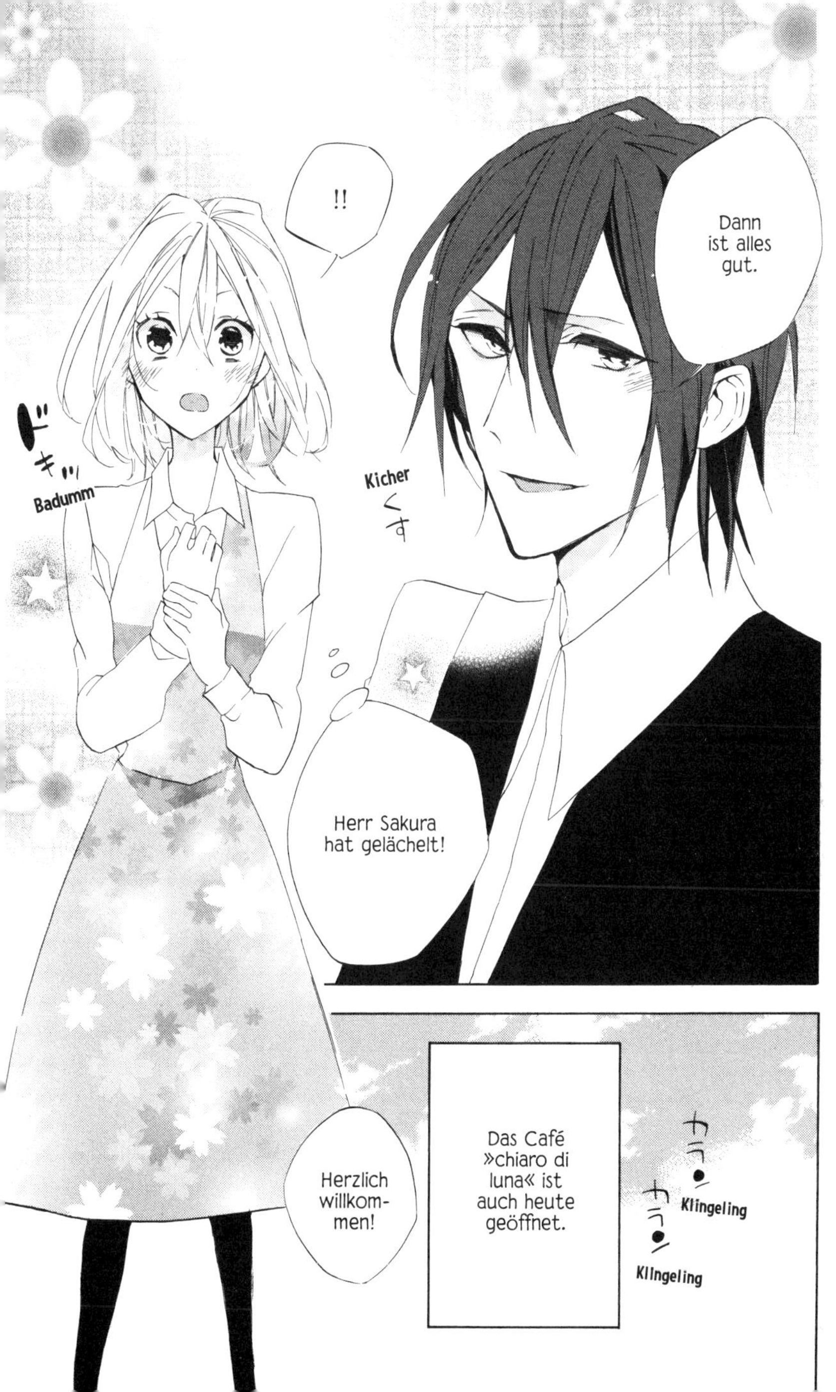
Dann ist alles gut.
くす
Kicher
!!
ドキッ
Badumm
Herr Sakura hat gelächelt!
カラン
Klingeling
カラン
Klingeling
Das Café »chiaro di luna« ist auch heute geöffnet.
Herzlich willkom-men!

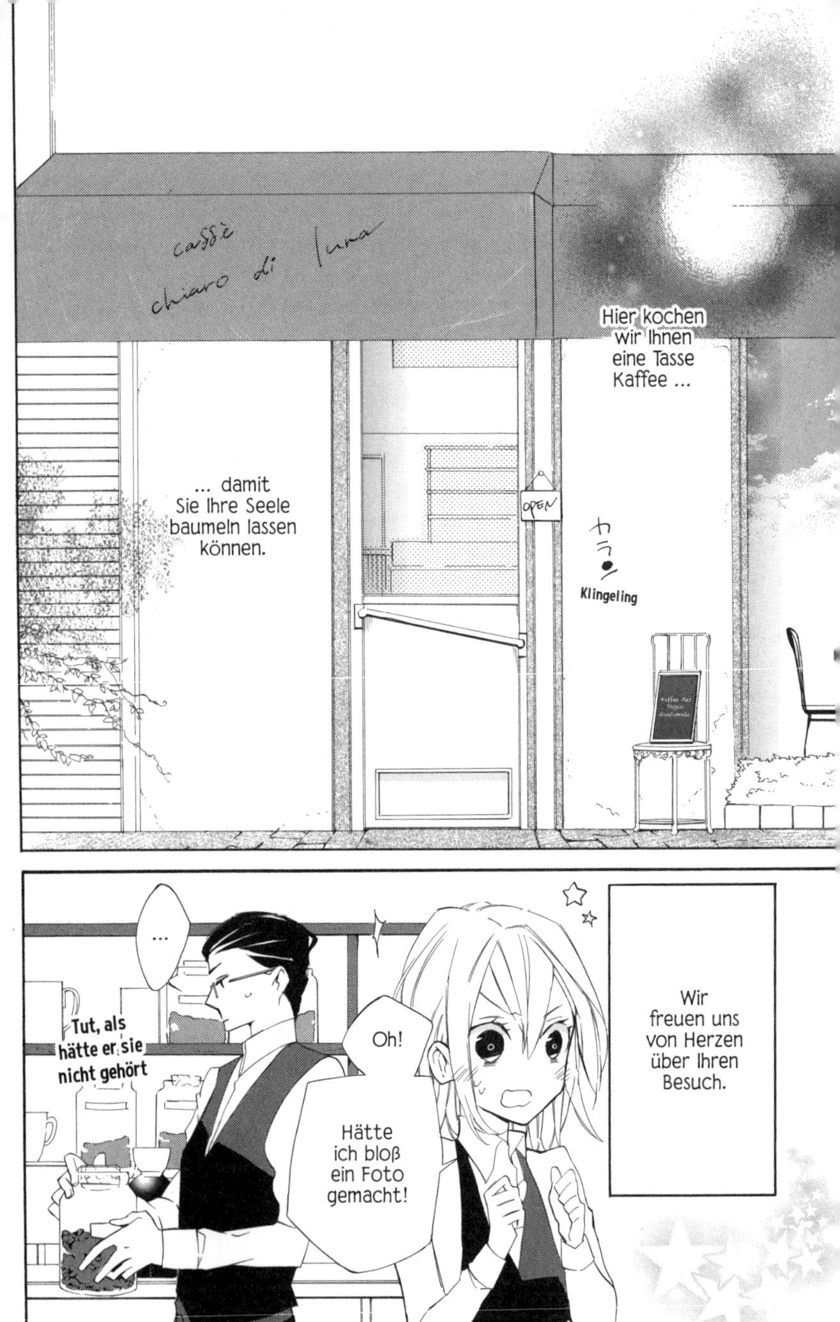

Der liebevolle Kaffee von Herrn Sakura – Ende

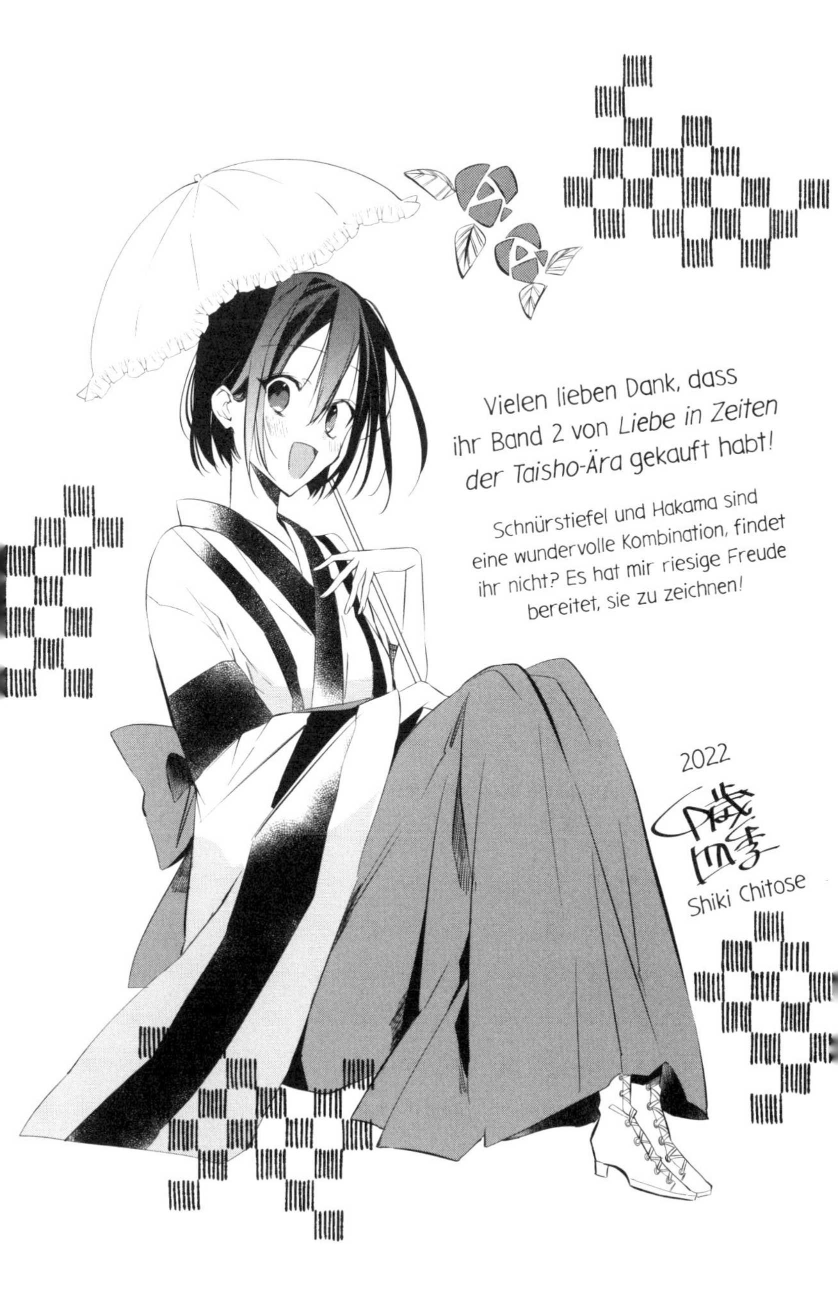
Vielen lieben Dank, dass ihr Band 2 von *Liebe in Zeiten der Taisho-Ära* gekauft habt!
Schnürstiefel und Hakama sind eine wundervolle Kombination, findet ihr nicht? Es hat mir riesige Freude bereitet, sie zu zeichnen!
2022
Shiki Chitose

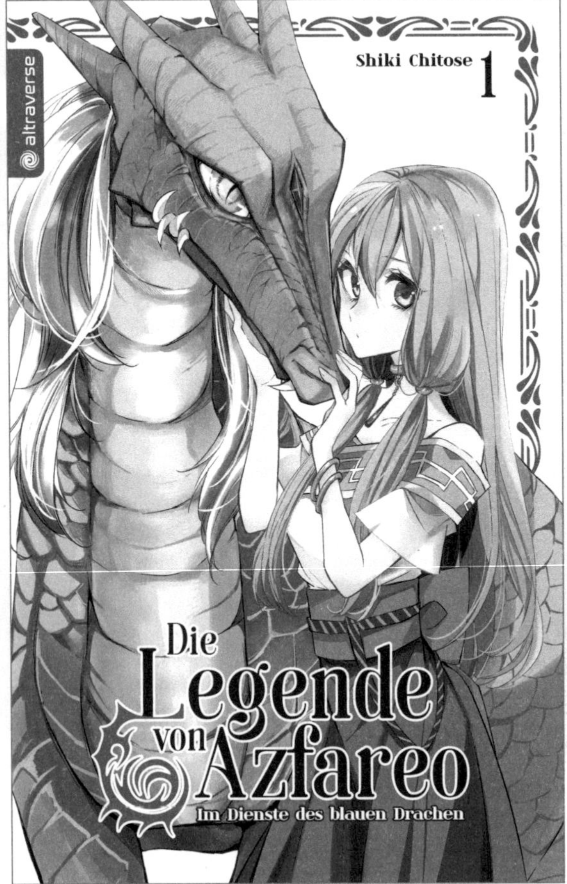

Die Legende von Azfareo

Shiki Chitose

Im Schloss des Königreichs Azfareo haust ein fürchterlicher Drache. Rukul wird auserwählt, ihm zu dienen. Das aufbrausende Temperament der Bestie verschreckt sie zunächst, doch sie bemerkt schnell, dass sich hinter seiner rauen Schale eine sanfte Seele verbirgt. Jedoch rankt sich um den Drachen und den verschwundenen König noch ein großes Geheimnis …

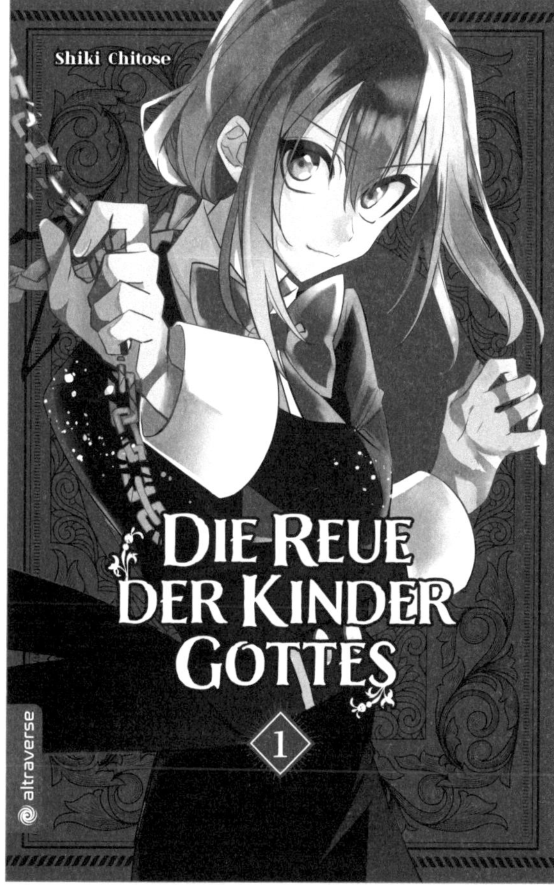

Die Reue der Kinder Gottes

Shiki Chitose

Finstere Schattenwesen bedrohen die Welt. Sobald sie von einem Menschen Besitz ergriffen haben, kommt jede Hilfe zu spät. Die einzige Waffe, mit der die Schatten bekämpft werden können, ist das Kreuz der Verdammnis. Mit seiner Kraft versuchen die »Kinder Gottes« das Böse zurückzudrängen. Der junge Neo Belclift schließt sich ihnen an, um die Schatten zu vernichten und seine besessene Schwester zu retten ...

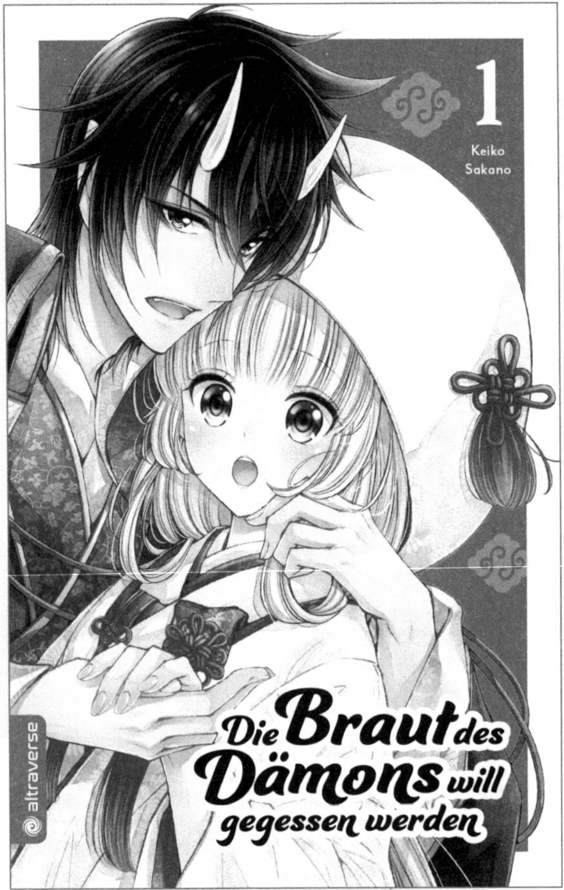

Die Braut des Dämons will gegessen werden

Keiko Sakano

Als kleines Mädchen wurde Mashiro einst von einem Dämon gerettet. Zum Dank will sie sich opfern und zu gegebener Zeit von ihm essen lassen. Als Doji Shuten Mashiro schließlich zu seiner Braut nimmt, wartet sie sehnsüchtig darauf, von ihm verspeist zu werden. Doch der gut aussehende Dämon hat ganz andere Pläne. Kann aus ihnen ein richtiges Ehepaar werden? In einem Alltag voller kurioser Missverständnisse nähern sich die beiden langsam an ...

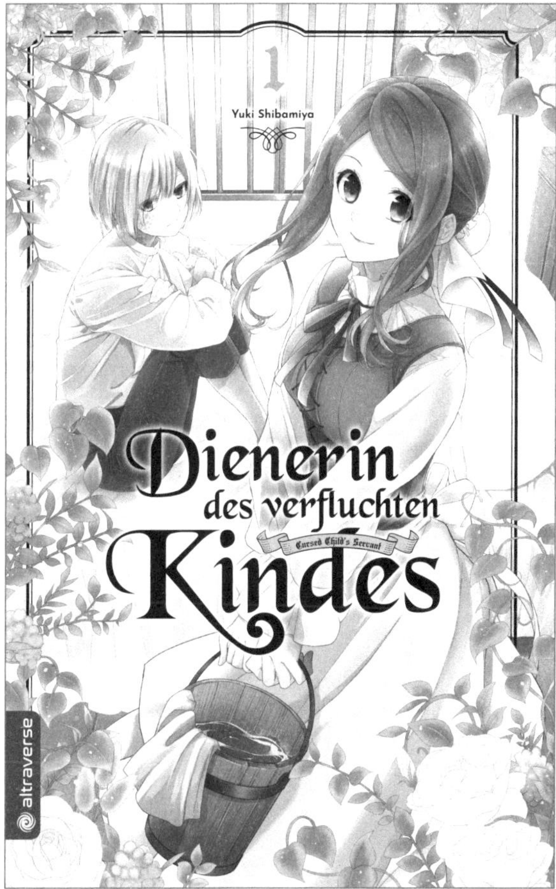

Dienerin des verfluchten Kindes

Yuki Shibamiya

Die junge Renée ist unsterblich. Was andere erstrebenswert finden würden, ist für das Mädchen zu einem Fluch geworden, der sie regelmäßig die Arbeitsstelle kostet. Aber das Schicksal meint es gut mit ihr und sie wird als Dienerin des einsamen Kronprinzen Albert angeheuert. Doch auch der ist mit einem Fluch belegt: Alles, was er anfasst, ist dem Tode geweiht. Ob sie ihr neues Leben gemeinsam meistern können?

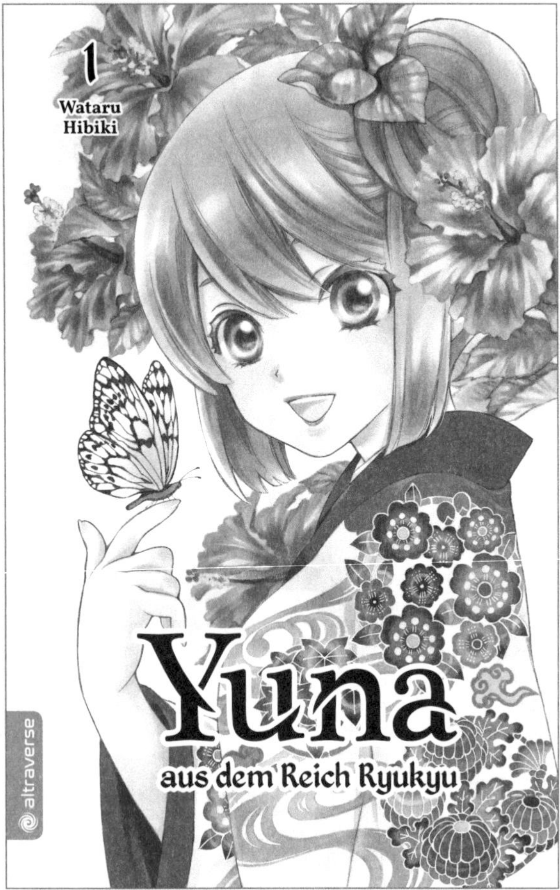

Yuna aus dem Reich Ryukyu

Wataru Hibiki

Mit ihren roten Haaren und wundersamen Kräften hat es Yuna nicht leicht. Von den Menschen als ein arglistiges Geistwesen verschrien, bleibt ihr oft nur die Gesellschaft ihrer Wächterlöwen Shi und Sa. Zumindest bis sie auf den jungen König von Ryukyu trifft ...

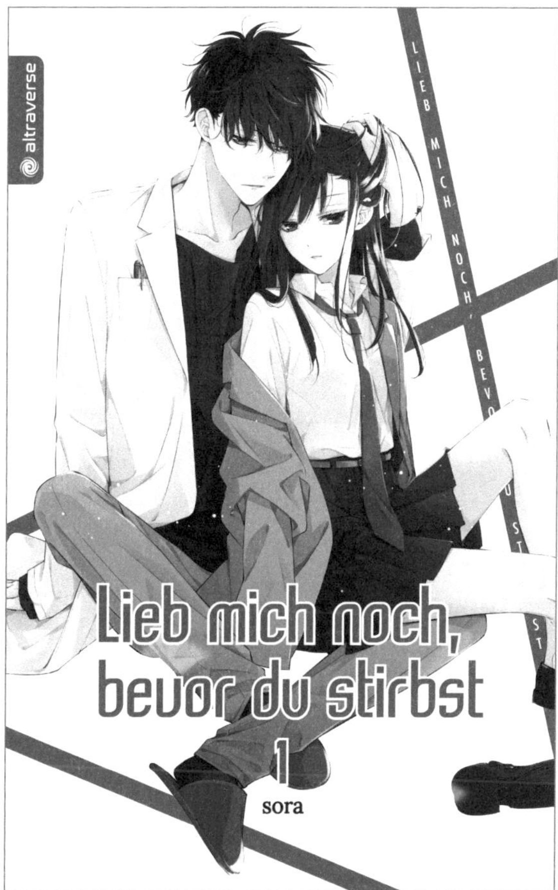

Lieb mich noch, bevor du stirbst

sora

Mikoto will sich vom Dach ihrer Schule stürzen, nachdem sie nicht bei ihrer vermeintlich großen Liebe landen konnte. Da taucht einer ihrer Lehrer neben ihr auf, angeblich nur, um dort eine zu rauchen. Er beginnt ein Gespräch mit ihr und bittet sie, mit ihm auszugehen. Schließlich könne sie doch ihn lieben, bevor sie stirbt …

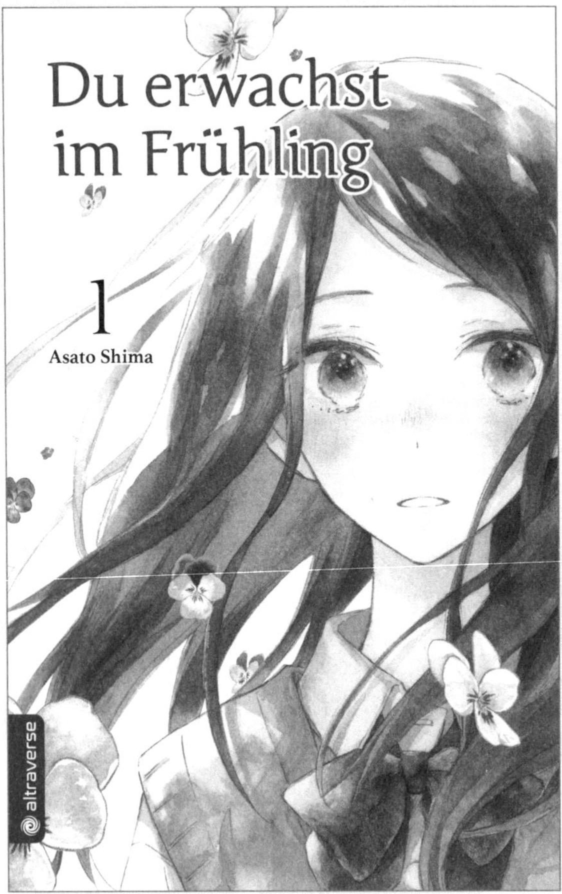

Du erwachst im Frühling

Asato Shima

In der Grundschule wurde Ito immer von dem sieben Jahre älteren Nachbarsjungen Chiharu beschützt. Der leidet allerdings an einer schweren Krankheit und wird in einen Kälteschlaf versetzt, bis es eine Chance auf Heilung gibt. Als er nach sieben Jahren erwacht, ist aus dem »großen Bruder« ein Gleichaltriger geworden und Ito entdeckt ganz neue Gefühle für ihn ...

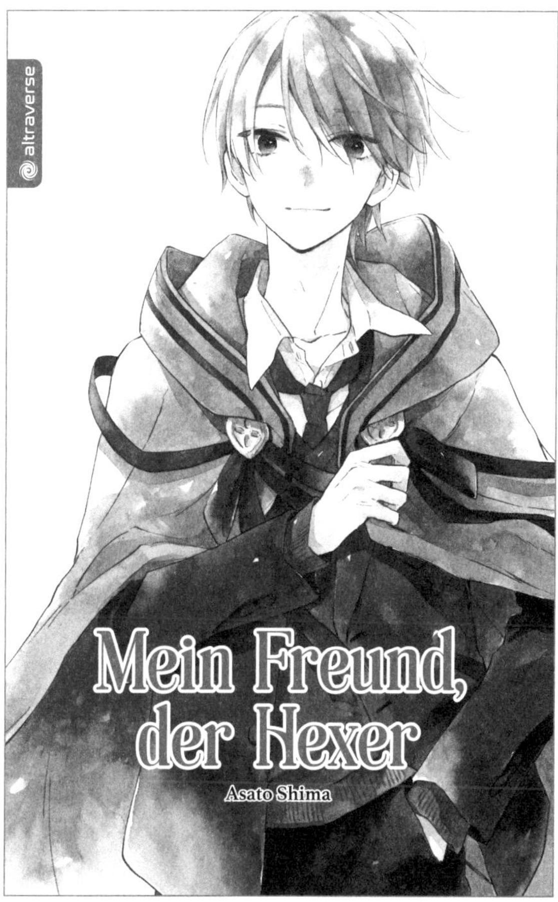

Mein Freund, der Hexer

Asato Shima

Towas Sandkastenfreund Yo ist ein Hexer. Wenn er sie berührt, geschehen zauberhafte Dinge. Doch kann er auch ihr Herz verzaubern? Diese und drei weitere Kurzgeschichten aus der Feder von Asato Shima sind in diesem Band versammelt.

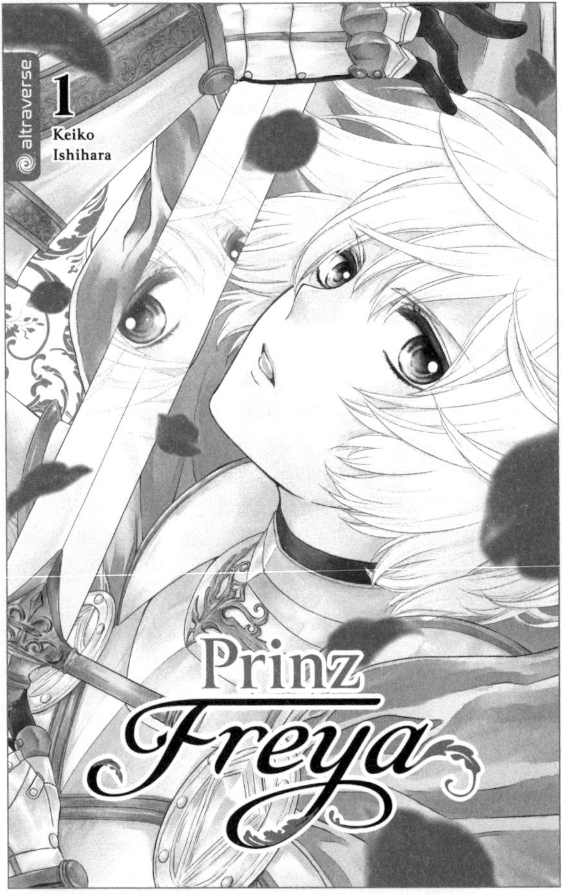

Prinz Freya

Keiko Ishihara

Das Land Tyr ist in großer Gefahr! Die ganze Hoffnung der Menschen ruht auf dem Prinzen, der sich dem feindlichen Nachbarland mutig entgegenstellt. Als er überraschend stirbt, nimmt die junge Freya, die dem Prinzen zum Verwechseln ähnlich sieht, heimlich seinen Platz ein. Zum Wohle des Landes muss sie über sich hinauswachsen. Von nun an ist ihr Leben ein einziges großes Abenteuer!

Romance 13 +

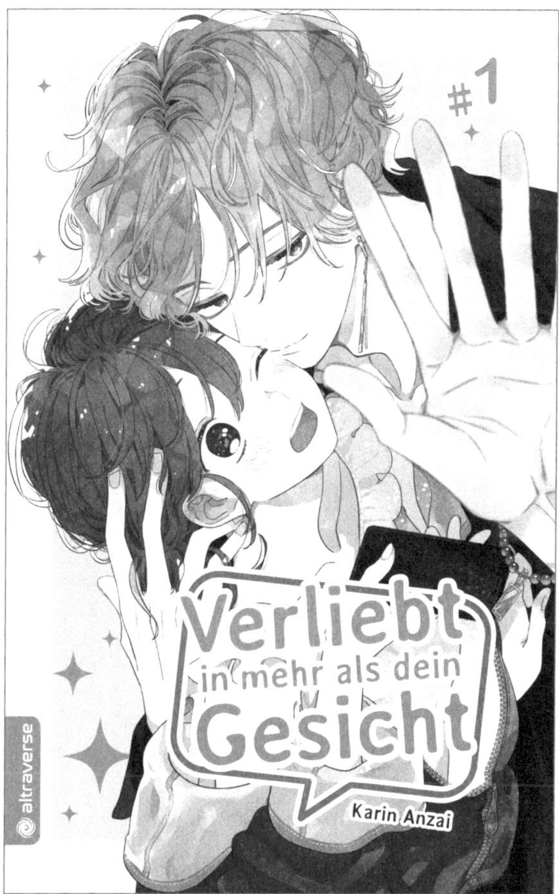

Verliebt in mehr als dein Gesicht

Karin Anzai

Sana liebt hübsche Gesichter und freut sich über jedes Foto des geheimnisvollen Kanato. Live gesehen hat sie ihn aber noch nie. Doch das Unglaubliche passiert: Eines Tages steht er direkt vor ihr und braucht ihre Hilfe als Social-Media-Expertin! Ist dies für Sana die einmalige Chance, hinter Kanatos hübsche Fassade zu blicken und mehr über ihn zu erfahren?

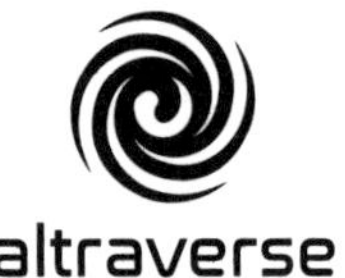

Deutsche Ausgabe / German Edition
Altraverse GmbH – Hamburg 2022
Aus dem Japanischen von Nana Umino

TAISHO REN-AI KATSUDO by Shiki Chitose

First published in Japan in 2022 by HAKUSENSHA, Inc., Tokyo.
German language translation rights arranged with HAKUSENSHA, Inc., Tokyo
through Tuttle-Mori Agency, Inc.

Redaktion: Gwyneth Minte
Herstellung: Cathrin Hamester
Lettering: Vibrant Publishing Studio

Druck: CPI books GmbH, Leck
Printed in Germany

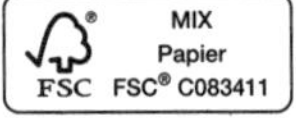

ISBN 978-3-7539-0770-3
1. Auflage 2022

www.altraverse.de